Lisa Pychlau-Ezli
Und raus bist du!

UNRAST

Dr. Lisa Pychlau-Ezli ist freiberufliche Literaturwissenschaftlerin. Sie schreibt und rezensiert zu den Themen Rassismus- und Diskriminierungskritik und berät Bildungseinrichtungen wie Universitäten, Schulen, Kindergärten, Bibliotheken und Stiftungen. 2022 erschien von ihr der Titel *Wer darf in die Villa Kunterbunt? Über den Umgang mit Rassismus im Kinderbuch* (zs. mit Özhan Ezli).

Lisa Pychlau-Ezli

Und raus bist du!

Wie Kinderbücher zu Diskriminierung erziehen

UNRAST

Bibliografische Information der Deutschen Bibliothek
Die Deutsche Bibliothek verzeichnet diese Publikation in der Deutschen Nationalbibliografie; detaillierte bibliografische Daten sind im Internet über https://www.dnb.de abrufbar.

Lisa Pychlau-Ezli
Und raus bist du!
Wie Kinderbücher zu Diskriminierung erziehen
1. Auflage, Oktober 2024
ISBN: 978-3-89771-623-0

www.unrast-verlag.de | kontakt@unrast-verlag.de
Mitglied in der assoziation Linker Verlage (aLiVe)

Umschlag: Felix Hetscher, Münster
Satz: Andreas Hollender, Köln
Druck: Multiprint, Kostinbrod

Inhalt

Und raus bist du. Wie Kinderbücher zu Diskriminierung erziehen.

Wer schreibt? Und von wo aus?

Die Perspektive schreibt immer mit. Ich weiß nicht mehr, wo ich diesen Satz gelesen oder gehört habe, aber er ist so wahr. Gerade wer mit Menschen lebt oder arbeitet weiß, dass sich eine Geschichte, ein Ereignis, ein Sachverhalt aus einer anderen Perspektive vollkommen anders darstellen kann. Gefährlich wird es immer dann, wenn eine Person von sich selbst behauptet, neutral oder objektiv zu sein und die Wahrheit zu verkünden. In der Regel entpuppen sich diese ›objektiven‹ Perspektiven in unserer Kultur als die von privilegierten *weißen* cis Männern.

Im vorliegenden Buch geht es darum, wie genau solche ›objektiven‹ und ›normalen‹ Perspektiven, die in Wirklichkeit subjektiv und normativ sind, seit Jahrhunderten mittels unserer Kinderbücher von Generation zu Generation weitergegeben und als allgemeingültige Wahrheit deklariert werden. Es geht darum, wie Herrschaft durch die Behauptung von Neutralität verschleiert wird. Ich möchte mich in diese Erzähltradition nicht einreihen. Dieses Buch ist aus meiner eigenen Perspektive als *weiße*, normgewichtige, gojische (nicht-jüdische), akademisch gebildete und able-bodied cis Frau geschrieben, die ich aus Gründen der Transparenz offenlege. In diesem Buch schreibe ich über Rassismus, Antisemitismus, Sexismus und Lookismus. Einige dieser Diskriminierungsformen erfahre ich nicht selbst. Ich weiß nicht, wie es ist, im Alltag Rassismus und Antisemitismus zu erleben. Ich genieße das Privileg, mich mit diesen Diskriminierungen nicht zwangsläufig auseinandersetzen zu müssen.

Doch heutzutage ist es wichtig, sich mit den eigenen Privilegien auseinanderzusetzen und bewusst antirassistisch, antisexistisch, gegen Antisemitismus, Lookismus und jede andere Diskriminierungsform zu sein. Denn wenn ich mit meinen Kindern Bücher lese, die auf die eine oder andere Art diskriminierend sind (und das sind sie fast alle), wird die Auseinandersetzung mit diesen Diskriminierungsformen extrem relevant für meine eigene Lebenswirklichkeit, und die meiner Kinder. Ich bin unmittelbar verantwortlich dafür, wie ich mit diskriminierenden Darstellungen und Beschreibungen in Kinderbüchern umgehe. Was mache ich, wenn in Kinderbüchern das N-Wort steht und Schwarze Menschen abwertend dargestellt werden? Will ich meinen Kindern beibringen, über mehrgewichtige Figuren zu lachen? Will ich ihnen anhand einer schier unendlichen Reihe barbieähnlicher Prinzessinnen eine einseitige Vorstellung von weiblicher Attraktivität vermitteln? Will ich ihnen verharmlosende Vorstellungen über die Schoa vermitteln oder die verschwörungsideologische Vorstellung, dass Jüdinnen:Juden im Hintergrund die Strippen ziehen? Wie gehe ich damit um, dass Kinderbücher fast immer Mädchen und Jungs in binären Kontexten verorten? Will ich meinen Kindern die Botschaft vermitteln, dass es immer die Mütter sind, die kochen, putzen, einkaufen und sich kümmern, während die Väter lohnarbeiten gehen? Diskriminierungen sind komplex; wie erkenne ich überhaupt, ob Bücher diskriminierende Botschaften vermitteln? All diese Fragen machen die Beschäftigung mit Diskriminierung aus literaturwissenschaftlicher und pädagogischer Perspektive unerlässlich. Bei der Darstellung der unterschiedlichen Diskriminierungsformen und den daran anschließenden Analysen von Kinderbüchern greife ich auf die Forschung derjenigen zurück, die selbst von Rassismus, Antisemitismus, Sexismus und/oder Lookismus betroffen sind. Von Diskriminierung betroffene Menschen haben viel Forschungsarbeit geleistet, die uns allen zugänglich ist. Auf ihre Forschungsergebnisse stütze ich mich und multipliziere dadurch ihre Perspektiven. Möglichst oft lasse ich ihre Stimmen zu Wort kommen. Deshalb stehen in diesem Buch an sehr vielen Stellen Zitate.

Vorbemerkung

Seit über zehn Jahren streiten sich privilegierte Menschen aus der deutschen Gesellschaft medienwirksam darüber, ob es legitim sei, Kinderbücher diskriminierungskritisch zu überarbeiten. Es sind mehrheitlich ihre Meinungen und Ansichten, die verbreitet und gehört werden. Das vorliegende Buch soll den Fokus dieser Diskussion von den streitenden

Erwachsenen weglenken, hin zu den Kindern, die diese Bücher letzten Endes rezipieren. Dieses Buch will dabei, wie Margarete Stokowski einmal formuliert hat, als Anfang, aber nicht als Ende einer Diskussion dienen.[1] Auch dieses Buch hat keine fertigen Lösungen parat, sondern will stattdessen darauf aufmerksam machen, wie problematisch und schädlich die Konfrontation von Kindern mit diskriminierenden Mustern und Narrativen in Kindermedien (insbesondere in Kinderbüchern) ist, vor allem dann, wenn sich diese ab dem frühesten Kindesalter ständig wiederholen, mit der Zeit internalisiert werden und somit massiv auf das Welt- und Menschenbild von Kindern einwirken. Auf diese Weise erziehen Kinderbücher Kinder zur Diskriminierung. Dieses Buch will niemandem vorschreiben, was er:sie mit seinen:ihren Kindern lesen ›darf‹. Es möchte stattdessen darauf hinweisen, dass öffentliche Diskurse über Diskriminierung in Deutschland standardmäßig von jenen Menschen dominiert werden, die von den jeweiligen Diskriminierungsformen überhaupt nicht betroffen sind. Diese rechtfertigen dann immer wieder, weshalb die jeweiligen Diskriminierungen gar nicht ›so schlimm‹ seien. Privilegierte *weiße* und oft cis männliche Menschen maßen sich die Deutungshoheit darüber an, ob Darstellungen diskriminierend sind oder nicht und kommen dann zu dem Urteil, dass die Einordnung von *Die kleine Hexe*, *Pippi Langstrumpf* oder *Winnetou* als Kulturgüter höher zu werten sei als die realen Diskriminierungserfahrungen von Menschen, die weniger privilegiert sind als sie selbst.[2]

Dieses Buch möchte dem etwas entgegensetzen. Ich stütze mich dabei in erster Linie auf die Forschungsergebnisse und Publikationen von

1 Vgl. Stokowski, Margarete: Untenrum frei. Hamburg: Rowohlt, 2018, S. 9.

2 Vgl. hierzu die sogenannte Kinderbuchdebatte von 2013; u.a. Freund, Wieland/Schuster, Jaques: »N-lein sagt man nicht«. In: Welt, 11.01.2013. Verfügbar unter: »Negerlein« sagt man nicht! – WELT; Gaus, Bettina: Von N-lein und Mägdelein. In: taz, 22.02.2013. Verfügbar unter: Kolumne Macht: Von Negerlein und Mägdelein – taz.de; Geisel, Sieglinde: Debatte um sprachliche Säuberungen. In: Neue Zürcher Zeitung, 18.01.2013. Verfügbar unter: Debatte um sprachliche Säuberungen | NZZ; Greiner, Ulrich: Die kleine Hexenjagd. In: Die Zeit, 17.01.2013. Verfügbar unter: Kinderbücher: Die kleine Hexenjagd | ZEIT ONLINE; Spreckelsen, Tilmann: Wir wollen vorlesen und nichts erklären müssen. In: Frankfurter Allgemeine Zeitung, 09.01.2013. Verfügbar unter: »Kleine Hexe« ohne »Negerlein«: Wir wollen vorlesen und nichts erklären müssen – Feuilleton – FAZ, Zugriff am 28.08.2024.

Menschen, die selbst von den unterschiedlichen Diskriminierungsformen betroffen sind. Zudem beziehe ich die Erkenntnisse und Daten der aktuellen (statistischen) Forschung ein, wie zum Beispiel den *Afrozensus 2020*, den *Lagebricht zu Rassismus in Deutschland 2023* der Beauftragten der Bundesregierung für Migration, Flüchtlinge und Integration, die *Leipziger Autoritarismus Studie* von 2022, die *Mitte-Studie* der Friedrich-Ebert-Stiftung, die Informationen der Antonio Amadeu Stiftung und der Bundeszentrale für politische Bildung.

Statt also irgendetwas zu ›verbieten‹, will dieses Buch dazu anregen, (Kinder-)Literatur und anderen (Kinder-)Medien ganz grundsätzlich mit viel Hintergrundwissen und einer gesunden Portion Skepsis gegenüberzutreten und sie zu hinterfragen, statt sie unreflektiert zu konsumieren und somit zu konservieren und zu ihrer Ikonisierung beizutragen.

Lesen mit Kindern

Warum lesen wir mit unseren Kindern? Was wollen wir dadurch erreichen?

Bücher haben im Gegensatz zum Fernsehen einen extrem hohen (pädagogischen) Stellenwert in Deutschland. Während das Fernsehen ständig abgewertet und die Zeit vor dem Fernseher (oder einem digitalen Äquivalent) kontrolliert, beschränkt und sogar von der WHO vorgeschrieben wird, ist das Lesen durchwegs positiv konnotiert. Kinder werden von klein auf fortwährend zum Lesen angeregt. Der Inhalt der Kinderbücher erscheint dabei aber oft zweitrangig. Es wird ganz selbstverständlich davon ausgegangen, dass Kinderbücher nur ›gut‹ sein können.

Zunächst geht es dabei natürlich um die Lesekompetenz der Kinder. Lesen ist eine Grundvorrausetzung für Partizipation in unserer Gesellschaft. Kinder müssen lesen lernen. Damit das gut klappt, sind Texte für Kinder vorzugsweise interessant, informativ oder sogar spannend, fesselnd und aufregend. Sie dienen somit also auch der Unterhaltung.

Doch was steht eigentlich genau drin in unseren Kinderbüchern? Neben dem expliziten Inhalt, also einer spannenden Geschichte, lehrreichen Informationen oder schönen Bildern, besitzen Kinderbücher auch einen impliziten Inhalt, einen Subtext, der jedoch mindestens genauso wichtig für die Rezipierenden ist wie der vordergründige Inhalt des Textes. Der

Subtext gibt Auskunft über die Gesellschaft, der der Text entstammt; er beinhaltet ganz automatisch die Werte und Normen dieser Gesellschaft. Erwachsenen Rezipient:innen erscheint der Subtext so ›normal‹, dass sie ihn kaum registrieren. Kinder jedoch erlernen und verinnerlichen diese gesellschaftlichen Normen und Werte vor allem auch mittels ihrer Kinderbücher: Sie lernen, wer ›normal‹ ist und dazu gehört und wer nicht, wer überhaupt vorkommt und wer nicht, was man machen darf und was nicht, was erwünscht ist und was nicht, wer ernst genommen wird und über wen man sich lustig machen darf, wer handlungsmächtig ist; kurz: Kinder lernen mittels ihrer Bücher, wie unsere Gesellschaft funktioniert, wer sie repräsentiert und wer partizipieren darf.

Mitgedacht werden

Doch finden sich alle Kinder in ihren Büchern wieder? Verkünden unsere Kinderbücher allen Kindern dieselbe Botschaft? Wie ist das für Mädchen, wenn vor allem die Jungs Abenteuer erleben, stark, klug und mutig sind und Fußball spielen? Wie fühlen sich Jungs, die sich mit diesem Rollenbild nicht identifizieren können? Gibt es eigentlich auch Figuren, in denen sich nicht-binäre und trans Kinder wiedererkennen können? Was macht das mit Schwarzen Kindern und Kindern of Color, wenn sie die Repräsentation ihres Selbstbildes in ihren Kinderbüchern überhaupt nicht oder gar negativ verkörpert sehen? Gibt es überhaupt Kinderbücher für Kinder mit körperlicher oder geistiger Behinderung und können Kinder ohne Behinderung behinderten Kindern in Büchern begegnen und sie als Held:innen erleben? Was denken sich wohl Kinder aus einkommensschwachen Familien, wenn sie darüber lesen, wie Kinder in Büchern Wohlstand als Norm erleben? Fühlen sich muslimische, jüdische oder atheistische Kinder ausgegrenzt, wenn in Kinderbüchern regelmäßig christliche Feste wie Ostern und Weihnachten gehypt werden? Wo werden jüdische Kinder positiv repräsentiert? Wie fühlen sich Jungs, wenn männliche Figuren immer sportlich sind und wie Mädchen, wenn sie in Büchern ständig unerreichbar hübschen Prinzessinnen oder Topmodels begegnen? Beschämt es mehrgewichtige Kinder, wenn in Büchern Witze auf ihre Kosten gerissen werden? Und wie es für die Kinder alleinerziehender oder gleichgeschlechtlicher Elternteile, wenn sie in Büchern, die Alltagssituationen darstellen, standardmäßig ›Mutter-Vater-Kind-Familien‹ abgebildet sehen?

Wie fühlen sich alle diese Kinder, wenn ihre Lebenswirklichkeit gar nicht oder falsch repräsentiert wird?

Diese Diskriminierungserfahrung schildert beispielsweise der Aktivist für Inklusion und Barrierefreiheit und Blogger Raul Krauthausen, der als Schulkind mit seiner Klasse den Film *Vorstadtkrokodile* (basierend auf dem gleichnamigen Buch von Max von der Grün) gesehen hat, und sich mit dem Jungen im Rollstuhl nicht identifizieren konnte:

> »Ich dachte, vielleicht bin ich auch so traurig wie der Junge im Film und will es nur nicht wahrhaben. Ich habe mich umgeschaut und mich gefragt, ob meine Freunde auch hinter meinem Rücken über mich lästern. Es ging sogar soweit, dass ich dachte, dass meine Eltern meine Freunde bezahlen, damit sie mit mir spielen. Mir war vorher nie bewusst, dass ich ›behindert‹ bin. Irgendwann habe ich begriffen, dass ich nie der Außenseiter war, der mir im Film suggeriert wurde. Und dass ich keine Heldentaten vollbringen muss, damit ich gemocht werde. Aber das hat Jahre gedauert«.[3]

Erst die Darstellung eines Kindes im Rollstuhl durch den Film hat Raul Krauthausen also bewusstgemacht, dass er als behindert und somit als anders und nicht normal angesehen wird. Diese Erfahrung hat bei ihm zu einer tiefen und langanhaltenden Verunsicherung geführt.

Der Schwarze amerikanische Schriftsteller James Baldwin hingegen drückt das Gefühl, nicht mitgedacht und in die Rolle des ›anderen‹ gedrängt zu werden, folgendermaßen aus:

> »Es ist ein Schock wenn du im Alter von sechs oder sieben Jahren, während du im Kampf gegen die I[*] mit Gary Cooper sympathisierst, feststellen musst, dass du selbst der I[*] bist! Es ist ein Schock, festzustellen, dass das Land, in dem du geboren wurdest und dem du dein Leben und deine Identität verdankst, in seinem System keinen Platz für dich vorgesehen hat«.[4]

---

3 Raul Krauthausen (PER): Inklusive Schule, Vorstadtkrokodile & Medienwelt-Zufälle (halbekatoffl.de), Zugriff am 03.02.2024.

4 Zit. n. Thuram, Lilian: Das weiße Denken. Hamburg: Edition Nautilus 2022, S. 138.

James Baldwin hat durch die Darstellungen in Filmen somit aktive Ausgrenzung erlebt, indem seine eigene Lebensrealität negativ als die der bösen Gegenspieler:innen repräsentiert wurde.

Ein tiefes Unbehagen schildert auch die Antirassismus-Trainerin und Autorin Tupoka Ogette, wenn sie an ihre Sozialisation mit den in Deutschland als Klassikern geltenden Kinderbüchern *Jim Knopf* von Michael Ende und *Pippi Langstrumpf* von Astrid Lindgren zurückdenkt:

»Ich habe Jim Knopf geliebt als Kind. Der Junge, der aussah wie ich und der der Held der Geschichte war. Ich erinnere mich daran, in (gefühlt) stundenlange Tagträume versunken gewesen zu sein, in denen ich Seite an Seite mit Jim gegen die Wilde 13 kämpfte. Er war mein Bruder, den ich mir immer gewünscht hatte. Dass Jim in einem Postpaket geschickt wurde, fand ich allerdings immer eine ziemlich gruselige Vorstellung. Über das blöde N-Wort am Anfang des Buches, als Frau Waas aufschreit, weil es ein N-Baby ist, habe ich immer ganz schnell hinweggelesen. Dieses Wort, welches mich im wahren Leben oft verfolgte und mich immer dann kalt erwischte, wenn ich am wenigsten damit rechnete, sollte mir nicht auch noch in meine Tagträume folgen. Daher habe ich es übermalt. An der Stelle, wo das Wort einst stand, ist seitdem ein großer roter Fleck. [...] Warum kann Pippis Vater einfach in ein Land in der Südsee fahren und dort König werden, ohne dass das die Menschen dort stört? Warum denken die Schwarzen Kinder in Taka-Tuka-Land, dass Pippis weiße Haut ›viel feiner sei als schwarze‹ und waren deshalb voller Ehrfurcht? Irgendwann wollte ich die Bücher nicht mehr lesen. Sie erinnerten mich zu sehr an Situationen, die mir außerhalb meiner Traumwelt oft genug selbst passierten. Sie machten mir Magenschmerzen«.[5]

Tupoka Ogette ist in ihren Kinderbüchern also genau demselben Rassismus begegnet, dem sie auch in der realen Welt ausgesetzt war. Oder

5 Tupoka Ogette: Wanted: Schwarze Held_innen in deutschen Kinderbüchern, 2014. Bei: Heinrich Böll Stiftung, Heimatkunde, Migrationspolitisches Portal: Wanted: Schwarze Held_innen in deutschen Kinderbüchern | heimatkunde | Migrationspolitisches Portal der Heinrich-Böll-Stiftung (boell.de), Zugriff am 03.02.2024.

andersherum: Tupoka Ogette war als Kind noch nicht einmal zuhause beim Lesen vor Rassismus geschützt.

Die amerikanische Autorin und Illustratorin Phoebe Wahl, die sich selbst als »fette Person«[6] bezeichnet, bringt das Problem sehr genau auf den Punkt:

> »Als pummeliges Kind sehnte ich mich in den Büchern, die ich konsumierte, nach der Darstellung von Körpern wie meinem eigenen. […] Mit acht Jahren schrieb ich in mein Tagebuch, dass mein Gewicht mich davon abhalte, Liebe zu verdienen. Wäre das anders, wenn ich genauso viele dicke Prinzessinnen erlebt hätte, die in Märchen umworben werden wie dünne? Wie wären meine Annahmen, dass ich fauler und weniger sportlich sei, in Frage gestellt worden, wenn ich von mehr dicken Abenteurer:innen und Superheld:innen gelesen hätte? Unsere Kultur vermittelt Kindern eine sehr klare Botschaft: dass ihr Wert an Bedingungen geknüpft ist. […] Und Kinderbücher tragen leider ihren Teil zu dieser Botschaft bei, sowohl durch offene Stereotypisierung, versteckte codierte Sprache oder visuelle Darstellungen als auch durch völlige Unsichtbarkeit.«[7]

Phoebe Wahl zweifelte als Kind daran, dass sie Liebe verdient; und zwar allein aufgrund ihrer Körperform, die in ihren Medien nicht oder negativ repräsentiert wurde.

Kindermedien können Kinder, die von Diskriminierung betroffen sind, also ausgrenzen, verunsichern, sie an ihrem Selbstwert, ihrer Liebenswürdigkeit und ihrem Recht auf Liebe zweifeln lassen, sie retraumatisieren und sie triggern beziehungsweise erschrecken (wenn James Baldwin von einem Schock spricht und Tupoka Ogette sich kalt erwischt fühlt). Oder sie können dazu beitragen, dass Menschen auf ihrer Suche nach Zugehörigkeit und Repräsentation alleine gelassen werden, indem sie manche Identitäten einfach überhaupt nicht repräsentieren. So vermutet der trans Mann Linus Giese, dass der Grund für sein spätes Coming-out auch damit zusammenhing, dass er als Kind keine Vorbilder für seine Identität finden konnte:

---

6 Want More Body Positive Kid's Books? Start Doing Better By Fat Characters, Says Children's Book Illustrator – BUST, Zugriff am 28.08.2024.

7 Ebd., Zugriff am 21.03.2024.

»Es fiel mir unglaublich schwer, herauszufinden, wer ich eigentlich bin, weil ich keine Worte dafür hatte, was in mir vorging. Aber auch, weil es keine Vorbilder für mich gab. In Filmen, Serien oder Büchern […] sah ich keine Menschen, die so waren wie ich.«[8]

Wenn man genau hinschaut, dann repräsentiert die konventionelle deutsche Kinderliteratur nur einen sehr kleinen Teil jener Kinder, die diese Texte letztendlich rezipieren. Kinder, die nicht *weiß* sind, nicht cis sind, nicht normgewichtig sind oder nicht den gängigen Schönheitsnormen entsprechen, körperlich oder geistig beeinträchtigt sind, nicht christlich sind, nicht dem Mittelstand angehören, nicht sowohl einen männlichen als auch einen weiblichen Elternteil haben, sogar oft Kinder, die nicht männlich sind, finden sich in vielen literarischen Genres für Kinder nicht wieder oder sehen die Verkörperung ihres Selbstbildes stattdessen in diskriminierende Vorstellungen und Bilder gedrängt, mit denen sie sich nicht identifizieren können. Wiederholen sich diese Normen immer wieder, dann kann daraus für viele Kinder das Gefühl resultieren, nicht konform zu sein; nicht hübsch genug, nicht schlank genug, nicht reich genug, nicht *weiß* genug, also nicht richtig ›normal‹. Darüber hinaus besteht eine hohe Wahrscheinlichkeit, dass Kinder, immer mit denselben Büchern konfrontiert, irgendwann die Perspektive dieser Texte übernehmen und ihrerseits Kinder als nicht normkonform betrachten, die Schwarz sind, die mehrgewichtig sind, die arm sind, die sich nicht mit dem ihnen zugeschriebenen Geschlecht identifizieren können oder mit den gesellschaftlichen Erwartungen an ihr Geschlecht. Und es besteht die Wahrscheinlichkeit, dass sie zu Erwachsenen werden, die das auch nicht tun.

Kinderbücher richten sich somit in der Regel nicht an alle Kinder, sondern bilden ausschließlich normative Perspektiven ab, die sehr viele Lebensrealitäten ausschließen bzw. marginalisieren und abwerten. Auf diese Weise können die Darstellungen und Texte in Büchern Kindern das Gefühl vermitteln, nicht konform und erwünscht zu sein. Die Folgen hiervon können (Re-)Traumatisierung sein oder ein Gefühl von Ausschluss, Verunsicherung und Selbstzweifel, eine Verringerung der Körperzufriedenheit. Kinderbücher besitzen das Potenzial zu verletzen

8 Giese, Linus: unlearn gender, S. 45. In: Lisa Jaspers/Naomi Ryland/Silvie Horch (Hgg.): Unlearn Patriarchy. Berlin: Ullstein, 2023, S. 36–53.

und zu diskriminieren, indem sie den Wert und die Daseinsberechtigung von Kindern infrage stellen, die die gesellschaftlich-kulturellen Normen nicht erfüllen.

Theorieteil: Wie funktioniert Diskriminierung?

Diskriminierung, Privilegierung und Intersektionalität

James Baldwin, Tupoka Ogette, Raul Krauthausen, Linus Giese, Phoebe Wahl und viele weitere Menschen, die BIPoC[9] sind, die behindert, trans oder mehrgewichtig sind, haben also Diskriminierungserfahrungen durch ihre Kinderbücher erleben müssen und tun dies bis heute. Menschen beziehungsweise Kindern, die von Diskriminierung nicht betroffen sind, ist hingegen vermutlich nichts Besonderes an diesen Büchern aufgefallen. Bei diesen Kindern besteht eher das Risiko, dass sie *weiße*, cis männliche Perspektiven übernehmen und sich die I* als Gegner vorstellen, das N-Wort als Bezeichnung für Schwarze Menschen ok finden, über mehrgewichtige Figuren lachen, Frauen hauptsächlich in erziehenden und kümmernden Kontexten verorten oder ihnen die Vorstellung, dass Menschen im Rollstuhl traurig und ohne Freund:innen sind, einleuchtet. All das können aber keine Erziehungs- und Bildungsziele sein; das sind doch nicht die Werte, die wir unseren Kindern vermitteln wollen. Kindern einerseits zu predigen, dass sie fair sein sollen, niemand beleidigen dürfen, andere ausreden lassen müssen, kurzum, sich moralisch zu verhalten, aber ihnen gleichzeitig Geschichten vorzusetzen, die explizit oder implizit eine ganz andere Botschaft vermitteln, ist ziemlich inkonsequent und verwirrend. Wenn man Kinder wirklich beim Aufwachsen zu moralisch integren, freundlichen und rücksichtsvollen Menschen begleiten will, die anderen Menschen ganz grundsätzlich auf Augenhöhe begegnen, dann sollte man sich sehr genau überlegen, welche Geschichten man ihnen vorsetzt.

Um diskriminierende Texte jedoch überhaupt als solche erkennen zu können und zu verstehen, was an diesen Texten aus welchen Gründen

9 Black, Indigenious and People of Color ist ein inklusiver Sammelbegriff für nicht-*weiße* Menschen und Ausdruck für Identitäten mit Rassismuserfahrung.

problematisch ist, ist zunächst eine Auseinandersetzung mit der Funktion von Diskriminierung zur Aufrechterhaltung von Herrschaft vonnöten.

Was bedeutet Diskriminierung? Neben bewusster Diskriminierung und körperlichen Angriffen, die nur die Spitze des Eisbergs bilden, besteht Diskriminierung darin, in allen gesellschaftlichen Bereichen benachteiligt zu werden, ausgegrenzt zu werden, nicht mitgedacht zu werden, nicht anerkannt zu werden, nicht ernst genommen zu werden, nicht auf Augenhöhe behandelt zu werden, unsichtbar gemacht zu werden und nicht als selbstverständlicher Teil der Gesellschaft betrachtet zu werden. Diskriminierung erfolgt immer auch auf einer strukturellen bzw. institutionellen sowie auf einer interpersonellen Ebene. Außerdem findet Diskriminierung in jedem gesellschaftlichen Bereich statt: auf der Straße und in der Öffentlichkeit ebenso wie in privaten Beziehungen, aber auch in der Medizin, in der Gesetzgebung, auf dem Arbeitsmarkt und auf dem Wohnungsmarkt, im Bildungsbereich und bei der Produktentwicklung. Diskriminierung ist für die Menschen, die davon betroffen sind, ein Teil ihres Alltags, dem sie nicht entkommen können. Mehrgewichtige Menschen beispielsweise müssen immer damit rechnen, dass sie angestarrt und verbal attackiert werden, dass ihre schulischen oder beruflichen Leistungen nicht anerkannt bzw. als weniger wichtig als ihr Gewicht eingestuft werden, dass sie medizinisch schlechter versorgt werden, dass sie in Medien abwertend repräsentiert werden. Ein Beispiel für sexistische und rassistische Diskriminierung ist die Wissenschaft, die über die unterschiedlichen Fachdisziplinen hinweg fast ausschließlich auf das Wirken *weißer* cis Männer referiert. Die berühmtesten Mediziner, Philosophen, Chemiker, Physiker etc. sind *weiß* und cis männlich. Literaten und Künstler ebenfalls. Sie sind es, die als Urheber gelten, auch wenn noch andere Menschen involviert waren (wie zum Beispiel Mileva Marić, die Frau von Albert Einstein, die an der Relativitätstheorie beteiligt war, was aber kaum bekannt ist, oder Marianne von Willemer, die Gedichte schrieb, welche Goethe in seinem Spätwerk *West-östlicher Divan* als seine eigenen ausgab),[10] die in Schulbüchern Erwähnung finden, die als Namensgeber

10 Zu den unsichtbar gemachten und als männlich ausgegebenen Leistungen von Frauen vgl. Weidenbach, Verena: Die unerzählte Geschichte. Wie Frauen die moderne Welt erschufen – und warum wir sie nicht kennen. Hamburg: Rowohlt, 2022.

für Straßen, Säle, Stiftungen über den Tod hinaus geehrt werden und an die wir uns erinnern. Dies bedeutet nicht, dass nicht-*weiße* Menschen oder FLINTA nicht geforscht, publiziert, gemalt, komponiert hätten. Es bedeutet, dass ihre Leistungen und Errungenschaften entweder unsichtbar gemacht oder *weißen* cis Männern zugeschrieben wurden. *Weiße* cis Männer wurden und werden somit systematisch privilegiert, während alle anderen diskriminiert werden.

Diskriminierung ist somit die Kehrseite von Privilegierung. Bei Diskriminierung geht es im Kern um Herrschaft, also um die Frage, wer an der Spitze der Gesellschaft stehen darf und Privilegien bekommt – und wer nicht. Es geht um Herrschaft und alle damit einhergehenden Implikationen: Wer gehört dazu, wer nicht? Wer hat recht und wer hat Schuld? Wer bestimmt darüber wie Geschichten erzählt werden? Wessen Perspektive gilt als ›Wahrheit‹? Wer verdient mehr Geld? Wer bekommt welche Jobs? Wer darf ohne Hürden Kinder adoptieren? Wer gilt als gesund und wird vom Gesundheitssystem bevorzugt? Wer wird steuerlich bevorzugt? Diese grundlegenden Fragen entscheiden über Privilegierung und Diskriminierung und wirken tief in die Lebensrealität von Menschen hinein. Wer die gesellschaftlichen Normen erfüllt, wird bevorzugt. Wer sie nicht erfüllt oder erfüllen kann, wird mit strukturellen Hürden und Diskriminierung konfrontiert.

Privilegien sind dabei im Prinzip die Abwesenheit von Diskriminierung. Es sind bestimmte Freiheiten und Zugangsmöglichkeiten, eigentlich Selbstverständlichkeiten, die andere (zu ›anderen‹ Gemachte) nicht genießen; wie eben die öffentliche Anerkennung und Sichtbarkeit der eigenen Leistung. »Der Witz an Privilegien ist, dass man sie nicht die ganze Zeit fühlt, sondern dass sie Vorstellungen der Macht sind, die einigen Menschen Dinge ermöglichen, die für andere wesentlich schwieriger oder unmöglich wären«.[11] Es verhält sich also so, dass sich Privilegien für die Menschen, die sie besitzen, ganz selbstverständlich anfühlen und eben nicht als Privilegien wahrgenommen werden. *Weiße* Menschen in Deutschland genießen das Privileg, in allen Bereichen die Norm zu sein, nicht permanent angestarrt und über ihre Herkunft befragt zu werden

11 Stokowski, Margarete: Die letzten Tage des Patriarchats. Hamburg: Rowohlt, 2018, S. 100.

oder ständig von der Polizei kontrolliert zu werden. Normgewichtige Menschen genießen das Privileg, nicht regelmäßig als Person auf ihr Gewicht reduziert zu werden, Geschäfte frustriert wieder zu verlassen, weil nichts Schönes in ihrer Größe zu finden ist und einfach jedes Restaurant besuchen und jedes Verkehrsmittel benutzen zu können, ohne sich vorher Gedanken über die Breite der Sitze machen zu müssen. Cis Männer genießen das Privileg, immer und in allen Bereichen als unsichtbare und unhinterfragte Norm zu gelten, durchschnittlich besser bezahlt zu werden und auch im Alter besser versorgt zu sein, medizinisch ebenfalls besser versorgt zu sein, im Vergleich zu FLINTA einem sehr viel geringerem Risiko der (sexuellen) Gewalt ausgesetzt zu sein oder in beruflichen Situationen ständig nach dem Aussehen statt nach der Kompetenz beurteilt zu werden, Väter genießen das Privileg, in Ruhe arbeiten oder abends ausgehen zu können, ohne sich die Frage gefallen lassen zu müssen, wer nun eigentlich jetzt gerade auf die Kinder aufpasst, heterosexuelle cis Menschen genießen das Privileg, ihre Geschlechtsidentität oder ihr Begehren nicht erklären, verstecken oder eines Tages mittels Comingout öffentlich machen zu müssen, reiche Menschen genießen das Privileg, sich nicht jede Kaufentscheidung genau überlegen zu müssen, Urlaub machen zu können und sich bei Kinderbetreuung und Haushalt Unterstützung leisten zu können, Menschen ohne Gehbehinderung genießen das Privileg, sich nicht ganz genau den Weg von A nach B überlegen zu müssen, christliche Menschen genießen das Privileg, an ihren religiösen Feiertagen (Weihnachten, Ostern) ganz selbstverständlich frei zu haben, ihre religiöse und kulturelle Identität unbeschwert ausleben zu können und nicht aus Angst vor Diskriminierung und Gewalt verbergen zu müssen.

Mit dem Wort Privileg, so die Politologin und Autorin Emilia Roig,[12] zerbröselt die Idee der Meritokratie[13] (also der Vorstellung, dass Erfolge im eigenen Leben auf der persönlichen Leistung basieren). Dieses Zerbröseln ist die Voraussetzung dafür, strukturelle Diskriminierung erkennen zu können. Nur indem sichtbar wird, dass Menschen in allen gesellschaft-

12 Emilia Roig steht in der Kritik, da sie Jüdinnen:Juden als *weiß* bezeichnet. Ich stimme dieser Kritik zu; halte aber die an dieser Stelle reproduzierten Ansichten Roigs für bedeutend und wichtig.

13 Roig, Emilia: Why we matter. Das Ende der Unterdrückung. Berlin: Aufbau Verlag, 2021, S. 87.

lichen Bereichen bevorzugt werden, wenn sie *weiß*, gojisch, männlich, cis und normschön sind, und benachteiligt werden, wenn sie das alles nicht sind, können Privilegierung und Diskriminierung als System erkennbar werden. Natürlich gibt es Menschen, die sich ihre Erfolge auf die eigene Fahne schreiben können. Aber es gibt auch Menschen, die genauso fleißig, talentiert und fähig sind und es nicht so weit bringen, weil sie systematisch benachteiligt werden. Und dann es gibt noch Menschen, die allein aufgrund ihrer angeborenen Privilegien bevorzugt werden und es deshalb gesellschaftlich nach ganz oben schaffen. Die ungleiche Verteilung von Reichtum und Ressourcen auf der Welt ist nicht auf Kompetenzen, sondern auf Privilegierung und Diskriminierung zurückzuführen. Privilegien sind wie »unsichtbare Aufzüge«,[14] die sichtbar gemacht werden müssen, um Ungerechtigkeit entgegenzuwirken.

Diskriminierung dient also dem Zweck, Menschen von Privilegien, Herrschaft und Zugängen fernzuhalten, damit diese dann einer kleinen bevorzugten Gruppe zukommen können, die ihre Privilegien aber für so selbstverständlich hält, dass sie sie oftmals gar nicht wahrnimmt. Erwähnt werden muss in diesem Kontext, dass viele Menschen in Deutschland in bestimmten Bereichen privilegiert und gleichzeitig in anderen diskriminiert werden. So sind beispielsweise gutverdienende, ablebodied Schwarze hetero cis Männer rassistischer Diskriminierung ausgesetzt, aber nicht sexistischer, ableistischer und klassistischer. Einkommensschwache *weiße* FLINTA wiederum sind sexistischer und klassistischer Diskriminierung ausgesetzt, aber nicht rassistischer. Am privilegiertesten sind demnach *weiße* normschöne gutverdienende hetero cis Männer. Sie haben somit auch die meiste Macht und ihre Perspektiven sind omnipräsent und gelten als Norm; das öffentliche Leben ist exklusiv auf ihre Bedürfnisse zugeschnitten.

Auf noch einmal andere Weise werden Menschen diskriminiert, die von mehreren Diskriminierungsformen (wie Rassismus, Sexismus, Ableismus, Ageismus oder Lookismus) gleichzeitig betroffen sind. Wenn sich mehrere (Ungleichheits-)Merkmale wie race, class und gender in einer Person überschneiden (to intersect), dann wirken diese Diskriminierungsformen zusammen und bilden eine neue Form von Diskriminie-

14 Ebd., S. 87.

rung. In diesem Fall ist von Intersektionalität bzw. intersektionalen Identitäten die Rede. Der Begriff Intersektionalität wurde Ende der 1980er Jahre von der Schwarzen amerikanischen Juristin Kimberlé Crenshaw geprägt, die beobachtet hatte, dass von einer Massenentlassung des Konzerns General Motors hauptsächlich Schwarze Frauen betroffen waren. Da der Konzern weder Schwarze Männer noch *weiße* Frauen entließ, warf ihm das Gericht weder rassistische noch sexistische Diskriminierung vor. Schwarze Frauen wurden somit in besonderem Maße benachteiligt, da sich in ihnen zwei Diskriminierungsformen (Rassismus und Sexismus) überschnitten und sie zugleich unsichtbar für die Ahndung der einzelnen Diskriminierungsformen wurden. Durch Studien nachweisbar ist Intersektionalität in Deutschland beispielsweise dann, wenn Frauen mit türkischem Namen und/oder Hijab bei der Jobsuche benachteiligt werden oder wenn Schwarze oder muslimische Männer von der Polizei per se für kriminell gehalten werden.

Wir können uns zwar nicht aussuchen, in welchen Bereichen wir diskriminiert oder privilegiert werden, aber wenn wir Privilegien haben, dann können wir zumindest verantwortungsbewusst damit umgehen: Also, »wenn man ein erfolgreicher Typ ist, der es aus irgendwelchen Gründen dahin geschafft hat, wo man gehört wird, dann ist man dafür zuständig, von da oben nicht runterzupinkeln«.[15] Um nun als Mensch im Besitz von Privilegien dieser Verantwortung nachzukommen, »nicht runterzupinkeln«, ist es allerdings notwendig, sich seiner Privilegien und seiner Perspektive auch bewusst zu sein, dementsprechend zu handeln, sich Diskriminierung aktiv entgegenzustellen und die eigenen Privilegien nicht zu missbrauchen. Denn die eigene Normalität und die eigenen Privilegien nicht zu hinterfragen, kann Konsequenzen für minderprivilegierte Menschen haben.

In Bezug auf Kinderbücher und andere Kindermedien bedeutet dies ganz konkret, eigene Privilegien zu reflektieren und jene Menschen, die nicht im Besitz dieser Privilegien sind, trotzdem mitzudenken. Gerade dann, wenn Bücher den Alltag spiegeln oder Sachwissen vermitteln sollen, zum Beispiel bei den Themen »unser Kindergarten«, »unsere Stadt« etc. oder in Schulbüchern, sollten Autor:innen bei ihren Darstel-

15 Stokowski, Margarete: Die letzten Tage des Patriarchats, S. 100.

lungen sensibel sein für jene kindlichen Rezipient:innen, die nicht *weiß*, wohlhabend, normgewichtig, cis und gesund sind und zwei heterosexuelle und cis Elternteile zuhause haben und genau darüber nachdenken, nicht nur ob, sondern auch wie sie diese Kinder repräsentieren wollen.

Denn für und über diejenigen Kinder, die als eine ›andere‹ Gruppe definiert werden (Mädchen, Schwarze Kinder, mehrgewichtige Kinder, behinderte Kinder, trans Kinder) gibt es zwar mitunter extra Bücher, die die Abweichung von der Norm jedoch eher exponieren (z.B. jene Bücher, die die Differenz besonders hervorheben, indem ein Elefant pink ist und alle anderen grau oder ein Fisch bunt und alle anderen nicht) oder Diskriminierung reproduzieren und Merkmale überbetonen (wie z.B. die Reihe »Die Drei !!!«). Es ist demnach nötig zu betonen, dass »alle« Körper toll sind, dass »alle« lesen lernen, in die Schule gehen, in den Kindergarten, da dies eben nicht die Norm ist. Selbstverständlich sind alle Körper toll und alle gehen in die Schule, aber eben nur in der Realität und nicht in den meisten unserer Kinderbücher. Ebenso muss betont werden, dass die »Drei!!!« weiblich sind und ›Mädchendinge‹ machen. Diese Bücher sind per se ambivalent zu betrachten: Sie wollen zwar eine Gruppe abseits der Norm empowern, tragen jedoch gleichzeitig dazu bei, diese Gruppe von der Norm abzugrenzen und als ›anders‹ zu definieren. Wenn Kinderbücher immer alle Kinder als selbstverständlichen Teil der Gesellschaft abbilden würden, wären solche Bücher gar nicht nötig.

Kinder, die weiblich, BIPoC, trans, mehrgewichtig oder behindert sind, einerseits aus der normativen Kinderliteratur auszuschließen und andererseits zu betonen, dass sie toll sind, sendet eine verwirrende Doppelbotschaft. Zudem wird die Konzeption der Identität dieser Figuren oft auf ihr Abweichungsmerkmal reduziert und die Figuren fungieren als Token (also lediglich als Beleg für eine angeblich vorhandene Diversität): Die Schwarze Figur ist sportlich oder musikalisch oder gar exotisch, aber leicht aufbrausend, die mehrgewichtige Figur fröhlich und gemütlich, aber undiszipliniert, die cis weibliche Figur hübsch und modebewusst, aber anstrengend, die Figur im Rollstuhl nett, aber traurig und eingeschränkt. Figuren werden in solchen Fällen nicht als komplexe Charaktere dargestellt, sondern auf ihre Differenz reduziert.

Die Vermittlung von einseitigen Bildern und Vorstellungen kann aber nicht das Bildungsziel sein; denn sie richtet langfristig mehr Schaden an als sie kurzfristig zu Unterhaltungszwecken nutzt. Denn diese Darstellungen legen bereits kleinen Kindern nahe, nicht-*weiße* Menschen, behinderte Menschen, nicht-männliche Menschen, nicht-normschöne Menschen, Menschen, die nicht cis sind, als ›anders‹ wahrzunehmen, abwertende oder ausgrenzende Attribute auf sie zu projizieren, sie in gesellschaftlich marginalisierten Positionen (nicht als Held:innen und Hauptfiguren, sondern als Nebenfiguren oder im Dienstleistungssektor) zu verorten und sie letztendlich nicht als individuelle Personen auf Augenhöhe zu betrachten.

Daher brauchen wir Geschichten, Krimis, Sachbücher, Bilderbücher, in denen Mädchen und queere Kinder, Schwarze Kinder und Kinder of Color, Kinder mit Hidjab, Kippa, Sari und Behinderung ganz selbstverständlich abgebildet sind, ohne diese Merkmale hervorzuheben, um eben zu zeigen, dass genau diese Kinder die Norm sind.

Es geht nicht darum, Gruppen, wie Kindergartengruppen oder Schulklassen ›bunter‹ bzw. diverser zu machen als sie eigentlich sind. Es geht schlichtweg darum, die Realität abzubilden und auch diejenigen einzubeziehen, die in unserer Gesellschaft seit jeher marginalisiert werden. Kurzum, es geht darum, die Realität auch zur Normalität zu machen.[16] Heterogene Zugehörigkeiten, plurale Lebensentwürfe sowie religiöse Vielfalt prägen die deutsche Gesellschaft und sind gelebte Realität. Die *Leipziger Autoritarismus Studie* von 2022 weist jedoch darauf hin, dass diese Situation im Bewusstsein der in Deutschland lebenden Menschen unzureichend repräsentiert, anerkannt und befürwortet wird: »So stehen demokratische und egalitäre Forderungen von Teilhabe in Widerspruch zu ausgrenzenden, exklusiven und homogenisierenden Gemeinschaftsvorstellungen«.[17] Genau diese ausgrenzenden und homogenisierenden Vorstellungen spiegeln sich in den meisten deutschen Kinderbüchern. Rezipiert und gesellschaftlich verteidigt werden solche

16 Vgl. Alabali-Radovan, Reem: Lagebericht Rassismus in Deutschland. Ausgangslage, Handlungsfelder, Maßnahmen, S. 43. Der vollständige Lagebericht ist verfügbar unter Rassismus in Deutschland (integrationsbeauftragte.de), Zugriff am 24.08.2024.

17 Leipziger Autoritarismus Studie 2022 der Heinrich Böll Stiftung, S. 194. Online verfügbar unter Leipziger Autoritarismus-Studie 2022 | Heinrich-Böll-Stiftung (boell.de), Zugriff am 24.08.2024.

Kinderbücher allerdings nicht nur von Vertreter:innen des rechten Randes, sondern von der Mitte der Gesellschaft.

Seit einigen Jahren wird bei vielen der neueren Kinderbücher und Schulmedien verstärkt auf Diversität geachtet; in diesen Medien werden also zum Beispiel Kinder of Colour oder auch mal ein Kind im Rollstuhl dargestellt. Diese Kindermedien spiegeln jedoch eine Gesellschaft, in der viele Formen der Diskriminierung strukturell und institutionell verankert und internalisiert sind. Diskriminierende Ansichten sind fester Bestandteil unseres kulturellen Gedächtnisses. Die Darstellung von BIPoC auf der Bildebene in Kindermedien wie in einigen neueren Schulbüchern, ist ein guter Anfang, aber sie reicht bei Weitem nicht aus, um struktureller Benachteiligung zu begegnen und alle Erscheinungsformen von Diskriminierung zu tilgen. Um wirklich vielfältige und diversitätssensible Kindermedien, wie Wimmelbücher oder Schulbücher produzieren zu können, ja um Problematiken überhaupt erkennen (und ihre Reproduktion vermeiden) zu können, ist ein umfassendes Hintergrundwissen vonnöten. Diskriminierende Menschen- und Weltbilder, die teilweise seit Jahrhunderten Teil unseres kulturellen Wissens sind, müssen mühsam wieder verlernt werden. Verlernen, so die Autorin Kübra Gümüşay, bedeutet, »den Missstand ganz genau zu studieren und es dann *genau deshalb* anders zu machen«.[18] Sinnvollen Lösungen muss somit zunächst eine umfängliche und multiperspektivische Problemanalyse vorausgehen; wir können nicht den zweiten Schritt vor dem ersten gehen. Nur wenn ich genau weiß, was alles dahintersteckt, kann ich das volle Ausmaß der Diskriminierung verstehen und dann wird es mir besser gelingen, diese Diskriminierung zu erkennen und nicht selbst zu reproduzieren. Privilegierte Menschen stehen somit in der Verantwortung, sich über die verschiedenen Diskriminierungsformen zu informieren; und ganz besonders dann, wenn sie kulturelle Produkte erschaffen, die sich an Kinder richten, oder wenn sie diese Produkte mit Kindern rezipieren.

18 Gümüşay, Kübra: unlearn sprache, S. 22. In: Lisa Jaspers/Naomi Ryland/Sivlie Horch (Hgg.): Unlearn Patriarchy, S. 17–35.

Stories matter: Die Gefahr einer einzigen Geschichte

Warum Geschichten wichtig sind und welchen Einfluss sie auf Kinder haben, erklärt die Autorin Chimamanda Ngozi Adichie[19] in ihrem TED Talk »The danger of a single story«.[20] Chimamanda Ngozi Adichie betont, dass sie als Kind genau jene Geschichten reproduziert hat, die sie selbst zu lesen bekam; die Geschichten aus britischen und amerikanischen Kinderbüchern. Daher hat sich Chimamanda Ngozi Adichie als Kind literarische Figuren ganz automatisch *weiß* und blauäugig vorgestellt. Beeinflusst durch ihre Kinderbücher sei sie nicht auf die Idee gekommen, dass literarische Figuren Schwarz wie sie selbst sein könnten; dass literarische Welten ihre eigene Welt widerspiegeln könnten. Sie sei stattdessen der festen Überzeugung gewesen, dass es in der Natur von Büchern läge, über *weiße* Menschen zu berichten und über Dinge, mit denen sie sich nicht identifizieren könne, wie Schnee, Äpfel und Ingwerbier. Daher mahnt Chimamanda Ngozi Adichie, dass gerade Kinder angesichts von Geschichten extrem beeinflussbar und verletzlich seien. Erst die Bücher afrikanischer Autor:innen (auch in der Diaspora), in denen sie sich wiedererkennen konnte, hätten ihr die Einsicht vermittelt, dass auch Schwarze Menschen in Büchern vorkommen und selbst Bücher schreiben können.

Dennoch liebte Chimamanda Ngozi Adichie ihre englischen und amerikanischen Kinderbücher, da sie ihre Fantasie anregten und ihr neue Welten eröffneten. Genau diese beiden Kriterien sollten Kinderbücher der Erziehungswissenschaftlerin Rudine Sims Bishop[21] zufolge erfüllen: Sie sollten Fenster und Spiegel sein. Kinderbücher sollten Kindern ihre eigene Lebensrealität spiegeln und die Möglichkeit zur Identifikation bieten und auf diese Weise das Selbstbewusstsein der Kinder stärken. Und sie sollten als Fenster Einblicke in neue und andere Lebensrealitäten

19 Chimamanda Ngozie Adichie steht aufgrund ihrer Äußerungen zu trans Frauen in der Kritik. Ihre älteren Ansichten zu einzigen Geschichten halte ich nach wie vor für relevant.

20 Chimamanda Ngozi Adichie: The danger of a single story | TED Talk, Zugriff am 28.08.2024.

21 Using Books as Mirrors, Windows, Sliding Glass Doors – Carol Westby, 2022 (sagepub.com), Zugriff am 20.03.2024.

bieten. Hier bietet der deutsche Kinderbuchmarkt noch sehr viel Luft nach oben. Die meisten Kinderbücher bieten Kindern, die selbst *weiß* und deutsch, christlich, cis, normschön und nicht-behindert sind, die Möglichkeit, ihre eigene Lebensrealität zu spiegeln und sich gut in den Held:innen wiedererkennen zu können. Bücher, die andere Lebensrealitäten darstellen und Einblicke ermöglichen, sind hingegen rar gesät. Dabei wären gerade diese Bücher wichtig, nicht nur, um allen Kindern die Möglichkeit zur Identifikation zu bieten. Sie wären auch für *weiße* deutsche Kinder wichtig, damit diese sich selbst auch einmal in der Rolle derjenigen erfahren, die sich nicht aus der eigenen Lebenserfahrung heraus in den Protagonist:innen spiegeln können, damit sie andere und neue Lebensrealitäten und Geschichten kennenlernen können.

Es ist hingegen gefährlich, »single stories« zu erzählen, denn Kindern einseitige Geschichten, Bilder und Vorstellungen zu vermitteln, hat langfristige Auswirkungen auf die Realität. Wenn nicht-*weiße* Kinder sich in ihren Büchern nicht wiederfinden, dann halten sie Literatur womöglich für eine *weiße* Angelegenheit. Wenn trans Kinder keine positiven Vorbilder in ihren Kinderbüchern erleben, fehlt ihnen die Möglichkeit, ihre eigene Geschlechtsidentität verstehen und bezeichnen zu können. Wenn Mädchen in ihren Büchern immer wieder mit Feen und Prinzessinnen statt mit Wissenschaftlerinnen, Bauarbeiterinnen und Rennfahrerinnen konfrontiert werden, fällt es ihnen schwerer, diese Zukunftsoptionen für sich selbst in Betracht zu ziehen. Negative Repräsentationen haben hingegen das Potenzial zu verletzen. Wenn Schwarze Kinder in Kinderbüchern das N-Wort lesen, führt das wie bei Tupoka Ogette zu »Bauchschmerzen«. Wenn *weiße* Kinder Afrika aufgrund ihrer Kinderbücher mit dem N-Wort, ›Exotik‹, wilder Natur, Tieren und Lehmhütten oder aufgrund ihrer Schulbücher mit Armut, Hunger und Krankheiten assoziieren, dann haben sie wahrscheinlich als Erwachsene Rassismus internalisiert und reproduzieren ihn auch, zumindest in Form von Alltagsrassismus. Wenn Mädchen bereits aus Kinderbüchern lernen, dass Heldinnen blond, schlank und normschön sind, dann streben sie womöglich ihr Leben lang danach, diesem Ideal zu entsprechen und verzweifeln, wenn ihren das nicht gelingt. Wenn Jungs in ihrer Kindheit dauerhaft mit super-sportlichen, dominanten und aggressiven Figuren wie Tim/Tarzan aus der Reihe *TKKG* konfrontiert werden, führt das zu gewaltvollen Vorstellungen von Männlichkeit und vielleicht auch zu einem solchen Verhalten. Wenn mehrgewichtige Kinder immer nur negative Repräsentationen in ihren Büchern erleben, dann hat das einen schädlichen Einfluss auf ihr Körperbild.

Geschichten sind wichtig und sie haben Einfluss; gute Gründe, genau hinzusehen.

Diskriminierung in der Sprache

> »Sprache schließt aus, Sprache diskriminiert, Sprache schafft Wirklichkeit und sie ist niemals neutral. Sprache ist immer auch der Ausdruck von Normen, Macht, damit zusammenhängenden Strukturen und Gewalt.«[22]

Sprache ist historisch gewachsen und spiegelt gesellschaftliche Verhältnisse, Einstellungen und Entwicklungen – und somit natürlich auch Macht- und Herrschaftsverhältnisse. Daher ist es nicht verwunderlich, dass sich auch diskriminierende Ansichten und Weltanschauungen in unserer Sprache manifestiert haben. Diese sind so fest verankert in unserem alltäglichen Sprachgebrauch, dass wir sie oft nutzen, ohne ihre diskriminierenden Inhalte bewusst wahrzunehmen. Doch Sprache schafft Wirklichkeit: Daher ist es gerade im Umgang mit Kindern notwendig, Begriffe zu hinterfragen und sich ihren explizit oder implizit diskriminierenden Charakter bewusst zu machen. Schaut man genau hin, so wird klar wie viele und welche Gruppen auch in der Sprache nicht mitgemeint, exkludiert oder sogar ganz offen diskriminiert werden. Ganz grundsätzlich ist es im Umgang mit Kindern (und auch allen anderen Menschen) empfehlenswert, sich sprachsensibel zu verhalten. Sprache ist ein mächtiges und einflussreiches Instrument, sie kann empowern, aber auch verletzen.

Rassismus in der Sprache

> »Wie sollen wir umgehen mit einer Sprache, die unsere Realität nicht abbildet? Die keine Worte findet, um uns in unserem Sein zu erfassen? Die Ungerechtigkeit verstärkt, Gewalt und Unterdrückung in sich trägt? Wie können

---

22 Meyer, Lydia: Die Zukunft ist nicht binär. Hamburg: Rowohlt Verlag, 2023, S. 151.

> wir in einer Sprache sein, in der wir als Sprechende nicht vorgesehen waren, sondern lediglich als jene, über die gesprochen wird?«[23]

Die deutsche Sprache an sich, so Kübra Gümüşay, schließt Menschen aus, die sich nicht als deutsch identifizieren. Es gibt aber noch viele weitere Formen von Rassismus in der deutschen Sprache. Da wären zunächst einmal die Fremdbezeichnungen wie das N-Wort und das M-Wort. Das Wissen um den diskriminierenden Charakter dieser Begriffe ist inzwischen ziemlich weit in die Gesellschaft vorgedrungen. Noch nicht ganz so verbreitet ist das Wissen um den diskriminierenden Charakter des Z-Worts (für Zinti:zze u. Rom:nja), des I-Worts für Native Americans und First Nations oder des E-Worts für die Inuit. Darüber hinaus gibt es eine Reihe an kolonialen Begriffen wie »Wilde«, Buschm*nner, Ho*ento*en (gemeint sind u.a. die Nama), Pyg*en (hier u.a. die Mbuti, die Baka und die Cwa). Gemeinsam ist allen diesen Fremdbezeichnungen, dass sie einen rassistischen Entstehungskontext haben, in einer rassistischen Sprachtradition stehen und während des Kolonialismus und des Nationalsozialismus gebräuchlich waren und dass sie von jenen Menschen, die damit gemeint sind, mehrheitlich abgelehnt werden. Fatalerweise finden sich genau diese Begriffe oft in älteren Kinderbüchern oder Kinderliedern. Überarbeitungen dieser Texte (z.B. *Pippi Langstrumpf* von Astrid Lindgren, *Die kleine Hexe* von Otfried Preußler und neuerdings *Jim Knopf* von Michael Ende), in denen diese Begriffe ersetzt werden, sind also alleine schon deshalb sinnvoll, um Kindern kein rassistisches Vokabular beizubringen. Der Einwand, man könnte Kindern diese Wörter doch einfach erklären, greift viel zu kurz. Zum einen signalisiert das, die Begriffe wären doch irgendwie ok, denn sie stehen ja in einem Buch und werden von den vorlesenden Erwachsenen reproduziert. Außerdem haben Erwachsene auch nicht immer spontan eine gute, auch für ganz kleine Kinder super verständliche Ansprache parat und vielleicht fehlt ihnen selbst das antirassistische Wissen, um genau erläutern zu können, welche Darstellungen aus welchen Gründen diskriminierend sind. Zum anderen lesen Kinder auch eigenständig, dann ist da niemand zum Erklären. Und ganz elementar ist der Punkt, dass lesende Kinder nicht

23 Gümüşay, Kübra: unlearn sprache, S. 21. In: Lisa Jaspers/Naomi Ryland/Silvie Horch (Hgg.): Unlearn Patriarchy, S. 17–35.

immer *weiß* sind. Auch BIPoC-Kinder lesen und sie sollen genau wie *weiße* Kinder die Möglichkeit haben, durch ihre Bücher nicht beleidigt und verletzt zu werden. Das Argument, man könnte das N-Wort doch einfach kurz erklären, statt ein heiliges Kinderbuch umzuschreiben, ist an sich bereits rassistisch, denn es schließt nicht-*weiße* Kinder als Rezipierende von deutschen Kinderbüchern aus. Nicht-*weiße* Kinder werden bei dieser Argumentation nicht berücksichtigt und genau so funktioniert Diskriminierung.

Neben Wörtern, die bereits an sich rassistisch sind, gibt es im Deutschen Wörter, die von einer ursprünglich christlich motivierten rassistischen Farbsymbolik zeugen. Seit dem Mittelalter etablierte sich zunächst in sakralen Texten und sakraler Kunst eine ausgeprägte schwarz-weiß-Dichotomie, die sich auch in der Sprache manifestiert hat. So werden gute Dinge oft als »weiß« bezeichnet (die weiße Weste, sich weiß waschen, die weiße Taube) und schlechte Dinge als »schwarz« (Schwarzarbeit, etwas schwarz reden, anschwärzen, ein schwarzer Tag, schwarz sehen, Schwarzmarkt, schwarzes Schaf). Weiß steht dabei für Unschuld, Ehrlichkeit und Reinheit; schwarz für das Böse und Gefährliche, das Schlechte, Ablehnenswerte und Schuldige. Diese Farbsymbolik ist auch in Kinderbüchern oft zu finden, zum Beispiel bei Otfried Preußler.

Ein rassistisches Spezifikum von Kinderbüchern und Comics besteht darin, rassifizierten Figuren Sprachfehler zu verleihen, wohl letzten Endes mit der Absicht, dass Kindern sich über diese Figuren lustig machen können und sich auch überlegen fühlen dürfen. BIPoC-Figuren werden dabei buchstäblich zu Witzfiguren. Beispiele hierfür sind der Schwarze Pirat bei *Asterix* (mit den Worten von Noah Sow: das N-Wort als Bild),[24] der kein »r« sprechen kann oder die Chines:innen bei *Lucky Luke*, die statt eines »r« ein »l« sprechen und dadurch lächerlich wirken oder die Schwarzen Figuren im Comic *Tim im Kongo* (der dermaßen rassistisch ist, dass sich der Carlsen Verlag veranlasst sah, der Produktbeschreibung die Empfehlung hinzuzufügen, Kinder den Comic nicht alleine lesen zu lassen), die ganz grundsätzlich nur einen sehr beschränkten Wortschatz haben und ständig den Begriff »Dingsda« verwenden für Worte, die ih-

24 Sow, Noah: Deutschland Schwarz Weiß, München: Goldmann Verlag 2009, S. 182.

nen nicht einfallen. Ganz ausgeprägt findet sich dieses Phänomen zudem in (älteren) Disney-Filmen. Sprachfehler bei BIPoC-Figuren sind somit eine weitere Erscheinungsform für Rassismus auf sprachlicher Ebene.

Sexismus in der Sprache

Wie Rassismus, so reproduziert die deutsche Sprache auch Sexismus auf viele unterschiedene Arten. Zu nennen sind zum einen die Vielzahl an abwertenden Begriffen für FLINTA, teilweise sehr alte Begriffe und teilweise Anglizismen, die hier allesamt nicht reproduziert werden sollen. Diese Begriffe reichen von der Bezeichnung von Frauen als Tier bis zu der Schmähung, sexuell zu verfügbar zu sein; in der Praxis oft eine Reaktion von Männern auf Frauen, die eben nicht für sie verfügbar sind. Ebenso wenig wie Eltern, Erziehende und Pädagog:innen Kindern diskriminierende Begriffe für Frauen beibringen, sollten sie Kindern diffamierende Begriffe für nicht-*weiße* Menschen beibringen.

Ein weiterer wichtiger Punkt ist das generische Maskulinum, das Personengruppen per se als männlich bezeichnet. Sind in (angenommenen) Gruppen sowohl Männer als auch Frauen und nicht-binäre Menschen vertreten, so wird automatisch zur Bezeichnung der Gruppe die männliche Form verwendet: Die Lehrer, die Bäcker, die Landwirte, die Politiker. Das generische Maskulinum macht FLINTA somit unsichtbar. Die Autor:innen Amut Schnerring und Sascha Verlan zitieren in ihrem Buch *Die Rosa-Hellblau-Falle* als Beispiel für diese Unsichtbarmachung von FLINTA aus dem Leitfaden des österreichischen Bundesministeriums für Unterricht, Kunst und Kultur: Hier steht der Satz »Bereits um 1840 schrieben Mathematiker die ersten Computerprogramme«. Verschleiert wird dabei die Tatsache, dass es Frauen waren, die an dieser Stelle einen wesentlichen Beitrag leisteten, wie die Mathematikerin Lady Ada Lovelace, die tatsächlich das allererste Computerprogramm schrieb.[25] Statt also das generische Maskulinum zu verwenden und Personengruppen per se männlich zu machen, auch wenn sie das gar nicht (vollständig) sind, wäre es viel fairer und realitätsgetreuer, zu entgendern und von Lehrenden oder Lehrer:innen zu sprechen.

25 Schnerring, Almut/Verlan, Sascha: Die Rosa-Hellblau-Falle. Für eine Kindheit ohne Rollenklischees. München: Verlag Antje Kunstmann, 2014, 66%.

Einen besonders großen Einfluss hat Sprache auf Kinder, die noch nicht mitreflektieren, dass sprachlich als männlich bezeichnete Gruppen auch teilweise oder ganz weiblich oder nicht-binär sein können:

> »Grundschulkinder setzen das grammatikalische Geschlecht noch ganz selbstverständlich mit dem biologischen Geschlecht gleich. Spricht also jemand vom Bäcker, kommen Kinder nicht auf die Idee, dass eine Frau das Brot gebacken haben könnte.«[26]

2015 ergab eine psycholinguistische Studie der Freien Universität Berlin, dass Mädchen Berufe, die in unserer Gesellschaft als typisch männlich gelten, als eher erreichbar wahrnehmen, wenn sie nicht im generischen Maskulinum formuliert sind.[27] Gerade im Umgang mit Kindern ist das Gendern also elementar wichtig, um ein geschlechtergerechtes Aufwachsen zu ermöglichen.[28]

Sprache hat jedoch nicht nur Auswirkungen auf Kinder, wenn das Femininum zugunsten des Maskulinums unsichtbar wird, sondern auch auf alle Personen, auf die weder das Femininum noch das Maskulinum zutrifft. Die deutsche Sprache kennt insgesamt drei grammatikalische Fälle: er, sie, es. Gerade diese Auswahl markiert die Differenzen: Ein Mensch ist sprachlich nicht einfach ein Mensch, sondern immer ein »er« oder eine »sie«. Sprachlich wird somit immer differenziert und zugeordnet; Geschlechtszugehörigkeit wird im Deutschen (in vielen anderen Sprachen jedoch nicht) bereits sprachlich konstruiert. Nicht-binäre Personen werden somit von der deutschen Sprache ausgegrenzt: Im Unterschied zu anderen Sprachen existiert kein Pronomen für nicht-binäre Personen, weshalb diese teilweise geschlechtsneutrale Neopronomen selbst schaffen: Beispielsweise »sier«, »xier«, »dey«, »ens«, »hen« oder »nin« sind alternative Pronomen zu »er« und »sie«, die zur Sichtbarmachung

---

26 Schnerring, Almut/Verlan, Sascha: Die Rosa-Hellblau-Falle 66%.

27 Automechanikerinnen und Automechaniker – wie Sprache die kindliche Wahrnehmung von Berufen prägt • Informationen für Medien und Journalist*innen • Freie Universität Berlin (fu-berlin.de), Zugriff am 13.04.2024.

28 Das einzige Argument gegen das Gendern, das ich wirklich nachvollziehbar finde, ist, dass mit Sonderzeichen gegenderte Texte Screenreader verwirren und dadurch die Barrierefreiheit für blinde und sehbehinderte Menschen einschränkt. Hierfür sind neue technische Lösungen erforderlich.

und sprachlicher Gleichberechtigung nicht-binärer Identitäten beitragen.[29] Lann Hornscheidt, Professx[30] für Gender Studies, spricht sich dafür aus, dass ein genderloses Sprechen ganz grundsätzlich den Fokus von Personen auf Tätigkeiten verschieben und somit eine präzisere und wertschätzende Kommunikation ermöglichen würde:

> »Statt LeserIn, Leser oder Les*erin könnte ich sagen: eine Person, die liest. Dadurch würde stärker ein Handeln von Personen als Handlung wahrgenommen und nicht als Essenz der Identität. [...] So würde auf das fokussiert, worum es in der Äußerung geht und nicht noch gleichzeitig Dinge, Verhalten und körperliche Zustände vergeschlechtlicht. Wir könnten so anfangen konkreter, differenzierter und wertschätzender zu sprechen – und gleichzeitig damit die massiven sozialen Genderungen, die alle Personen einengen und ein gesellschaftliches Gewaltkorsett sind, loslassen.«[31]

Außerdem ordnet die deutsche Sprache den Geschlechtern bestimmte Tätigkeiten zu: Vor allem pflegende, dienende und zuarbeitende Positionen, Tätigkeiten und Berufsfelder werden bereits in ihrer Bezeichnung weiblich gegendert, wie zum Beispiel Putzfrau und Krankenschwester.

Frauen werden im Deutschen sprachlich auch dann abgewertet, wenn das unerwünschte Verhalten von Männern oder Jungs mit dem von Mädchen verglichen wird: »Du heulst/läufst ja wie ein Mädchen!« Frauen werden sprachlich herabgewürdigt, wenn sie infantilisiert oder animalisiert werden, durch die Bezeichnung als »Mädchen«, als »Kindchen«, als »Schätzchen«, als »junges Fräulein« oder »Mäuschen«. Auch für derartige Verniedlichungen gibt es kein männliches Pendant im deutschen Sprachgebrauch. Während die »alte Jungfer« negativ konnotiert ist, als eine, die »keinen abbekommen hat«, ist der »ewige Junggeselle« positiv konnotiert, als einer, der sich nicht einfangen und seiner Freiheit berauben lässt.

Ganz besonders problematisch ist der Begriff »hysterisch«. Das Wort *hystéra* bezeichnet im Altgriechischen den Uterus. Historisch galt

29 Vgl. hierzu Lydia Meyer: Die Zukunft ist nicht binär, S. 141 ff.

30 Selbstbezeichnung und genderfreie Form von Professor:in.

31 Lann Hornscheidt: Gender sprachlich loslassen | Debatte: Sprache und Geschlecht | bpb.de, Zugriff am 17.05.2024.

Hysterie als medizinische Diagnose, als deren Ursache diverse Störungen des Uterus vermutet wurden und die sich in einem psychisch auffälligen Verhalten von Frauen äußern sollte. Mal galt Hysterie als Beleg dafür, dass eine Frau mit dem Teufel im Bunde sei und mal als Grund dafür, Frauen gegen ihren Willen zwangseinzuliefern. Oft wurde Hysterie bei jenen festgestellt, die ihre persönliche Erfüllung nicht in dem Dasein als Mutter und Hausfrau fanden und gegen ihre Unterdrückung aufbegehrten. Hinter den Begriffen »Hysterie« und »hysterisch« verbirgt sich also eine jahrhundertelange misogyne Gewalt- und Unterdrückungsgeschichte, die jedes Mal wieder aufgerufen und bestätigt wird, wenn heute eine Frau in Kontexten, in denen sich Frauen gegen männliche Erwartungen und Geschlechterungerechtigkeiten auflehnen, mit diesem Begriff bezeichnet wird.

Antisemitismus in der Sprache

Jiddische Wörter, die in der deutschen Alltagssprache benutzt werden, sind meist negativ konnotiert. Beispiele sind die Begriffe »Mischpoke« oder »schachern«. Während diese Wörter eigentlich nur »Familie« und »verhandeln« bedeuten, werden sie im Deutsch genutzt, um etwas abzuwerten. Wenn von jemandem und seiner »Mischpoke« die Rede ist, dann wird angedeutet, dass mit dieser »Mischpoke« keine hohe Meinung verbunden ist, dass damit gar keine biologische oder soziale Familie in dem Sinne gemeint ist, sondern eher ein fragwürdiger, dubioser, vielleicht krimineller Anhang.

> »Geschacher um Ministerposten, so liest man manchmal. Gemeint ist übles, feilschendes Geschäftemachen. Es kommt vom Jiddischen sachern. Sachern bedeutet im Jiddischen ganz einfach Handel treiben, ohne jeden abwertenden Unterton. Abwertend wird es erst im deutschen Gebrauch als Lehnwort. Nicht der lexikalische Inhalt, sondern allein die jiddische Herkunft sorgt für eine negative Deutung dieses ansonsten wertneutralen Wortes. Die deutsche Sprache macht daraus ›handeln wie ein Jude‹«.[32]

Das Verb »mauscheln« hingegen leitet sich von dem Namen Moses bzw. Mosche ab und wird verallgemeinernd für Juden genutzt; wie zum

32 Antisemitismus in der Sprache – Wenn die Mischpoke schachert (deutschlandfunk.de), Zugriff am 24.08.2024.

Beispiel der Name »Ali« in Bezug auf Türken (»ein Ali«). Das Wort »mauscheln« soll also in einem negativen Sinne ausdrücken, dass jemand wie »ein Jude« redet.

Sprachlich unsichtbar gemacht wurden Jüdinnen:Juden hingegen, indem jüdische Namen zur NS-Zeit aus dem Buchstabieralphabet entfernt wurden (z.B. N wie Nordpol hieß ursprünglich N wie Nathan). Nach der NS-Zeit wurde die Änderung allerdings lange Zeit nicht wieder rückgängig gemacht. Erst seit 2022 wird mit deutschen Städtenamen statt mit vorwiegend männlichen und nicht-jüdischen Vornamen buchstabiert.

Auf deutschen Schuhöfen hingegen ist »Jude« ein Schimpfwort – ein erschreckendes Signal.

Außerdem ist Israel das einzige Land, das gemeinsam mit dem Wort »kritisch« einen feststehenden Begriff bildet, der sogar im Duden eingetragen ist: »israelkritisch«. »Saudi-Arabien-kritisch« oder ähnliches existiert jedoch nicht.[33]

Lookismus in der Sprache

Die Auseinandersetzung mit Lookismus ist eine noch recht neue Forschungsrichtung, die sich mit der Diskriminierung aufgrund des Aussehens beschäftigt und sehr oft intersektional ist, etwa wenn behinderte Menschen nicht als attraktiv wahrgenommen werden. Die Begriffe Fat- und Bodyshaming sind heute weitestgehend auch in der Gesellschaft ankommen. Neben der Diskriminierung aufgrund der Körperform umfasst Lookismus auch die Diskriminierung aufgrund der Körpergröße (Hightismus). Sprachlich schlägt sich lookistische Diskriminierung vor allem in Schimpfwörtern nieder. Es gibt sehr viele Wörter im Deutschen, die mehrgewichtige Menschen oder Menschen jenseits der Normgröße beleidigen und herabwürdigen. Gerade auch in Kinder- und Jugendbüchern finden sich solche Wörter. Diese Begriffe sind diskriminierend und haben somit immer eine negative Konnotation:

> »Wenn wir ›dick‹ sagen, meinen wir mehr als ›mein Körper hat diese oder jene Form‹. Wir meinen: disziplinlos, maßlos, ungesund und schwerfällig.«[34]

33 Vgl. Polak: Gegen Judenhass. Berlin: Suhrkamp Verlag, 2018, S. 97.

34 Michelberger, Melodie: Body Politics. Hamburg: Rowohlt Verlag, 2021, S. 113.

Manche Wörter werden jedoch von Aktivist:innen teilweise zur Selbstbezeichnung verwendet. Als Fremdbezeichnung sind sie jedoch zu vermeiden. Neutral konnotiert ist der Begriff »mehrgewichtig«. »Übergewichtig«, ein ehemals gebräuchliches Wort, ist hingegen problematisch, denn das Wort »über« impliziert eine Norm, obwohl alle Körper normal sind. Außerdem pathologisieren die Begriffe »übergewichtig« und »adipös« Mehrgewicht als Krankheit. Begriffe wie »mollig« und »rundlich« sind hingegen Verniedlichungen, die die Person nicht auf Augenhöhe ansprechen. Umgekehrt sind auch »dünn« und »schlank« nicht neutral, sondern positiv konnotiert. Die sprachliche Diskriminierung von mehrgewichtigen Menschen ist eine Form sprachlicher Gewalt und auch ein entscheidender Auslöser für Essstörungen.

Selbstbezeichnung versus Fremdbezeichnung

»N*er«, »b*tch«, »fett« sind alles Begriffe, die von manchen Schwarzen Menschen, manchen FLINTA und manchen mehrgewichtigen Menschen zur Selbstbezeichnung verwendet werden. Der Gedanke dahinter ist, das Wort von seiner negativen Konnotation zu befreien und es für sich selbst zurückzuerobern. Das bedeutet jedoch nicht, dass alle Schwarzen, weiblichen, jüdischen und mehrgewichtigen Menschen sich selbst so nennen oder solche Witze in Ordnung finden. Als Eigenbezeichnung müssen alle diese Begriffe somit respektiert werden – als Fremdbezeichnung sind sie hingegen diskriminierend.

Die Deutungshoheit darüber, ob ein Begriff oder eine Aussage rassistisch, sexistisch, antisemitisch, lookistisch oder sonst irgendwie diskriminierend ist, liegt übrigens immer bei den Betroffenen. Das hat überhaupt nichts damit zu tun, ob es nun verletzend gemeint war oder nicht. Wenn ich jemandem unabsichtlich auf den Fuß trete, dann bestimme ja nicht ich darüber, ob das weh getan hat – dann entschuldige ich mich. Von Diskriminierung betroffenen Menschen zu sagen, eine Aussage sei nicht schlimm oder nicht böse gemeint oder sie würden zu empfindlich reagieren, um bloß jede Schuld von sich selbst wegzuschieben, ist fatal. Denn Menschen, insbesondere Kindern, die intuitiv realisieren, dass gerade etwas schiefläuft und sich damit unwohl fühlen, einzureden, sie würden sich irren, lässt diese Menschen schlimmstenfalls an ihrer Selbst- und

Realitätswahrnehmung zweifeln. Der Fachbegriff hierfür ist Gaslighting. Gaslighting ist eine bewährte Technik, um in Fällen von Diskriminierung dem Opfer die Schuld zu geben, indem man ihm einredet, die Situation falsch einzuschätzen.

Den diskriminierenden Gehalt von Aussagen zu negieren, zu relativieren, kleinzureden oder abzustreiten, ist jedoch eine sehr häufige Abwehrreaktion, die der:dem Täter:in zugutekommt und ihre:seine Position im Machtverhältnis stärken soll. Zunächst einmal geht es wie erwähnt um die Deutungshoheit, also um die Macht, über die Situation zu bestimmen und zu entscheiden, wie etwas zu deuten ist. Menschen, die von Diskriminierung nicht betroffen sind, müssen sich mit Themen wie Rassismus, Antisemitismus, Sexismus oder Lookismus nur dann auseinandersetzten, wenn sie das auch möchten. Doch häufig möchten sie das nicht. (Dabei wären gerade diese Menschen die Gruppe, die das dringend tun müsste, denn sie sind ja diejenigen, die Diskriminierung reproduzieren und davon profitieren.) Stattdessen haben sie sich ihre »Komfortzone«[35] eingerichtet, die sie aktiv verteidigen und absichern. Da es ihnen gut geht, soll auch alles so bleiben, wie es ist. Diskriminierung abzustreiten, dient in diesem Kontext als Abwehrstrategie, um die Auseinandersetzung mit der Diskriminierung zu vermeiden und die vorherrschenden Machtverhältnisse nicht infrage zu stellen. Neben dem Abstreiten des diskriminierenden Gehalts von Aussagen besteht eine weitere Ablenkungsstrategie darin, den Spieß umzudrehen und sich über den Diskriminierungsvorwurf zu beklagen; also selbst Vorwürfe zu erheben (Täter:in-Opfer-Umkehr).

In den Blick genommen

An dieser Stelle sollen jedoch nicht nur die diskriminierenden Begriffe in den Blick genommen werden, sondern auch die Begriffe aufgezählt werden, die mit Privilegierung verbunden sind. Viel zu lange haben diskriminierende Begriffe und damit auch der Blick auf diskriminierte Gruppen dominiert und die Diskurse bestimmt. Diejenigen Gruppen, von denen die Diskriminierung ausging, die dominanten »wir«-Gruppen, blieben

35 Vgl. Goffey, Judith/Laumann, Vivien: Gojnormativität. Warum wir anders über Antisemitismus sprechen müssen. Berlin: Verbrecher Verlag, 2021, S. 152.

dabei jedoch unsichtbar und unmarkiert. Sie standen nicht im Fokus und sie hatten auch keine Bezeichnung. Das ist insofern alarmierend, als dass diskriminierende Gruppen auch dann in der Lage sind, Diskriminierung zu reproduzieren, wenn die betroffenen Gruppen gar nicht anwesend sind,[36] und dass diskriminierende Vorstellungen weniger mit den realen Objekten zu tun haben, auf die diese Vorstellungen projiziert werden, sondern viel mehr über diejenigen Menschen aussagen, von denen diese Vorstellungen ausgehen.[37]

> »Auch ein *weißer* cis Mann blickt nicht neutral auf die Welt, es wird nur ständig davon ausgegangen, dass er das tut, weil die *weiße* cisgeschlechtliche Perspektive immer noch als Norm gilt, während andere Perspektiven als Aktivismus oder gar Ideologie abgetan werden. Oft verbirgt sich hinter vermeintlicher ›Normalität‹ oder ›Objektivität‹ nichts anderes als die herrschende, unhinterfragte, schwer greifende Norm.«[38]

Neutralität, Normalität oder Objektivität sind Konstrukte, die dazu dienen, Dominanz zu verschleiern. Durch Markierungsprozesse, wie durch das Label »Frauenliteratur« oder »afrikanische Kunst«, werden die Produkte marginalisierter Gruppen als abweichend von der Norm gekennzeichnet und gleichzeitig die unmarkierte Norm als solche bestätigt. Ohne die zusätzliche Erklärung, dass etwas von FLINTA oder afrikanischen Menschen produziert wurde, sind wesentliche Teile unserer Kultur, wie Musik, Kunst, Wissenschaft, Philosophie, Literatur ganz

---

36 Vgl. auch Leipziger Autoritarismus Studie 2022, S. 166. Die Abwesenheit von Fremdgruppen sei jedoch nicht der einzige Faktor, der zu antimodernem Denken führt; eine Rolle spielen auch Deprivatioserfahrungen sowie individuelle Merkmale. Außerdem könne auch die Überrepräsentation von Fremdgruppen die Vorurteilsbildung verstärken, indem diese als Bedrohung wahrgenommen werden. Ein positiver Kontakt zu Fremdgruppen führe hingegen zu einem Abbau an Stereotypen: »Psychoanalytisch gesprochen, kann der Kontakt also dazu führen, dass das Gegenüber nicht mehr als Projektionsfläche dienen kann, da man sich selbst und eigene Anteile im Gegenüber erkennt und es deshalb nicht mehr als fremd erlebt.« (S. 174).

37 Vgl. Cheema, Saba-Nur: Bildungsarbeit gegen Antisemitismus und antimuslimischen Rassismus: Geht das zusammen?, S. 312. In: Meron Mendel/Saba-Nur Cheema/Sina Arnold: Frenemies. Antisemitismus, Rassismus und ihre Kritiker*innen. Berlin: Verbrecher Verlag, 2023, S. 309–318.

38 Meyer, Lydia: Die Zukunft ist nicht binär, S. 16.

automatisch männlich und *weiß*.[39] Dominante Gruppen tun also die ganze Zeit nur so, als seien sie eine objektive Instanz. Indem sie sich zur allgemeingültigen Norm erheben, üben sie Dominanz aus. Sie sprechen über die Betroffenen, statt mit ihnen, fällen Entscheidungen über ihre Köpfe hinweg und beziehen sie in Diskussionen oftmals erst gar nicht mit ein, selbst wenn es in den Diskussionen genau um diese marginalisierten Gruppen geht. Dann diskutieren beispielsweise *weiße* Menschen die Bedeutung des N-Wortes. In öffentlichen Diskursen sind die Stimmen von *weißen* hetero cis Männern überrepräsentiert; FLINTA, nicht-*weiße* Menschen, Jüdinnen:Juden, behinderte und mehrgewichtige Menschen werden weitaus weniger gehört.

Um Herrschaftsverhältnisse aufzudecken und hinterfragen zu können, ist es daher notwendig, auch die privilegierte Position im Machtverhältnis zu benennen. Nur indem die privilegierten Positionen unsichtbar gemacht werden, können sie eine vermeintliche Neutralität oder Normalität ihrer Gruppe behaupten. Die dominanten Gruppen sind also in der Regel unmarkiert und bereits diese Form der Unsichtbarkeit in Herrschaftssystemen ist ein Privileg, denn sie verschleiert Machtverhältnisse, indem sie diese als natürlich und normal ausgibt. Außerdem bieten unmarkierte und unsichtbare Positionen einen gewissen Schutz, während Menschen, die markierten Positionen zugeordnet werden (wie Schwarz, jüdisch, weiblich, trans, mehrgewichtig), exponiert und somit angreifbar sind.

Wenn wir über Rassismus sprechen, ist es daher zwingend notwendig, *weiße* Menschen in den Blick zunehmen, wenn wir über Antisemitismus reden, dann muss die Position der Gojim untersucht werden, bei Sexismus die Position der cis Männer.

In Bezug auf Rassismus ist das Konzept der Critical Whiteness (Kritische Weißseinsforschung) wichtig, das die Privilegierung aufgrund von Rassismus untersucht. Analog dienen die Gojnormativität oder das kritische Nicht-Jüdischsein[40] dazu, die privilegierte Position in der Diskriminierungsform Antisemitismus zu untersuchen. Bei diesen Forschungstheorien geht es darum, sich nicht als unbeteiligte oder gar neutrale Instanz außerhalb einer Diskriminierungsform zu verstehen,

39 Vgl. Roig, Emilia: Why we matter, S. 105.

40 Vgl. hierzu Coffey, Judith/Laumann, Vivien: Gojnormativität, S. 53.

sondern als dominante Position innerhalb des jeweiligen Herrschaftssystems, sich der damit verbundenen eigenen Privilegierung bewusst zu sein und die Konsequenzen der eigenen Privilegierung für die diskriminierte Position zu verstehen, um diese Strukturen aufzubrechen und zu bekämpfen. Während es sich bei Rassismus, Antisemitismus und Sexismus um etablierte Diskriminierungsformen handelt, die sich auf jeweils ein Identitätsmerkmal beziehen (nicht-*weiß*, jüdisch, FLINTA), gilt dies nicht im selben Maße für den Lookismus. Die Diskriminierung aufgrund des Aussehens umfasst die Gesamtheit der optischen Merkmale: die Fragen nach Schönheit, Körpergewicht, race, Kleidung, Körpergröße, möglichen Behinderungen, Abweichung von normativen Geschlechterbildern, Körperbehaarung. Es ist daher schwer möglich, für die privilegierte und diskriminierende Position eine übergreifende Bezeichnung zu finden, da diese immer wechselt, je nachdem worauf sich der Lookismus im konkreten Einzelfall bezieht. Wenn es wie in dem Beispiel von Phoebe Wahl darum geht, dass Kinderbücher ausschließlich einheitlich ›schlanke‹ Figuren darstellen, so kann von normgewichtigen oder normschönen Figuren gesprochen werden.

In allen Fällen ist die privilegierte Perspektive von Bedeutung: Der Blick richtet sich nicht auf die »anderen«, die Schwarz, jüdisch, weiblich, trans oder mehrgewichtig sind, sondern auf diejenigen, die unhinterfragt als normal gelten: Die *Weißen*, die Gojim, die cis Personen, die Männer, die Normgewichtigen.

Praxisteil: Diskriminierung in Realität und in Fiktionalität

Rassismus, Antisemitismus, Sexismus und Lookismus im Zusammenspiel und Widerstreit

Im Folgenden sollen Rassismus, Antisemitismus, Sexismus und Lookismus als Formen von »Gruppenbezogener Menschenfeindlichkeit« (GMF)[41] betrachtet werden. Gruppenbezogene Menschenfeindlichkeit meint abwertende und ausgrenzende Einstellungen gegenüber Menschen aufgrund der Zugehörigkeit zu einer Gruppe, die ihnen zugewiesen wird. Verschiedene Formen von Diskriminierung werden dabei einander nicht gegenübergestellt, sondern mit einem vergleichenden Blick betrachtet. Die Anwendung dieser Theorie eignet sich für eine Diskussion über die Abwertung dieser Gruppen, »ohne Hierarchisierung und Opferkonkurrenz«.[42] Stattdessen soll der Fokus auf die Gleichwertigkeit aller Menschen und die Bekämpfung von Diskriminierung gerichtet werden. Zudem soll darauf aufmerksam gemacht werden, dass unterschiedliche Abwertungsformen in statistischer Korrelation miteinander stehen. Gruppenbezogene Menschenfeindlichkeit wird daher als Syndrom betrachtet:

> »Die Abwertungen, die wir als Elemente des GMF-Syndroms verstehen, hängen untereinander zusammen und haben einen gemeinsamen Kern, der durch

41 Dieser Begriff geht zurück auf das Bielefelder Projekt »Gruppenbezogene Menschenfeindlichkeit« (GMF) von 2002 bis 2012 unter Leitung des Soziologen Wilhelm Heitmeyer. In diesem Projekt wurden mittels jährlicher repräsentativer Umfragen Daten zu Rassismus, Antisemitismus, Sexismus, Fremdenfeindlichkeit, Homophobie und weiteren Diskriminierungsformen ermittelt. Der Begriff der Gruppenbezogenen Menschenfeindlichkeit findet inzwischen in verschiedenen Kontexten Verwendung, so auch in der Forschung (vgl. z.B. Meron Mendel/Saba-Nur Cheema/Sina Arnold (Hgg.): Frenemies. Antisemitismus, Rassismus und ihre Kritiker*innen. Berlin:2022).

42 Mendel, Meron: Frenemies S. 311.

> die generelle Ideologie, dass Ungleichwertigkeit von Gruppen die Gesellschaft bestimmt und dies auch gut sei, beschrieben ist.«[43]

Das bedeutet, dass Personen, die einer diskriminierenden Aussage bezüglich einer Gruppe zustimmen, mit signifikant höherer Wahrscheinlichkeit auch diskriminierende Ansichten bezüglich anderer gesellschaftlich marginalisierter Gruppen teilen. Wer einer sexistischen Aussage zustimmt, wird wahrscheinlich auch rassistischen Aussagen zustimmen. Zudem impliziert die Bezeichnung der Gruppenbezogenen Menschenfeindlichkeit als Syndrom, dass die GMF kein Phänomen des rechten Randes ist, sondern »ein breites, weithin geteiltes Meinungsmuster in der deutschen Bevölkerung widerspiegelt«.[44]

Die Anwendung des Konzepts der GMF ermöglicht es somit, verschiedene Herrschaftsverhältnisse zu analysieren, ohne dabei »spalterisch die Unterschiede zu betonen«,[45] sondern stattdessen den Fokus auf die ideologischen Schnittmengen zu richten. Alle hier besprochenen Diskriminierungsformen beruhen auf der Konstruktion von Selbstgruppen (»wir«) und Fremdgruppen (»die anderen«). Es ist dabei stets die »wir«-Gruppe, von der die Diskriminierung ausgeht, egal, gegen wen sie sich richtet. Es ist stets die »wir«-Gruppe, die dabei profitiert. Und es ist die »wir«-Gruppe, die von ihrer Privilegierung ablenkt, um bestehende Machtverhältnisse zu erhalten.

So betrachtet die öffentliche Wahrnehmung in Deutschland gerne die »anderen« als Verursacher:innen von Diskriminierung, indem sie zum Beispiel Antisemitismus vorrangig als ein durch Muslim:innen importiertes Problem betrachtet oder den Islam der Frauenfeindlichkeit beschuldigt.[46]

Im öffentlichen Bewusstsein existiert somit ein riesiger blinder Fleck: Was ist denn mit dem Antisemitismus der deutschen Gesellschaft? Oder

43 Von der Ungleichwertigkeit zur Ungleichheit: Gruppenbezogene Menschenfeindlichkeit | Ungleichheit, Ungleichwertigkeit | bpb.de, Zugriff am 21.03.2024.

44 Ebd.

45 Goffey, Judith/Laumann, Vivien: Gojnormativität, S. 77.

46 Beim Berlin-Monitor von 2023 stimmten 58 % aller Befragten der Aussage zu, dass der Islam »in allen seinen Ausprägungen frauenfeindlich« sei. Berlin-Monitor 2023 Berlin in Zeiten multipler Krisen, Zugriff am 26.03.2024.

der Transfeindlichkeit der deutschen Gesellschaft? Was ist mit dem Sexismus und der Frauenfeindlichkeit der *weißen* deutschen Männer? Oder mit der Aufarbeitung des deutschen Kolonialismus und des Genozids an den Nama und Herero? Statt Traditionen wie ›kulturelle‹ Kostüme an Fasching oder Blackfacing zu den Heiligen drei Königen oder das N-Wort in Schullektüren zu hinterfragen, verteidigt die deutsche Gesellschaft diese Bräuche und Gewohnheiten jedes Jahr aus Neue und will sich nichts ›verbieten‹ lassen. Statt also ehrlich und (selbst)kritisch über die eigene Diskriminierung zu sprechen, spricht die *weiße* Gesellschaft viel lieber über die Diskriminierung, die von den gesellschaftlich zu »anderen« gemachten ausgeht. Auf diese Weise dienen marginalisierte Gruppen nicht nur als willkommener Ablenkungsmechanismus, um nicht über den eigenen Rassismus, Antisemitismus oder Antifeminismus nachdenken oder sprechen zu müssen, diese Gruppen werden obendrein auch noch gegeneinander ausgespielt. Wichtig ist der Fokus auf die ideologischen Gemeinsamkeiten und die übergreifenden Muster von Diskriminierung gemäß dem Konzept der GMF daher vor allem in Bezug auf jene privilegierten Gruppen, die für die verschiedenen Diskriminierungen verantwortlich sind.

Die Ablenkung von der eigenen Diskriminierung und die Sicherung der eigenen Privilegien sind Gründe, sich nicht mit der eigenen Reproduktion von Diskriminierung auseinanderzusetzen. Denn Diskriminierungsformen stützen Herrschaftssysteme und deshalb reagieren privilegierte Menschen oft sehr grantig bis restriktiv, wenn an den Pfeilern ihrer Privilegierung gerüttelt wird. Wenn Rassismus, Antisemitismus und Sexismus aber stets als die Probleme der »anderen« verstanden werden, können sich diejenigen Menschen, von denen die Diskriminierung ausgeht, für ihre aufgeklärte, weltoffene Einstellung auf die Schultern klopfen und müssen gleichzeitig keinen Platz machen für minderprivilegierte Gruppen. Das Ziel ist dabei, dass alles so bleibt wie es ist und Herrschaftspositionen nicht infrage gestellt werden.

Diskriminierungskritik ist schmerzhaft

Die Autorinnen Jessica Jacoby und Gotelinde Magiriba Lwanga bescheinigten der deutschen Gesellschaft bereits in den 1990ern eine anhaltende

Tendenz, sich selbst zum Opfer zu stilisieren.[47] Die Autorinnen Judith Coffey und Vivien Laumann deuten diese Attraktivität der Opferrolle aus einer christlichen Perspektive: Opfer sind unschuldig.[48] Die Opferrolle dient somit als Beleg für die eigene moralische Integrität. Wie sich im Folgenden zeigen soll, hat Diskriminierung immer sehr viel mit der Verteidigung eines positiven Selbstbilds zu tun.

Dieses Buch möchte jedoch eine Gegenposition einnehmen: Wo und wann bin ich ein:e Täter:in? Wann und warum diskriminiere ich und zwar ohne es selbst zu merken? Und wie profitiere ich selbst von struktureller Diskriminierung? Erst dann, wenn ich mich mit diesen Fragen beschäftige, kann ich aktiv gegen Diskriminierung vorgehen und auch Kinder sozialisieren, ohne ihnen dabei Diskriminierung anzugewöhnen.

Der Fokus soll im Folgenden zu einen auf der eigenen Handlungsfähigkeit liegen: Wie kann ich mich verhalten, um struktureller Diskriminierung entgegenzuwirken? Zu anderen soll der Fokus auch gemäß dem Konzept der GMF auf der Solidarität mit den Betroffenen der unterschiedlichen Diskriminierungsformen liegen. Sie alle werden zugunsten der dominanten, normativen »wir«-Gruppe in Kindermedien nicht mitgedacht oder auf eine diskriminierende Weise fremdrepräsentiert oder (z.B. als Token) instrumentalisiert. Außerdem ist es wichtig zu verstehen, dass niemand außerhalb von Diskriminierung steht:

> »Antisemitismus und Rassismus [und Sexismus und Lookismus] haben gemeinsam, dass man sich zu ihnen nicht neutral verhalten kann. Entweder man stellt sich aktiv gegen sie oder man lässt es und reproduziert sie. Aktiv gegen sie stellen kann man sich wiederum nur, wenn man sie versteht.«[49]

Deshalb soll jetzt eine differenzierte Darstellung der vier verschiedenen Diskriminierungsformen erfolgen mit einer anschließenden Analyse der jeweiligen Erscheinungsformen dieser Diskriminierungen in Kindermedien.

---

47 Jacoby, Jessica/Lwanga, Gotelinde M.: Was »sie« schon immer über Antisemitismus wissen wollte, aber nie zu denken wagte. In: Beiträge zur feministischen Theorie und Praxis, (1990) 27, S. 95–105.

48 Vgl. Goffey, Judith/Laumann, Vivien: Gojnormativität, S. 133.

49 Vgl. Biskamp, Floris: Eine Landkarte: kritische und postkoloniale Theorie, S. 37. In: Meron Mendel/Saba-Nur Cheema/Sina Arnold (Hgg.): Frenemies, S. 29–43.

Rassismus

In diesem Kapitel soll zunächst das Ausmaß von Rassismus in Deutschland aufgezeigt werden. Dass Rassismus in Deutschland Realität ist, erkennen der Studie *Rassistische Realitäten* von 2022 des Nationalen Diskriminierungs- und Rassismusmonitors (NaDiRa) des Deutschen Zentrums für Integrations- und Migrationsforschung (DeZIM) zufolge 90 % der Bevölkerung an. Da *weiße* Menschen Rassismus nicht selbst erfahren, sind sie sich oftmals allerdings nicht bewusst, wie mächtig und allumfassend Rassismus als System ist. Es soll deshalb ausführlich erklärt werden, was unter dem Begriff Rassismus zu verstehen ist und wie und wo Rassismus auf einer überindividuellen, strukturellen und institutionellen Ebene wirkt. Zudem soll auf die Entstehungshintergründe der rassistischen Ideologie eingegangen werden. Zur Veranschaulichung dienen Beispiele aus verschiedenen gesellschaftlichen Bereichen. Anschließend richtete sich der Blick von denen, die diskriminiert werden, hin zu jenen, die diskriminieren. Hier soll geklärt werden, wie Rassismus als Herrschaftssystem funktioniert und wie *weiße* Menschen durch Rassismus profitieren. Die Erkenntnisse sollen abschließend auf Kinderbücher und die gesellschaftliche und mediale Diskussion über Kinderbücher bezogen werden.

Nicht-*weiß* sein in Deutschland: Zahlen und Fakten zu Rassismus

Um die Situation von Rassismus in Deutschland so realitätsgetreu wie möglich darstellen zu können, erfolgt zunächst ein Blick in die statistische Datenlage. Leider ist diese Datenlage noch sehr lückenhaft. Lange Zeit haben staatliche Institutionen in Deutschland Rassismus ignoriert und daher auch keine Daten erhoben. Auch der 2020 in Deutschland erstmals durchgeführte *Afrozensus*, der sich mit den rassistischen Erfahrungen Schwarzer, afrikanischer und afrodiasporischer Menschen befasst, geht nicht auf die Initiative staatlicher Institutionen zurück, sondern auf eine aktivistische Initiative der Black Empowerment Projekte *Each One Teach One* und *Citizens for Europe*. Bei vielen der erhobenen Daten, die zum Beispiel im *Lagebericht Rassismus in Deutschland* von 2023 zusammengefasst sind, ist zudem von einer sehr hohen Dunkelziffer auszugehen. Nicht jeder rassistische Übergriff wird der Polizei gemeldet. Viele Menschen melden sich lieber bei einer Opferberatungsstelle als bei der Polizei, bei der sie vielleicht selbst schon Rassismus erlebt haben. Aber auch den Opferberatungsstellen wird nicht jeder Übergriff gemeldet. Struktureller Rassismus, Sprachbarrieren, körperliche oder geistige Beeinträchtigungen oder ein unsicherer Aufenthaltsstatus verringern die Wahrscheinlichkeit, dass Menschen Vorfälle zur Anzeige bringen. Blöde Sprüche, unerwünschtes und unerlaubtes Berühren der Haare oder misstrauische Blicke kann man hingegen nirgendwo melden. Solche als Mikroaggressionen bezeichneten Diskriminierungen werden jedoch im *Afrozensus*[50] erfragt. Doch auch am *Afrozensus* haben sich natürlich nicht alle Schwarzen Menschen in Deutschland beteiligt.

Der *Afrozensus 2020* erfasste erstmals die alltagsrassistischen Erfahrungen Schwarzer Menschen in Deutschland aus Schwarzer Perspektive in 14 verschiedenen Lebensbereichen, darunter Arbeitsleben, Wohnungsmarkt, Schule, Kunst und Kultur, Gesundheitswesen, Polizei, Medien und Internet. Außerdem erfasste er Empowerment und weitere Strategien im Umgang mit Rassismus. Rassismus ließ sich in allen Bereichen in unterschiedlich starker Ausprägung feststellen und war in allen gesellschaftlichen Bereichen der häufigste Diskriminierungsgrund (vor sozialer Herkunft, Sprache, Religion oder Geschlecht). Außerdem waren fast 60 % der Befragten der Ansicht, dass der Rassismus innerhalb der letzten fünf Jahre (teilweise stark) zugenommen habe. Die Befragten berichteten dabei von Othering[51] und Exotisierung[52] (über

---

50 Afrozensus, Zugriff am 05.02.2024.

51 Othering meint das aktive Andersmachen von Menschen, beispielsweise wenn Schwarze Menschen mit Afrika in Verbindung gebracht werden, obwohl sie deutsch sind und gar keinen Bezug zum afrikanischen Kontinent haben.

52 Exotisierung ist eine Form von Othering. Hierbei werden rassistische Vorstellungen auf von Rassismus betroffene Menschen projiziert, z.B. die Unterstellung, besonders musikalisch oder naturverbunden zu sein. Durch diese Zuschreibun-

90 % der Befragten wurde unerlaubt in die Haare gefasst; fast 80 % der Befragten wurde gesagt, sie sollten dahin zurückkehren, wo sie herkommen), von Kriminalisierung (über 56 % der Befragten wurden nach Drogen gefragt oder grundlos von der Polizei kontrolliert) und über 90 % berichteten von der Erfahrung, dass Rassismus abgestritten wurde, sie als zu empfindlich bezeichnet, nicht ernstgenommen wurden und ihnen ein wütender Tonfall vorgeworfen wurde (Tone Policing[53]).[54] Der *Afrozensus* konnte somit aufzeigen, dass Rassismus eine über alle gesellschaftlichen Bereiche verbreitete Diskriminierungsform ist, die weiterhin zunimmt. Verschiedene andere Studien und Untersuchungen bestätigen diesen Trend: Im November 2023 hat die Bundesrepublik nach einem Bericht von Amnesty International[55] vor dem UN-Ausschuss gegen rassistische Diskriminierung (ICERD) jahrzehntelange Vernachlässigung des Themas Rassismus eingeräumt.[56] Amnesty beanstandet dabei zum Beispiel institutionellen Rassismus in der Strafverfolgung, mangelnden Schutz vor Hassverbrechen und die fehlende Wiedergutmachung von Kolonialverbrechen. Auch die EU-Studie *Being Black in the EU* konnte ermitteln, dass das Problem des Rassismus gegenüber Schwarzen Menschen und People of Color in Deutschland seit 2016 deutlich zugenommen hat. Unter den 13 Mitgliedsstaaten, in welchen die EU-Agentur für Grundrechte (FRA) für diese Erhebung Befragungen durchführte (die Länder wurden auf der Grundlage der Größe der Zielbevölkerung, ihrer Vulnerabilität oder der Möglichkeit, die Ergebnisse mit früheren FRA-Erhebungen zu vergleichen, ausgewählt), schnitt die Bundesrepublik sogar am schlechtesten

gen werden die Betroffenen von der dominanten Gruppe ausgeschlossen, die diese Eigenschaften angeblich nicht besitzt.

53 Beim Tone Policing wird der Ton oder die Lautstärke einer Aussage kritisiert und somit vom Inhalt der Aussage abgelenkt.

54 Afrozensus 2020 – Report, Zugriff am 28.08.2024.

55 Amnesty-Bericht-Rassismus-Ueberpruefung-UN-Ausschuss-November-2023.pdf, Zugriff am 02.04.2024.

56 Deutschland räumt Versäumnisse beim Kampf gegen Rassismus ein | tagesschau.de Deutschland, Zugriff am 02.04.2024; Überprüfung vor UN-Ausschuss muss systemischen Rassismus adressieren | 22.11.2023 (amnesty.de), Zugriff am 04.02.2024.

ab.[57] In der EU ist Deutschland somit bekannt dafür, sich zu wenig um Rassismus zu kümmern. Rassismus ist also gerade in Deutschland ein Problem; und zwar eins, das immer größer wird.

In ihrem *Lagebericht Rassismus in Deutschland* 2023 schreibt die amtierende Beauftragte der Bundesregierung für Migration, Flüchtlinge und Integration, Reem Alabali-Radovan:

> »Im Mai 2022 stellte der Verband der Beratungsstellen für Betroffene rechter, rassistischer und antisemitischer Gewalt e.V. (VBRG) die Jahresstatistik 2021 vor. In dem Jahr wurden insgesamt 1.391 rechts, rassistisch und antisemitisch motivierte Angriffe mit 1.830 Betroffenen von den im VBRG zusammengeschlossenen Beratungsstellen registriert. Hingegen verzeichnete die PMK-Statistik[58] im selben Zeitraum nur 1.042 rechtsextreme Gewalttaten für ganz Deutschland. Dabei war Rassismus auch im Jahr 2021 – wie in vorangehenden Jahren – das bei weitem häufigste Tatmotiv. So waren zwei Drittel aller erfassten Angriffe (816 Fälle) rassistisch motiviert und richteten sich mehrheitlich gegen Menschen mit (familiärer) Einwanderungsgeschichte oder Fluchterfahrungen und Schwarze Deutsche. Insgesamt waren laut VBRG 1.830 Menschen im Jahr 2021 von politisch rechts motivierter Gewalt allein in Brandenburg, Mecklenburg-Vorpommern, Sachsen, Sachsen-Anhalt und Thüringen, Baden-Württemberg, Berlin, Nordrhein-Westfalen und Schleswig-Holstein direkt betroffen. Damit liegen die durch die Opferberatungsstellen erhobenen Zahlen bereits für einen Ausschnitt des Bundesgebiets über den Zahlen der PMK für das gesamte Bundesgebiet.«[59]

Reem Alabali-Radovan bezeichnet die »Entwicklung und Erforschung von Standards zur Erfassung von Rassismus in Deutschland« als ein »junges Feld«; es gebe gegenwärtig keine standardisierten Methoden dafür.[60] Es besteht somit weiterhin ein Forschungs- und Aufklärungsbedarf.

57 Being Black in the EU – Experiences of people of African descent (europa.eu), Zugriff am 02.04.2024.

58 PMK = Politisch motivierte Kriminalität. Unter diesem Begriff erfasst das Bundeskriminalamt Straftaten, die aus Hass gegenüber gesellschaftlichen Gruppen oder politischen Gegnern begangen werden

59 Rassismus in Deutschland (integrationsbeauftragte.de), Zugriff am 26.03.2024.

60 Ebd., S. 23, Zugriff am 13.08.2024.

Während sich der *Afrozensus*, die EU-Studie, Amnesty International und der *Lagebericht* mit der Situation der Opfer rassistischer Diskriminierung beschäftigten, so erfragte die Studie *Rassistische Realitäten* von 2022 des *Nationalen Diskriminierungs- und Rassismusmonitors* die Einschätzung der Gesamtbevölkerung in Bezug auf Rassismus. Hierbei zeigte sich, dass die überwältigende Mehrheit der Befragten (90 %) die Existenz von Rassismus in Deutschland anerkannte. Es zeigte sich jedoch auch, dass die Hälfte der Befragten wissenschaftlich überholte biologistische Annahmen teilte und ein Drittel kulturhierarchisierende Vorstellungen hegte. Biologismus bezeichnet die biologische Deutung von Sachverhalten, obwohl diese nicht biologisch, sondern beispielsweise soziologisch sind. Häufig dient Biologismus der Erklärung, Etablierung und Rechtfertigung für diskriminierende Strukturen. In Bezug auf Rassismus bedeutet das, aus einem Merkmal wie der Hautfarbe weitere Merkmale oder Fähigkeiten abzuleiten und mit Positionen in der gesellschaftlichen Ordnung zu verknüpfen. Kulturhierarchisierung wiederum meint die angeblich naturgegebene Über- beziehungsweise Unterlegenheit einer Kultur gegenüber einer anderen. So glaubten 49 % der Befragten immer noch an die Existenz menschlicher »R*« und 33 % waren der Meinung, dass »gewisse ethnische Gruppen oder Völker ›von Natur aus fleißiger [seien] als andere‹«.[61] Fast 30 % teilten die Ansicht, dass soziale Ungleichheiten daher legitim seien. Dennoch externalisierte über die Hälfte der Befragten (60 %) Rassismus als rechtes Phänomen oder verortete ihn in den USA (35 %). Fast die Hälfte (45 %) stimmte zu, dass Rassismuskritik die Meinungsfreiheit gefährde. Diese Ansicht kam hauptsächlich aus der gesellschaftlichen Mitte (62 %).[62]

Es zeigt sich also die Situation, dass rassistische Diskriminierungen den Alltag von Menschen begleiten und dass diese Diskriminierungserfahrungen beständig zunehmen. Die Existenz von Rassismus wird auch von vielen Menschen anerkannt. Allerdings besteht in Bezug auf Rassismus und vor allem in Bezug auf die (eigene) Reproduktion von Rassismus

---

61 Rassistische Realitäten: Wie setzt sich Deutschland mit Rassismus auseinander? (rassismusmonitor.de), Zugriff am 13.08.2024.

62 DeZIM Rassismusmonitor | Studie »Rassistische Realitäten«, Zugriff am 28.08.2024.

ein immenses Nicht-Wissen. Ein großer Teil der deutschen Bevölkerung hat offenbar rassistische (biologistische, kulturhierarchisierende) Ansichten verinnerlicht und externalisiert Rassismus aber gleichzeitig in Kontexte außerhalb der eigenen Lebenswirklichkeit, wie die USA oder rechte Gruppen. Außerdem besteht bei Rassismus die Sorge um die Beschneidung eigener Privilegien wie der Meinungsfreiheit;[63] Rassismuskritik wird somit eher als Gefahr denn als Notwendigkeit eingeschätzt. Obwohl die Diskriminierung der von Rassismus betroffenen Menschen also anerkannt wird, wird Rassismus von großen Teilen der Bevölkerung nicht als System der Diskriminierung und Privilegierung erkannt. Stattdessen werden biologistische Rechtfertigungen für Machtverhältnisse herangezogen. Gleichzeitig fehlen vor allem von staatlicher Seite Daten und Aufklärung. Es besteht somit ein dringender Handlungsbedarf.

Ideologie und Menschenbilder von Rassismus

Wie die Studie *Rassistische Realitäten* belegt, externalisieren viele Menschen der gesellschaftlichen Mitte Rassismus als rechtes Phänomen und denken beim Stichwort Rassismus vermutlich an Neonazis; an Glatzen und Springerstiefel; an brennende Unterkünfte für geflüchtete Menschen; kurz: an Menschen, die hassen und auch zur Tat schreiten. Rassismus ist jedoch nicht gleichbedeutend mit Rechtsextremismus. Rechtsextremismus ist zwar die Extremform von Rassismus, aber nicht die Haupterscheinungsform. Die Haupterscheinungsform von Rassismus ist der internalisierte Alltagsrassismus der *weißen* Bevölkerung, der sich in großen und wichtigen Dingen spiegelt (wie dem Zugang zu medizinischer Versorgung, dem durchschnittlichen Verdienst oder schulischen und beruflichen Perspektiven), aber auch in ganz vielen kleinen Dingen (Mikroaggressionen), die sich jedoch summieren, zur strukturellen Benachteiligung führen und in ihrer Gesamtheit traumatisierend wirken können. Hierzu zählen Fragen nach der Herkunft, Komplimente für die guten Deutschkenntnisse an Menschen, die nicht für deutsch gehalten werden, misstrauische Blicke, bestimmte Witze und Anspielungen, das Ansprechen auf Englisch, unerlaubtes Berühren der Haare,

63 220426_CATI_ZF.indd (rassismusmonitor.de), Zugriff am 28.08.2024.

das Ignorieren der eigenen Lebensrealität, wenn Pflaster beispielsweise nur in heller Farbe zu kaufen sind, nur die beigefarbenen Buntstifte als »Hautfarbe« bezeichnet werden oder wenn Kinderbücher nur *weiße* Figuren abbilden.

Rassismus ist in erster Linie nicht Hass, sondern ein Herrschaftssystem, das dazu dient, eine bestimmte Gruppe von Menschen, nämlich *weiße* Menschen, zu bevorzugen und ihnen Privilegien zu verschaffen. Alle anderen Menschen werden benachteiligt, diskriminiert und von Privilegien ferngehalten. Da Rassismus nicht nur eine Gruppe von Menschen betrifft, sondern sehr viele, gibt es auch nicht nur einen Rassismus, sondern viele verschiedene Rassismen: zum Beispiel anti-Schwarzen Rassismus, antiasiatischen Rassismus, antiindigenen Rassismus, antimuslimischen Rassismus, antislawischen oder anti-osteuropäischen Rassismus und Gadjé-Rassismus (gegen Sinti:zze und Rom:nja). Die einzige Gruppe, gegen die es keinen Rassismus gibt, sind *weiße* Menschen.[64] Die verschiedenen Rassismen zeichnen sich durch unterschiedliche Erscheinungsformen aus. So werden Schwarze Männer beispielsweise als bedrohlich wahrgenommen,[65] asiatische Männer jedoch nicht. Asiatische Menschen erlebten verstärkt Rassismus während der Corona-Pandemie,[66] Menschen mit indigenen amerikanischen Wurzeln werden romantisiert, Zinti:zze und Rom:nja wird bis heute Kriminalität[67] und Armut unterstellt. Doch obwohl die Projektionen auf von Rassismus betroffene Gruppen teilweise unterschiedliche sind, dienen sie immer demselben Zweck, innerhalb des rassistischen Herrschaftssystems Privilegien für *weiße* Menschen zu sichern und alle anderen Menschen von diesen Privilegien fernzuhalten, sie abzuwerten, auszugrenzen, zu benachteiligen und vor allem auszubeuten.

64 Gelegentlich erleben *weiße* Menschen Diskriminierung aufgrund ihres Weißseins; beispielsweise wenn *weiße* Schüler:innen als Kartoffel beschimpft werden. Hierbei handelt es sich jedoch nicht um Rassismus, sondern um individuelle Diskriminierungserfahrungen, denn Rassismus ist ein Herrschaftssystem.

65 Afrozensus 2020 – Report, Zugriff am 28.08.2024.

66 Antiasiatischer Rassismus in Zeiten der Pandemie (dezim-institut.de), Zugriff am 28.08.2024.

67 In der Leipziger Autoritarismus Studie von 2022 stimmten 44 % der Aussage zu: »Sinti und Roma neigen zur Kriminalität«. (S. 195)

Zu kurz verstanden wird Rassismus als System auch dann, wenn er lediglich entlang einer »color line« gedacht wird: *weiße* Menschen auf der einen Seite – BIPoC auf der anderen. Weißsein ist nicht nur eine Frage der race, sondern auch der Herkunft, des Namens oder der Muttersprache. Menschen werden also nicht nur aufgrund ihres Aussehens geothert und diskriminiert, sondern auch aufgrund ihrer (vermeintlichen) Herkunft, ihres Akzents oder ihres Nachnamens. Ich kenne türkische Männer, die sich als italienisch ausgaben, um Abwertung zu vermeiden, bosnische Menschen, die bei ihrer Einbürgerung einen neuen deutsch klingenden Namen gewählt haben, um der gewohnten Diskriminierung zu entgehen und Menschen, die Personen gegenüber, zu denen sie keine Vertrauensbeziehung besitzen, nicht ihr Herkunftsland angeben, um white passing[68] zu sein. Als Beispiel für anti-osteuropäischen Rassismus kann die Autorin Elina Penner genannt werden, die in ihrem Buch *Migrantenmutti* die spezifische Rassismuserfahrung schildert, der sie als Tochter russischer Spätaussiedler:innen ausgesetzt war. Sie berichtet von dem Erfolgsdruck, dem ihre Familie ausgesetzt war, sich als gute Ausländer:innen zu beweisen: als sauber, fleißig, hart arbeitend und gut in der Schule. Doch obwohl sie den Anforderungen nachkam, so wurde sie als Gastkind bei deutschen Familien regelmäßig vom gemeinsamen Abendessen ausgeladen und musste alleine im Kinderzimmer warten, während die Familie gegessen hat.

Um zu erklären, wie Rassismus als System funktioniert, zählt die Erziehungs- und Genderwissenschaftlerin Maisha-Maureen Auma vier Ebenen der Rassifizierung auf, die der Etablierung von Machtdifferenz dienen. Die erste Ebene umfasst Markierungsprozesse. Dafür wird zwischen einem »wir« und einem »die Anderen« unterschieden; die »Anderen« werden als abweichend markiert (der Fachbegriff hierfür ist Othering; Andersmachen) und ihnen werden Eigenschaften zugeschrieben, die zur *weißen* »wir«-Gruppe gegenteilig sind. Die zweite Ebene der Rassifizierung ist die Naturalisierung. Die in der ersten Ebene behaupteten und zugeschriebenen Eigenschaften, die auf die Unterlegenheit und Andersartigkeit der markierten Gruppe abzielen, werden von der hegemonialen

68 White passing bezeichnet als *weiß* durchzugehen und dadurch von *weißen* Privilegien profitieren zu können bzw. rassistische Abwertung zu vermeiden.

weißen Gruppe als natürlich und unüberwindbar proklamiert. Dieses rassistische Wissen wird als Allgemeinwissen ausgegeben. Die dritte Ebene besteht Maisha-Maureen Auma zufolge darin, dass die rassistisch markierten Subjekte der *weißen* Gruppe hierarchisch untergeordnet werden. Diese imaginierte Unterlegenheit des rassifizierten »Anderen« und die Behauptung der eigenen Überlegenheit ist ein wichtiges Merkmal des Rassismus. Als Folge dieser Hierarchie entstehen auf der vierten Ebene rassistische Ausschlusspraktiken. Die dominante *weiße* Gruppe bleibt dabei unmarkiert und behauptet sogar, eine neutrale Position einzunehmen.[69] Gerade diese Unsichtbarkeit ist also schon ein Privileg: Während BIPoC permanent dem *weißen* Blick ausgesetzt sind, bietet das Weißsein Sicherheit vor Blicken, Abwertung und Ausgrenzung – aber auch vor Kritik am Herrschaftssystem. Denn man kann nur das kritisieren, was man auch benennen kann. So schützt die Nicht-Benennung der *weißen* Position das rassistische System.

Diese Unsichtbarmachung und Nichtmarkierung der privilegierten Position im Herrschaftssystem Rassismus erfüllt noch einen weiteren Zweck: Sie verschleiert die *weißen* Privilegien, sodass diese oft selbst für die Privilegierten nicht zu erkennen sind:

> »Ein wichtiges epistemologisches Moment dabei ist die Ignoranz: Sie ermöglicht den Privilegierten in diesem System, sich nicht bewusst machen zu müssen, worauf ihre Privilegien beruhen.«[70]

Historisch zurückzuführen ist Rassismus auf Jahrhunderte der Versklavung, des Imperialismus und des Kolonialismus. Mit Kolumbus' Ankunft auf dem amerikanischen Kontinent 1492 begann die Kolonisierung Amerikas. Da jedoch schon etwa 1510 ein großer Teil der indigenen amerikanischen Bevölkerung durch Gewalt und eingeschleppte Krankheiten getötet worden war, beschlossen die *weißen* Europäer, versklavte

69 Vgl. Auma (hier Eggers), Maisha-Maureen: Rassifizierte Machtdifferenz als Deutungsperspektive in der Kritischen Weißseinsforschung in Deutschland, S. 57. In: Maureen Maisha Eggers/Grada Kilomba/Peggy Piesche/Susan Arndt (Hgg.): Mythen, Masken und Subjekte. Kritische Weißseinsforschung in Deutschland. Münster: 2020, S. 56–72.

70 Rassismus als Kontinuitätslinie in der Geschichte der Bundesrepublik Deutschland | Zeitgeschichte/n | bpb.de, Zugriff am 14.08.2024.

Menschen aus Afrika in die Karibik zu verschleppen, um diese auf den Plantagen zur Arbeit zu zwingen. Auf diese Weise etablierte sich der transatlantische Dreieckshandel, der auch als Maafa (Swahili: großes Unglück) bezeichnet wird. Durch dieses Handelssystem konnten *weiße* Menschen beträchtlichen Wohlstand anhäufen. Mit dem Zeitalter der Aufklärung und der damit einhergehenden Idee von Menschenrechten, also individuellen Freiheits- und Autonomierechten, wie sie beispielsweise während der Französischen Revolution gefordert wurden, geriet das Ausbeutungssystem zunehmend unter Rechtfertigungsdruck. Die Divergenz zwischen Menschenrechten einerseits und Versklavung andererseits musste aufgelöst werden. Dies gelang den Philosophen der Aufklärung mit der Behauptung, es gäbe bei Menschengruppen natürliche Hierarchien. Indem diese Behauptungen als wissenschaftlich ausgegeben wurden, wurde gesellschaftlich verbreitet, dass manche Menschen naturgemäß überlegen seien und andere naturgemäß unterlegen. Diese Zuordnungen werden heute als Biologismus bezeichnet; sie erscheinen wissenschaftlich und biologisch begründbar, sind es aber nicht. Die rassistischen und biologistischen Zuordnungen sollten *weißen* Menschen die Legitimation verschaffen, nicht-*weiße* Menschen zu unterdrücken, zu vertreiben, zu ermorden, zu versklaven, auszubeuten und dieses Handeln moralisch zu rechtfertigen. Denn die Versklavung und später auch der Kolonialismus, der bis heute in so manchem Schulbuch als unbedeutend dargestellt wird, waren vor allem für die Industrialisierung in Europa und somit auch für die deutsche Wirtschaft von großer Bedeutung. Da wirtschaftliche Interessen und globales Wetteifern jedoch als Erklärung für andauernde Unterdrückung und Ausbeutung nicht ausreichend waren, wurde die Narration propagiert, der Kolonialismus würde vor allem den Kolonisierten zugutekommen, indem diese durch Zwangsarbeit zivilisiert werden würden.[71] Da der Wohlstand in Europa und Amerika auf der oben genannten Versklavung und Ausbeutung beruhte, mussten Menschenbilder geschaffen werden, die die Fortführung des Status quo erklären und rechtfertigen konnten.

71 Vgl. hierzu zahlreiche zeitgenössische Dokumente, nachzulesen z.B. bei Todzi, Kim Sebastian: Unternehmen Weltaneignung: Der Woermann-Konzern und der deutsche Kolonialismus 1837–1916. Göttingen: Wallstein, 2023.

Rassismus ist also ursprünglich als Rechtfertigungsideologie für die fortwährende Unterdrückung, Ausbeutung, Vertreibung und Ermordung von nicht-*weißen* Menschen entstanden. Rassismus hatte somit von Anfang an nicht nur die Funktion zu diskriminieren, sondern vor allem die Funktion zu privilegieren. Nicht-*weiße* Menschen wurden versklavt, ausgebeutet und vertrieben, damit es *weißen* Menschen gut ging, damit sie Herrschaft ausüben, Platz einnehmen und Wohlstand anhäufen konnten. Die Gründe für den Kolonialismus wurden dabei rassistisch umgedeutet: Statt Kolonialismus mit Profitgier zu erklären, wurde behauptet, dass *weiße* Menschen nicht-*weißen* Menschen von Natur aus überlegen seien, und deshalb die Pflicht hätten, diese zu ihrem eigenen Wohl zu »erziehen«[72] (durch Zwangsarbeit). *Weiße* Menschen profitierten durch diese Narration doppelt vom Kolonialismus: zu einen materiell und zum anderen moralisch, indem sie sich als Erzieher:innen und Helfer:innen von angeblich unterlegenen Menschen fühlen konnten, statt als deren Aubeuter:innen.

Der Rassismus der Aufklärung betraf jedoch nicht nur BIPoC. Auch Osteuropa galt bereits in der Aufklärung im westlichen Denken als rückständig. Auch im Zuge des Kalten Krieges entstand in Deutschland in der zweiten Hälfte des 20sten Jahrhunderts ein ausgeprägter Rassismus gegen Slaw:innen und insbesondere seit den 1970ern und 80ern ein Rassismus gegen Gastarbeiter:innen aus der Türkei, Italien, Griechenland und vielen weiteren Ländern.

Da seit den 1950er Jahren zunächst in der Landwirtschaft ein Arbeitskräftemangel bestand, bemühte sich die Bundesrepublik um Arbeitskräfte aus dem Ausland und schloss zahlreiche sogenannte Anwerbevereinbarungen ab, um billige Arbeitskräfte nach Deutschland zu holen: 1955 mit Italien, 1960 mit Spanien und Griechenland, 1961 mit der Türkei, 1964 mit Portugal, 1965 mit Tunesien und Marokko und 1968 mit Jugoslawien. Der Sachverständigenrat zog eine positive Bilanz aus der Arbeitsmigration, bei dem die gesellschaftlich zugeordneten Positionen deutlich werden:

72 Zwangsarbeit wurde rassistisch zur »Erziehung zur Arbeit« umgedeutet. Vgl. z.B. Exkurs: Kolonialismus (bildung-ns-zwangsarbeit.de), Zugriff am 01.09.2024.

»Die Ausländer ermöglichen den deutschen Arbeitnehmern, in qualifiziertere Berufe aufzusteigen, sie decken einen großen Teil des Bedarfs der Wirtschaft an regionaler Mobilität.«[73]

Für die Arbeitsmigrant:innen war also die wenig qualifizierte, harte und schlecht bezahlte Arbeit in der Landwirtschaft und den Fabriken vorgesehen, während die Deutschen so die Gelegenheit erhielten, sich besser zu qualifizieren und natürlich auch mehr zu verdienen. Außerdem war für die Menschen, die für die harte, schlecht bezahlte Arbeit nach Deutschland gekommen waren, zwar ein längerer Aufenthalt vorgesehen, aber keine Integration. Sie galten nicht als Einwanderer:innen, sondern als Ausländer:innen, also als fremd, anders und als gegensätzlich zu deutsch:

»In den 1970er Jahren entstand eine neue Bevölkerungsgruppe in Deutschland: die ›Ausländer‹. Diese Bezeichnung setzte sich durch, als keine:r mehr die Augen davor verschließen konnte, dass sich ein Teil der ›Gastarbeiter‹ sesshaft gemacht hatte. [...] Von ›Ausländerfeindlichkeit‹ waren keine ›weißen‹ Schweden, Schweizer oder Briten betroffen, woraus ersichtlich wird, dass ›Ausländer‹ nicht formaljuristisch verstanden wird, sondern eine biologistische, Herkunft wertende und hierarchisierende und damit an Rassekonzepte anschließende Bedeutungsdimension hat.«[74]

Als Ausländer:innen verstandene Menschen wurden nicht als Teil der deutschen Gesellschaft angesehen; die Einbürgerung wurde ihnen meist verwehrt, sie wurden als nicht assimilierbar betrachtet und systematisch ausgegrenzt und benachteiligt.

Deutlich wird durch das Rückkehrhilfegesetz von 1983, das den Wegzug von arbeitslos gewordenen Ausländer:innen aus der Bundesrepublik fördern sollte, dass der Wert dieser Menschen alleine in ihrer Arbeitsfähigkeit gemessen wurde. Sobald ihre Arbeitsfähigkeit nicht mehr gewährleitet war, waren die betroffenen Menschen in Deutschland nicht länger erwünscht.

---

73 40 Jahre »Gastarbeiter« und Ausländerpolitik in Deutschland | APuZ 35/1995 | bpb.de, Zugriff am 28.08.2024.

74 Rassismus als Kontinuitätslinie in der Geschichte der Bundesrepublik Deutschland | Zeitgeschichte/n | bpb.de, Zugriff am 13.08.2024.

Die Abwertungen betrafen nicht nur die sogenannten Gastarbeiter:innen. Auch die Diskriminierung osteuropäischer Zuwanderer:innengruppen erlebte vor allem nach 1989 eine erneute Konjunktur:

> »Vor dem antiöstlichen Ressentiment waren hierbei auch die vermeintlich privilegierten Migrationsgruppen der ethnisch deutschen Spätaussiedler:innen und jüdischen Kontingentflüchtlinge nicht gefeit. Auch sie erlebten berufliche Dequalifizierung und fanden und finden sich in der deutschen Arbeitshierarchie weit unten in der Lagerlogistik oder als Pflege- oder Reinigungskräfte wieder. Sie erfuhren Diskriminierung aufgrund ihres Akzents, ihrer Nachnamen oder weil zuhause anders gekocht wurde und bekamen im Zweifelsfall die Wohnung nicht, für die sie sich bewarben.«[75]

Die historische Kontinuität von Rassismus besteht also darin, dass marginalisierte Menschen, wie Versklavte und Kolonialisierte, Gastarbeiter:innen und Ausländer:innen oder auch Erntehelfer:innen, den Privilegierten des Systems als billiges Humankapital dienen. Sie sind auch heute noch in der Regel diejenigen, die elementar wichtige, aber schlecht bezahlte Jobs ausüben (zum Beispiel in der Pflege; in Reinigungsberufen, in Fabriken, in der Entsorgung oder in der Logistik) und somit massiv zum Wohlstand beitragen; eine Leistung, die jedoch immer wieder nicht anerkannt und unsichtbar gemacht wird. Gerade migrierte Menschen mit unsicherem Aufenthaltsstatus »fallen in die Kategorie illegal, papierlos, staatenlos und langzeitgeduldet – und sind praktisch rechtlos, geradezu ideale Opfer der Ausbeutung«.[76]

Yassamin-Sophia Boussaoud, nicht-binäre Autor:in und Aktivist:in, die sich selbst als »fett« bezeichnet, formuliert die Perspektive der Dominanzgesellschaft auf diese marginalisierten Gruppen und Personen (zu denen dey sich selbst rechnet) folgendermaßen:

> »Um es mit einem plakativen Beispiel zu verdeutlichen: Fette Schwarze und Braune Frauen und nicht binäre Menschen dürfen der Gesellschaft gerne

75 Geschichte und Gegenwart des antiosteuropäischen Rassismus und Antislawismus | Regionalprofil Osteuropa | bpb.de, Zugriff am 14.08.2024.

76 Naqshband, Saboura: unlearn klasse, S. 177. In: Emilia Roig/Alexandra Zykunov/Sivlie Horch (Hgg.): Unlearn Patriarchy 2. Berlin: Ullstein, 2024, S. 168–191.

dienen und dafür dann auch noch dankbar sein. Wir dürfen putzen, kochen, Nanny sein, in Fabriken arbeiten, überall dort arbeiten, wo man uns nicht sieht. Wir dürfen keine Rechte einfordern, sind nicht sichtbar, werden nicht repräsentiert.«[77]

Dieses Zitat bringt die *weißen* Erwartungen sehr genau auf den Punkt. Nicht-*weiße* Menschen, insbesondere mehrfachmarginalisierte, sollen gesellschaftlich essenzielle, aber anstrengende Arbeit leisten, dabei aber gesellschaftlich unsichtbar bleiben und keine Anforderungen stellen. Auch wenn sich die äußere Erscheinung von Rassismus als Rechtfertigungsideologie für Ausbeutungsverhältnisse im Laufe der Zeit gewandelt hat und immer mehr verschleiert wurde, so bestehen die grundlegenden Strukturen und Machtverhältnisse bis heute fort. Die weltweite Privilegierung *weißer* Menschen in allen Bereichen, ihr damit verbundener Lebensstil und ihre Freiheiten sind nur aufgrund historisch etablierter rassistischer Strukturen möglich.

Da die aus der rassistischen Ideologie resultierenden Menschenbilder sowie die damit verbundenen Kriege, Genozide, die Versklavung und die (bestehende) Ausbeutung niemals richtig aufgearbeitet wurden, sind sie nach wie vor in unserem kulturellen Gedächtnis verankert und werden von den Strukturen und Institutionen unserer Gesellschaft weiterhin reproduziert. Rassismus als ›Problem‹ einiger weniger Rechtsextremist:innen und AfDler:innen abzutun, wäre daher falsch.

Die Dominanz der *weißen* Gesellschaft: Erscheinungsformen von Rassismus

Wichtig ist zu verstehen, dass Rassismus strukturell und institutionell verankert ist und sich in jedem gesellschaftlichen Bereich nachweisen lässt. Er ist somit nicht (nur) als individuelle Schuld einiger weniger zu verstehen, die sich in konkreten Situationen rassistisch ausgrenzend verhalten, sondern als das Zusammenwirken vieler verschiedener gesellschaftlicher Faktoren, wie institutionellen Abläufen, Verfahrensweisen und unhinterfragten Routinen wie in Behörden, deren Ergebnis letztend-

77 Boussaoud, Yassamin-Sophia: unlearn körper, S. 18. In: Emilia Roig/Alexandra Zykunov/Sivlie Horch (Hgg.): Unlearn Patriarchy 2, S. 15–32.

lich darin besteht, dass es den einen Menschen bessergeht als den anderen. Struktureller Rassismus führt dazu, dass *weiße* Menschen es grundsätzlich einfacher haben. Dass sie durchschnittlich besser versorgt sind. Dass sie mehr Freiheiten genießen. Dass sie nicht von der Polizei belästigt werden. Rassismus betrifft also ganz viele verschiedene gesellschaftliche Bereiche: Institutionen wie die Polizei oder Schulen, Kindergärten und U3-Betreuungen, den Wohnungs- und Arbeitsmarkt, die sichtbare Öffentlichkeit, die Medien (auch Kindermedien, wie Kinderbücher), das Gesundheitssystem, öffentliche Einrichtungen wie Zoos, Museen und Theater, die Bereiche Sport und Musik, unser Konsumverhalten, unser Wirtschaftssystem.

Rassismus prägt den Alltag vieler Menschen und beeinflusst oft (Bildungs-)Biografien von Anfang an. Er findet sich in der Kita, im Kindergarten, in der Grundschule, beim Wechsel auf die weiterführende Schule (wenn nicht-*weiße* Kinder signifikant seltener Empfehlungen für das Gymnasium bekommen), an Hochschulen.

Tupoka Ogette beschreibt beispielsweise eine Situation, in der ihr Sohn (das einzige Schwarze Kind in der Gruppe) unbedingt mit auf das Gruppenfoto vom Kindergarten musste, damit die Einrichtung anschaulich beweisen konnte, wie schön divers sie ist.[78] Dieses Phänomen nennt man Tokenismus. Tokenismus bedeutet, dass nur vordergründig und symbolisch mittels eines Zeichens (engl. token) Diversität behauptet wird, diese aber praktisch nicht vorhanden ist. Die Person, die als Token fungiert, wird dabei nicht als Individuum betrachtet, sondern lediglich als Repräsentant:in ihrer vermeintlichen Gruppe instrumentalisiert und auf deren vermeintliche Merkmale reduziert. Bestehende Machtverhältnisse sollen somit geschützt und erhalten werden, indem sie durch das Token verschleiert werden. Othering hingegen passiert, wenn Kinder in Betreuungs- und Bildungseinrichtungen auf ihre race reduziert werden und dann aus Expert:innensicht über die Türkei berichten sollen oder etwas »aus ihrem schönen Land« zum Kindergarten- oder Klassenfrühstück mitbringen sollen, obwohl diese Kinder deutsch sind, noch nie in der Türkei waren und morgens Müsli essen.

---

78 Ogette, Tupoka: Und jetzt du, S. 163.

Wenn es um Rassismus in Betreuungs- und Bildungseinrichtungen geht, sind natürlich rassistische Diskriminierungen durch andere Kinder zu nennen. Das N-Wort wird auf deutschen Schulhöfen als Schimpfwort verwendet und auch antiasiatische Beschimpfungen sind weit verbreitet. Im Kindergarten werden Schwarze Kinder als schmutzig bezeichnet. Hinzu kommen rassistische Diskriminierungen durch das Lehrpersonal oder durch Fachkräfte im Kindergarten. Im Kontext Schule ist insbesondere die De-Thematisierung von Rassismus und rassistischen Erfahrungen zu nennen, zum Beispiel indem erlebte rassistische Erfahrungen nicht ernst genommen und abgewertet werden (»Das war bestimmt nicht so gemeint«, »Sei doch nicht so empfindlich«).

Verschiedene Studien und Untersuchungen wie der *Afrozensus* konnten außerdem feststellen, dass die verkürzte und einseitige Art der Darstellung in Schulbüchern über Kolonialismus, Versklavung, Nationalsozialismus sowie den afrikanischen Kontinent als arm auf Schwarze Schüler:innen diskriminierend wirkt und eine rassistische Perspektive der *weißen* Schüler:innen auf ihre Schwarzen Klassenkamerad:innen forcieren kann:

> »Oder wenn wir jetzt in der Schule einen Film geguckt haben, in Geschichte. Wenn da kommt: Afrika, dann zeigen die so ein armes Land [...]. Und danach drehen sie sich alle zu dir um und sagen: ›Ja, guck mal, das ist dein Land‹ und sowas. Und man denkt sich so: Ich komme doch gar nicht aus diesem Land. [...] Und danach versuchen wir immer zu reden und danach sagen die: ›Nein, wirklich, ich kann diese Sprache.‹ Und dann machen die Affensprache und die Lehrer sind einfach daneben und sagen nichts.«[79]

Diese Schilderung eines Betroffenen zeigt, wie in einer Unterrichtssituation gleich mehrere rassistische Wirkungsmechanismen des Bereichs Schule ineinandergreifen und sich wechselseitig verstärken: rassistische Lehrmaterialien forcieren die rassistische Perspektive der *weißen* Mitschüler:innen und ermutigen diese zu offen rassistischem Handeln, während die Lehrkraft den Rassismus durch ihr Schweigen de-thematisiert.

Neben dem Alltagsrassismus ist jedoch in den letzten Jahren auch eine Zunahme von rechtsextremem Gedankengut in Schulen zu verzeichnen.

79 Afrozensus, S. 181.

Im Frühjahr 2024 warnten Schüler:innenvertretungen in sechs ostdeutschen Bundesländern vor dem zunehmendem Rechtsextremismus in ihren Schulalltag: »Völkische Narrative, antisemitische Verschwörungstheorien und extremistisches Gedankengut treten auch im Raum Schule immer häufiger zutage und treffen dabei auf eine Schulgemeinschaft, die personell, materiell und vom Wissen her schlecht vorbereitet ist«,[80] heißt es in der gemeinsamen Erklärung der Landesschüler:innenräte. Die Schüler:innenräte verweisen auf rassistische Vorfälle wie Hakenkreuze, offen gezeigte Hitlergrüße, digitale rechtsextreme Propaganda sowie eine allgemein gesunkene Hemmschwelle. Sie fordern daher eine Stärkung des Geschichts-, Politik- und Sozialkundeunterrichts, um dem Rechtsextremismus an ihren Schulen durch historisches Wissen und Aufklärung zu begegnen, sowie Fortbildungen für Lehrkräfte.

Auch Rassismus ist bisher kein verbindlicher Teil der Ausbildung von angehenden Lehrkräften (während im Lehramtsstudium Module in Pädagogik verpflichtend belegt werden müssen, werden Module zu Rassismus in der Regel gar nicht angeboten). Die mangelhafte Ausbildung von Pädagog:innen in Bezug auf Rassismus ist eine Problematik, die schon länger und auch von Befragten im *Afrozensus* kritisiert wird:

> »Also [ich] empfinde es als sehr wünschenswert, wenn das Thema Rassismus, anti-Schwarzer Rassismus im Studium ein Thema wäre. Wenn es da irgendwie so ein Modul oder sowas gäbe in der Lehramtsausbildung [...], sowohl an der Uni als auch in den Studienseminaren, am besten von Schwarzen Personen. Ja, das ist erstmal so das Wichtigste aus meiner Sicht, dass das Thema an die Unis und somit dann ins Kollegium kommt. Das kann nicht sein, dass ich-, dass Lehrpersonen null Ahnung haben von Rassismus, aber da irgendwie so-, die Schule sich großartig auszeichnen will mit ›Schule mit Courage.‹«[81]

Deutsche Lehrkräfte werden somit momentan nicht in Bezug auf Rassismuskritik ausgebildet.; Untersuchungen wie die *Max und Murat*-Studie der Universität Mannheim von 2018 weisen zudem auf internalisierten

80 Rechtsextremismus an Schulen – Gemeinsames Positionspapier der Landesschülervertretungen der Ostländer – LandesSchülerRat Sachsen (lsr-sachsen.de), Zugriff am 17.04.2024.

81 Afrozensus 2020, S. 196.

Rassismus bei Lehrkräften hin.[82] Die *Max und Murat*-Studie konnte nachweisen, dass angehende Lehrkräfte dasselbe Diktat schlechter bewerteten, wenn der Name Murat darauf stand. Nahmen die Proband:innen hingegen an, ein Max hätte das Diktat geschrieben, wurde es bei gleicher Fehlerzahl besser benotet. Die Autor:innen der Studie konstatieren daher einen Mangel an Leistungsgerechtigkeit.[83] Dies spricht für einen unreflektierten und internalisierten Rassismus.

Eine weitere große Baustelle sind die Lehrmaterialien. Mit dem Thema Rassismus in Lehrmaterialien beschäftigt sich beispielsweise die Publikation *Wie Rassismus aus Schulbüchern spricht* von Papa Sow und Elina Marmer von 2015. Die Autor:innen kritisieren, dass Afrika in deutschen Schulbüchern oftmals marginalisiert werde: kulturelle Errungenschaften und historische Entwicklungen des Kontinents bleiben unbenannt, die Abschaffung der Versklavung werde *weißen* Männern gutgeschrieben; der historische Zusammenhang zwischen der Ausbeutung Afrikas und der Industrialisierung und dem Wohlstand Europas und Amerikas wird verschwiegen.[84] Des Weiteren stellen die Autor:innen fest, dass Afrika in Schulbüchern vor allem im Kontext von Armut, Hunger und Krankheiten dargestellt werde. *Weiße* Menschen werden hingegen überwiegend mit moderner Zivilisation, Errungenschaften wie Demokratie und Philosophie, Alltag etc. in Verbindung gebracht. Auf diese Weise werde der globale Norden als emanzipiert, modern und entwickelt dargestellt; die Länder des globalen Südens hingegen als ›Entwicklungsländer‹.[85] Die Autor:innen ziehen das Fazit:

> »In den untersuchten konventionellen und alternativen Unterrichtsmaterialien zeichnet sich ein kolonial-rassistisches Bild von Afrika und Schwarzen Menschen ab. Trotz der vereinzelten Versuche, andere Perspektiven einzubrin-

---

82 Diktat-Noten | Universität Mannheim (uni-mannheim.de), Zugriff am 28.08.2024.

83 Max und Murat schreiben das gleiche Diktat. Bekommen Sie auch die gleiche Note? | In-Mind, Zugriff am 28.08.2024.

84 Vgl. Marmer, Elina/Sow, Papa (Hgg.): Wie Rassismus aus Schulbüchern spricht. Kritische Auseinandersetzung mit Afrika-Bildern und Schwarz-Weiß-Konstruktionen in der Schule. Ursachen, Auswirkungen und Handlungsansätze für die pädagogische Praxis. Weinheim: Beltz, 2015, S. 116 f.

85 Vgl. ebd., S. 123 f.

> gen, bleibt die Mastererzählung in den Büchern ungebrochen weiß. Weiße Menschen werden beschrieben als entwickelt, zivilisiert, rational und als aktive Akteure in Deutschland und der Welt, ob in der Geschichte oder der Gegenwart. Schwarze Menschen werden in den Büchern zu den ›Anderen‹, nicht zugehörig, fremd und exotisch, unterlegen, ungebildet und unentwickelt. […] Diese Unterrichtsmaterialien vermitteln von daher rassistisches Wissen an Schülerinnen und Schüler und bedürfen einer dringenden und gründlichen Überarbeitung.«[86]

Rassistisches Wissen wird also jungen Kindern bereits in der Schule vermittelt und ist Teil des sogenannten ›heimlichen Lehrplans‹.[87] Der heimliche Lehrplan bezeichnet Wissensbestände, die Kindern nicht explizit, sondern implizit vermittelt werden und zu ihrer Sozialisation beitragen. Mit der Frage nach dem rassistischen Gehalt von Unterrichtsmaterialien befasste sich auch die Kulturwissenschaftlerin Meral El in ihrer im November 2023 publizierten Studie *Diskriminierungskritische Analyse von Schulbüchern im Land Bremen*.[88] Diese Untersuchung wurde von der *Landeszentrale für politische Bildung* in Auftrag gegeben und analysiert Schulbücher für den Bereich Gesellschaft und Politik, die im Land Bremen für die Klassen 9 und 10 zugelassen sind, in Bezug auf diskriminierende Muster und Zuschreibungen. Hierfür führt die Autorin eine diskriminierungs- und rassismuskritische Analyse einer Auswahl an Schulbüchern durch. Meral El zeigt dabei auf, dass in Lehrmaterialien immer noch auf verschiedenen Ebenen Nicht-Zugehörigkeit, rassistische, antisemitische und diskriminierende Differenzkonstruktionen und Bedeutungszusammenhänge fortgeschrieben und diskriminierende Wissensbestände reproduziert werden. So kommt Meral El zu dem Ergebnis, dass Afrika und Schwarze Menschen in den von ihr untersuchten Schulbüchern oft als Opfer, beispielsweise von rechtsradikaler Gewalt, dargestellt werden oder als Geflüchtete und Fremde Erwähnung finden. Meral El bemängelt auch, dass die Bildsprache über den globalen Norden Wohlstand suggeriert, während Afrika mit Armut und Katastrophen in

86 Ebd., S. 124f.

87 Politikdidaktik und »heimlicher Lehrplan« | APuZ 43/1981 | bpb.de, Zugriff am 31.08.2024.

88 Schulbuchstudie-web-barrierefrei3.pdf, Zugriff am 03.02.2024.

Zusammenhang gebracht werde.[89] Außerdem kritisiert sie, dass kaum Thematisierung von antikolonialem Widerstand stattfinde; der Genozid an den Nama und Herero werde als logische Reaktion der deutschen Besetzer auf ihren »Aufstand« dargestellt.[90] Die Tatsache, dass dieser Genozid erst nach über 100 Jahren als solcher benannt wurde oder dass die deutsche Regierung keine Wiedergutmachung zahlt, wird ebenfalls nicht problematisiert, ebenso wenig wie die finanziellen Profite durch den Kolonialismus.

Da einige dieser Punkte bereits von Elina Marmer und Papa Sow vor rund zehn Jahren kritisiert wurden, lässt sich feststellen, dass nach wie vor der Bedarf besteht, Lehrmaterialien antirassistisch zu überarbeiten. Erst 2019 (!) wurde ein Biologiebuch aus dem Verkehr gezogen, in dem Schüler:innen typische körperliche Merkmale wie Nasen- oder Augenform *weißen*, Schwarzen oder asiatischen Menschen zuordnen sollten.[91] 2020 verteilte eine Lehrerin im Kieler Umland in einer ersten Klasse Arbeitsblätter, auf denen ein großes N mit einem Nashorn, einer Nuss, einem Nagel und einer kleinen schwarzen Figur mit Bastrock gefüllt war.[92] 2022 sollte mein Sohn in der ersten Klasse mit dem Lied »Drei Chinesen mit dem Kontrabass« die Vokale üben; 2023 arbeitete er im Ethikunterricht mit dem Titel *Die Welt und ich mittendrin*, in dem auf einer Seite unter der Überschrift »Anderssein« Schwarze Kinder abgebildet sind.[93] Es gibt so viele Beispiele für Rassismus in Lehrmaterialien. Daher verweist auch Meral El auf existierende Leerstellen in der Schulbuchforschung; nicht nur in Bezug auf anti-Schwarzen Rassismus, sondern auch auf antiasiatischen und antislawischen Rassismus.[94]

Wichtig wäre es meiner Ansicht nach, Kindern zu vermitteln, dass Versklavung und Kolonialismus globale Ausbeutungsstrukturen geschaf-

---

89 Ebd., S. 10.

90 Ebd., S. 18.

91 Veraltetes Material an sächsischer Schule: Rassenlehre im Biologieheft – taz.de, Zugriff am 04.02.2024.

92 Vgl. Fajembola, Olaolu/Nimindé-Dundadengar, Tebogo: Gib mir mal die Hautfarbe: Mit Kindern über Rassismus sprechen. Weinheim: Beltz, 2021, S. 159.

93 Die Welt und ich mittendrin – Ausgabe 2015 – Westermann, Zugriff am 31.08.2024.

94 Vgl. ebd., S. 10.

fen haben, die bis heute wirksam sind. Noch immer profitiert der globale Norden von der Ausbeutung und Abhängigkeit des globalen Südens und propagiert dabei gleichzeitig *weiße* Überlegenheit. Der sogenannte ›westliche Lebensstandard‹ basiert auf Ausbeutungsstrukturen und wäre ohne diese gar nicht möglich. Ein Beispiel hierfür sind die Zustände in vielen asiatischen Textilfabriken, die Billigwaren produzieren, die auch in Europa erworben werden können.[95] Hier ließe sich in der Schule ganz wunderbar die Brücke von der Theorie in die Praxis schlagen und nach individuellen Konsumentscheidungen fragen: Woher kommt die Kleidung, die wir tragen und wie viel haben wir dafür bezahlt und wie viel bekommen die Menschen, die sie hergestellt haben? Wie viele T-Shirts in derselben Farbe besitzen wir und muss das sein? Woher kommt unser Essen (Kaffee, Schokolade, Nüsse, Soja, Mais) und wie viel verdienen die Landwirt:innen vor Ort? Wie hängen Wasserknappheit, illegale Abholzungen, der Einsatz giftiger Pestizide und Gewalt in Südamerika mit dem Avocadoverbrauch in Europa zusammen? Interessant wären in Schulbüchern auch Hinweise darauf, wo wir in unserer täglichen Lebenswirklichkeit immer noch ständig dem Kolonialismus begegnen. Was ist mit den vielen Denkmälern und Straßennamen, Apotheken und Cafés, die immer noch öffentlich ›Kolonialherren‹ ehren oder das M-Wort enthalten? Was ist mit der Raubkunst und den menschlichen Überresten, die sich immer noch in Deutschland befinden? Welche Firmen, deren Produkte wir täglich konsumieren, sind während des Kolonialismus entstanden und groß geworden und verweisen teils namentlich noch auf diesen oder nutzen rassistische Logos?[96] Und wo setzten wir durch unsere Kaufentscheidungen globale, durch Kolonialismus entstandene Ausbeutungsstrukturen weiter fort? Wer hat Reisefreiheit und wer nicht? Was sind unsere *weißen* Privilegien und wann nutzen wir sie, ohne uns dessen bewusst zu sein?

Ein weiterer schulischer Bereich, in dem Rassismus eine Rolle spielt, ist der Kanon (eine Auswahl bestimmter, verbindlicher Texte, die im Unterricht gelesen werden). 2023 weigerte sich die Schwarze Deutsch-

95 So auch bei der Modemarke *Shein*. Vgl. hierzu Inside Shein – Der hohe Preis der Billigmode – ZDFmediathek, Zugriff am 28.08.2024.

96 Z.B. Edeka, Sanella, Eduscho …

lehrerin Jasmin Blunt, den Roman *Tauben im Gras* von Wolfgang Koeppen, der in Baden-Württemberg Pflichtlektüre für das Abitur ist, mit ihrer Klasse zu besprechen. In diesem Roman kommt das N-Wort (vollständig ausgeschrieben) etwa 100-mal vor. Diskriminierend und gewaltsam ist es nicht nur, Schüler:innen und Lehrer:innen zur Rezeption dieses Buches zu zwingen, sondern auch die Tatsache, dass der schulische Kanon fast ausschließlich die Texte *weißer* Menschen (und fast nur von cis Männern) umfasst. Bücher nicht-*weißer* Menschen kommen in der Schule somit kaum vor; ihre Texte werden nicht behandelt, ihre Geschichten nicht erzählt. Rassistisch ist also nicht nur, dass Koeppen in der Schule gelesen wird, sondern auch, dass deutsche Autor:innen wie zum Beispiel Dinçer Güçyeter, Fatma Aydemir und May Ayim nicht gelesen werden:

> »Denn wenn [Kinder] in der Schule lernen, die Welt aus der Sicht eines *weißen* Mannes wahrzunehmen, verinnerlichen sie seine Perspektive, die einer Abwertung der eigenen Stimme gleichkommt. So wird an den Schulen bis heute auch Rassismus weitergegeben, statt dass *weiße* [und natürlich auch nicht-*weiße*] Schüler*innen sich per Rahmenlehrplan auch mit der Literatur Schwarzer Schreibender beschäftigen dürfen.«[97]

BIPoC-Kleinkinder werden durch ihre Freund:innen, Erzieher:innen und Kindermedien diskriminiert, auf ihr Schwarzsein reduziert und mit rassistischen Vorstellungen beladen (z.B. besonders süß; besonders schwer kämmbare Haare); BIPoC-Schüler:innen sind einer Diskriminierung durch ihre Mitschüler:innen, die Lehrkräfte und die Lehrmaterialien ausgesetzt, Rassismus wird de-thematisiert, bagatellisiert und rassistische Sprache in (Kinder- oder Lehr-)Büchern verteidigt. Rassifizierten Schüler:innen wird die gleichberechtigte schulische Förderung verweigert, indem sie pauschal schlechter benotet und weniger häufig für das Gymnasium als Schulform empfohlen werden. Lehrmaterialien weisen Rassismen sowie rassistische Leerstellen auf. Das Zusammenwirken all dieser Faktoren bewirkt letzten Endes eine strukturelle Benachteiligung; Bildungsbiografien werden oft von Anfang an durch Rassismus

97 Seifert, Nicole: unlearn literatur, S. 296. In: Emilia Roig/Alexandra Zykunov/Silvie Horch (Hgg.): Unlearn Patriarchy 2, S. 287–307.

beeinflusst, Bildungschancen sind ungleich und von Rassismus betroffene Personen erzielen durchschnittlich niedrigere Bildungsabschlüsse.

Gerade die Schule ist ein Ort, an dem einerseits auf viele verschiedene Arten Rassismus reproduziert wird, der aber andererseits auch das Potenzial bietet, aktiv gegen Rassismus vorzugehen. Da in Deutschland die Schulpflicht herrscht, könnten Unterrichtseinheiten zu antirassistischer Aufklärung und die Vermittlung rassismuskritischen Wissens wirklich alle Kinder erreichen. Es ist daher unbedingt erforderlich, Lehramtskandidat:innen standardmäßig rassismuskritisch auszubilden, Lehrkräfte regelmäßig zu schulen und Rassismus als Thema im Unterricht zu behandeln.

Weiße Menschen hingegen profitieren von Rassismus im Bildungskontext. Ein Beispiel hierfür sind die Freiwilligendienste nach dem Schulabschluss. Im Rahmen von Freiwilligendiensten oder Freiwilligenarbeit kommen Menschen aus dem globalen Norden in den globalen Süden, um Menschen in afrikanischen, asiatischen oder südamerikanischen Ländern zu ›helfen‹, sich zu ›entwickeln‹. Dieses Phänomen wird »white saviorism« genannt und bezieht sich nicht nur darauf, nach dem Abitur drei Monate Freiwilligendienst in einem Land des globalen Südens zu leisten, sondern ist auch in beliebtes Motiv in Büchern und in Filmen: Ebenso wie Männer in Filmen oft Frauen retten, so retten *weiße* Menschen in Filmen nicht-*weiße* Menschen, helfen ihnen oder weisen ihnen den Weg. Bezeichnet wird hierdurch, wer aktiv und wer passiv ist, wer helfend und wer empfangend ist, wer überlegen und wer unterlegen, bedürftig und abhängig ist. Bei white saviorism geht es also letzten Endes um *weiße* Selbstinszenierung. Als besonders problematisch wird dabei der Freiwilligendienst kritisiert, der die Arbeit mit Kindern umfasst. Im Rahmen dieses Dienstes ist es möglich, Kinder zu unterrichten oder mit traumatisierten Kindern zu arbeiten. Für beides ist in Deutschland eine Ausbildung notwendig. Während diese Arbeit ohne entsprechende Ausbildung in europäischen Ländern unmöglich wäre, ist sie in vielen Ländern des globalen Südens problemlos möglich. Oft bleiben die Freiwilligen auch nur kurze Zeitspannen, wodurch die Kinder mit ständig wechselnden Bezugspersonen ohne entsprechende Ausbildung konfrontiert werden. Dass diese ›Hilfeleistungen‹ von schlecht oder gar nicht ausgebildeten *weißen* Menschen des globalen Nordens in Ländern des globalen Südens gefährlich und im schlimmsten Fall auch tödlich sein können, veranschaulicht das Beispiel der Amerikanerin Renee Bach, die in einer von ihr selbst gegründeten Hilfsorganisation in Uganda medizinische Behandlungen an Kindern vornahm, ohne jedoch eine medizinische Ausbildung zu besitzen. In Folge von Bachs Überlegenheitsdenken, das diese mit Nächstenliebe begründet hat, sind Kinder verstorben. Bach wird daher von der Interessensvertretung *No White Saviors* angeklagt, die sich gegen *weiße* ›Hilfeleistungen‹ in Ländern des globalen Südens einsetzt. Es sind somit *weiße* Menschen, die von den Diensten profitieren, indem sie etwas Aufregendes erleben, die Welt kennenlernen, sich als gute Menschen fühlen können und einen weiteren Punkt für ihren Lebenslauf sammeln. Indem *weiße* Menschen zu ihrem eigenen Gewinn den globalen Süden besuchen und dort unqualifizierte Hilfe leisten wollen, werden etablierte koloniale Abhängigkeitsverhältnisse aufgerufen und verfestigt.

Das bringt uns zum Thema Rassismus auf dem Arbeitsmarkt. Auch der Rassismus auf dem Arbeitsmarkt hat viele Gesichter. Beim *Afrozensus 2020* gaben acht von zehn Befragten an, im Arbeitskontext Rassismus zu erleben.[98] Dieser äußert sich ganz unterschiedlich: Betroffene werden nicht eingestellt, nicht befördert oder rassistisch beleidigt. Eine Studie der Ökonomin Doris Weichselbaumer beim *IZA Forschungsinstitut zur Zukunft der Arbeit* aus dem Jahr 2016 konnte belegen, dass sich eine kopftuchtragende Frau mit türkisch gelesenem Namen viereinhalbmal so oft bewerben muss wie eine gleich qualifizierte Frau mit *weißem* deutschem Namen und ohne Kopftuch, damit sie zu einem Vorstellungsgespräch eingeladen wird. Bei höherqualifizierten Stellen musste sie sich sogar knapp acht Mal so oft bewerben.[99] Für die Bewerbungsfotos wurde exakt dasselbe Bild benutzt (also dieselbe Frau in derselben Position), einmal mit deutschem Namen und ohne Kopftuch, dann mit türkisch gelesenem Namen und ohne Kopftuch und dann mit türkisch gelesenem Namen und Kopftuch. Das Kopftuch wurde per Photoshop auf das Bild gelegt und ist modern gebunden, lässt also das gesamte Gesicht und den Hals

98 Afrozensus 2020 – Report, Zugriff am 02.04.2024.

99 Qualifizierte Job-Bewerberinnen mit türkischem Namen und Kopftuch benachteiligt (iza.org), Zugriff am 04.02.2024.

frei. Nicht nur das Tragen eines Kopftuchs führt zu rassistischer Benachteiligung auf dem Arbeitsmarkt, sondern auch bestimmte Frisuren. Insbesondere in Bezug auf Schwarze Haare und Frisuren konnte der *Afrozensus* rassistische Diskriminierung feststellen. Entweder Schwarze Menschen wurden aufgrund ihrer Haare rassistisch beleidig oder sie wurden wegen ihrer Frisur gar nicht erst eingestellt:

> »Bei einem Bewerbungsgespräch wurde mir gesagt, dass meine Frisur (Braids) unprofessionell wäre und ich sie rausnehmen solle, falls ich für die Stelle ausgewählt werden würde.«

BIPoC erleben Rassismus auf dem Arbeitsmarkt also in vielen verschiedenen Situationen. Der strukturelle Rassismus von Unternehmen zeigt sich auch darin, dass in solchen Fällen für die Betroffenen von rassistischer Diskriminierung entweder keine festen Ansprechpartner:innen zur Verfügung stehen oder das Vorhandensein solcher Ansprechpartner:innen nicht hinreichend kommuniziert wird und Betroffene somit keine Unterstützung erfahren.

All diese rassistischen Faktoren führen dazu, dass es Betroffenen schwieriger gemacht wird, überhaupt eingestellt zu werden, sie zudem häufiger in Jobs arbeiten, für die sie überqualifiziert sind und am Arbeitsplatz Alltagsrassismus ausgesetzt sind. Letztendlich bewirken sie einen Racial Pay Gap/Migration Pay Gap, also eine Lohnlücke, die der Antidiskriminierungsstelle des Bundes zufolge aktuell 16,5% bei Männern und 14,8% bei Frauen beträgt.[100]

Diese Realität spiegelt sich in vielen Kinderbüchern. Schaut man sich Wimmelbücher an, so fällt auf, dass Menschen, die nicht *weiß* sind, oft in ganz bestimmten Rollen abgebildet werden: Gemüseverkäufer:innen, Straßenreiniger:innen, Müllabfuhr, Kinderwagen schiebende Eltern. Nicht abgebildet sind sie hingegen als Protagonist:innen mit Verantwortung, mit hohem sozialen Status oder mit Vorbildfunktion, wie Polizist:innen, Ärzt:innen und Lehrer:innen. Auch in Schulbüchern, die Diversität abbilden, indem sie kindlichen Figuren eine (hell)braune Haut verleihen, bleiben die Lehrer:innen oft durchgehend *weiß*. Kinder

100 Antidiskriminierungsstelle – Homepage – 19. Migration Pay Gap, Zugriff am 04.02.2024.

gewöhnen sich durch diese Botschaft somit daran, nicht-*weiße* Personen in genau solchen Kontexten zu verorten und gewohnheitsmäßig *weiß* verstandene Rollen und Berufe weiterhin *weiß* zu denken.

Durch die strukturelle Ungleichbehandlung setzt sich der Rassismus auf dem Wohnungsmarkt fort. Wie der *Afrozensus 2020* herausstellt, wohnen Schwarze Menschen häufiger zur Miete als *weiße* Menschen und seltener in Wohneigentum als *weiße* Menschen. Von den Befragten des Afrozensus lebte nur 1 von 10 in Wohneigentum. 70 % der Befragten erleben Rassismus bei der Wohnungssuche. Außerdem ist laut des Statistischen Bundesamts die Wohnfläche pro nicht-*weißer* Person rund 10 % geringer.[101] Auch der *Lagebericht Rassismus in Deutschland* konnte Rassismus auf dem Wohnungsmarkt nachweisen:

> »Rassistische Diskriminierung am Wohnungsmarkt äußert sich sehr unterschiedlich. Wohnungssuchende bekommen keinen Termin zur Wohnungsbesichtigung, keine Wohnungszusage oder haben Immobilienanzeigen gelesen, die bestimmte Personengruppen von vornherein ausschließen. Betroffene berichten aber auch von Beleidigungen und Beschimpfungen während der Wohnungssuche. Sich bewerbende Personen mit ausländisch klingendem Namen erhalten zudem seltener eine Antwort auf ihre Anfragen als Personen mit einem deutsch klingenden Namen – trotz eines vergleichbaren beruflichen Status.«[102]

Der *Afrozensus* konnte einen Fall ermitteln, bei dem eine städtische Bremer Wohnungsbaugesellschaft ohne Einverständnis der Wohnungssuchenden Daten unter anderem über Herkunft, race oder Kopftuch mit Kürzeln notiert wurden, die zu rassistischen Entscheidungen bei der Wohnungsvergabe geführt haben:

> »Die Ergebnisse lassen darauf schließen, dass für Vermieter:innen rassistische Zuschreibungen relevanter zu sein scheinen als ein eventuell hohes Einkommen, das für die Anmietung einer Wohnung positiv zu werten wäre.«[103]

---

101 Afrozensus 2020 – Report, ab S. 106. Zugriff am 28.08.2024.

102 Rassismus in Deutschland (integrationsbeauftragte.de), S. 68, Zugriff am 29.08.2024.

103 Afrozensus 2020 – Report, S. 108, Zugriff am 28.08.2024.

Ein weiterer wichtiger Bereich ist das Gesundheitswesen. Gesundheit ist lebenswichtig. Neue Studien konnten allerdings belegen, dass nicht-*weiß*e Menschen in Deutschland auch in diesem Sektor strukturell benachteiligt werden. Im November 2023 publizierte der *Nationale Diskriminierungs- und Rassismusmonitor* (NaDiRa) des Deutschen Zentrums für Integrations- und Migrationsforschung (DeZIM) die Ergebnisse seiner Studie *Rassismus und seine Symptome.*[104] Demnach werden die Beschwerden von nicht-*weiß*en Menschen oft nicht ernst genommen, Schmerzen werden unterschätzt und nicht behandelt, nicht-*weiß*e Menschen werden bereits bei der Terminvergabe benachteiligt:

> »Die Wahrscheinlichkeit, dass Frauen und Männer mit einem Namen, der in Nigeria oder der Türkei verbreitet ist, eine positive Antwort auf ihre Terminanfrage erhalten, ist deutlich und signifikant niedriger als bei Frauen und Männern mit einem in Deutschland verbreiteten Namen. Die stärksten Unterschiede zeigen sich bei Psychotherapeut*innen.«

Besonders erschreckend ist die Erkenntnis der Studie, dass Ärzt:innen die Scheindiagnose »Morbus mediterraneus« bzw. »Morbus Bosporus«[105] stellen. Diese Begriffe in der Krankenakte sollen ausdrücken, dass die rassifizierten Patient:innen sich ihre Schmerzen/Erkrankung nur einbilden und daher gar nicht behandelt werden müssen. Nicht-*weiße* Frauen sind dabei am stärksten von rassistischer Diskriminierung im deutschen Gesundheitssystem betroffen. So wird muslimischen Frauen der Studie zufolge beispielsweise eine eigenständige Sexualität abgesprochen während Schwarze Frauen berichten, von Ärzt:innen hypersexualisiert zu werden.[106] Außerdem macht die Studie darauf aufmerksam, dass Lehrmaterialien der medizinischen Ausbildung eine Überrepräsentation rassistisch markierter Gruppen in Verbindung mit abwertenden Darstellungen aufweisen. Nicht-*weiße* Menschen werden zum Beispiel mit »übermäßige[m] Alkohol- und Drogenkonsum« oder

---

104 Rassismus und seine Symptome. Bericht des Nationalen Diskriminierungs- und Rassismusmonitors, Zugriff am 04.02.2024.

105 Ebd., Zugriff am 14.08.2024.

106 Ebd.

»erhöhtem Risiko für sexuell übertragbare Krankheiten« in Verbindung gebracht.[107]

Das deutsche Gesundheitssystem ist ausgelegt auf *weiße* cis Männer. An ihnen werden Medikamentenstudien vorrangig durchgeführt. Dosierungen und Nebenwirkungen gelten daher vor allem für diese Zielgruppe. Dermatolog:innen wiederum sind oft nicht für die Bedürfnisse dunkler Haut geschult. In dermatologischen Lehrwerken ist dunkle Haut kein Thema.[108] Häufige Krankheiten wie Melanome, Akne und Leberflecken können auf dunkler Haut jedoch anders aussehen als auf heller Haut und werden von Ärzt:innen somit nicht erkannt und nicht adäquat behandelt. Auch wie man Venen auf dunkler Haut findet, wird in den meisten Lehrbüchern nicht gezeigt – hier können lebensrettende Sekunden verloren gehen.[109]

All diese Faktoren tragen dazu bei, dass medizinische Behandlungen aufgeschoben und verzögert werden; teilweise, bis es zu spät ist.[110] Es besteht somit nachweisbar eine gesundheitliche Versorgungslücke zwischen *weißen* und nicht-*weißen* Menschen in Deutschland (Medical race gap).

Auch Rassismus bei der Polizei ist ein wichtiges Thema. Einerseits werden nicht-*weiße* Menschen strukturell durch die Polizei schlechter behandelt oder als Täter:innen unter Generalverdacht gestellt (z.B. durch racial profiling), andererseits werden sie als Opfer nicht ausreichend ernst genommen. Dies zeigte sich insbesondere durch das Versagen der Behörden bei den Ermittlungen zum NSU sowie im Rahmen des rechtsextremen Anschlags von Hanau.

Auch nachdem fast alle Opfer der Terrorserie des NSU deutsch-türkisch, deutsch-griechisch oder deutsch-kurdisch waren, wurden die Morde nicht als rechtsextrem motivierte Hasstaten erkannt. 13 Jahre lang konnte der NSU rauben und morden, während die Sonderkommission, mit den rassistischen Bezeichnungen »Halbmond« oder »Bosporus« benannt, in die völlig falsche Richtung ermittelte. Die Schuldigen für die

---

107 Ebd.

108 Ebd., Zugriff am 28.08.2024.

109 Rassismus in der Medizin: Eigene Perspektiven hinterfragen (aerzteblatt.de), Zugriff am 28.08.2024.

110 Rassismus und seine Symptome. Bericht des Nationalen Diskriminierungs- und Rassismusmonitors, S. 111, Zugriff am 28.08.2024.

Morde wurden lange Zeit ausschließlich im Umfeld der Opfer gesucht, während die Angehörigen der Opfer wiederholt auf die Wahrscheinlichkeit für einen rechtsextremen Hintergrund der Taten verwiesen haben – aber von den Behörden ignoriert wurden.

Ganz ähnlich verhält es sich in Bezug auf den Terroranschlag in Hanau am 19. Februar 2020. Auch hier wurde der Täter zunächst unter den Opfern des Anschlags vermutet; auch hier wurden die Überlebenden und die Hinterbliebenen erneut zu Opfern durch das diskriminierende und gewaltvolle Verhalten der Polizei ihnen gegenüber, die sich vor allem um den Vater des Attentäters gekümmert hat, während sie den Opfern zunächst medizinische Hilfe verweigerte, die Hinterbliebenen lange im Ungewissen ließ, die Kleidung der Toten vertauschte und Fotos des verstorbenen Said Nesar Hashemi von seinem Handy löschte; Bilder, die seine Mutter gerne als Andenken gehabt hätte. Auch bei den Ermittlungen zu Hanau etablierte sich durch die mediale Bezeichnung als »Shisha-Morde« eine rassistische Sprache.

Ein weiterer Aspekt ist das Racial Profiling, das in Deutschland zwar verboten ist (es verstößt gegen Art. 3 GG). Erlaubt sind hingegen »verdachtsunabhängige Personenkontrollen«, zum Beispiel an Bahnhöfen und in Grenzgebieten, die jedoch genau auf das gleiche hinauslaufen. Amnesty International betont, dass Racial Profiling die Menschenwürde verletzt und daher eine besonders invasive menschenrechtliche Belastung darstellt.[111] In einem Interview mit der *taz* weist Maria Marouda von der Europäischen Kommission gegen Rassismus (ECRI) auf die traumatisierenden Folgen von Racial Profiling hin:

> »Racial Profiling verursacht bei den Betroffenen ein starkes Gefühl der Ungerechtigkeit. Polizeikontrollen dieser Art bestehen oft nicht nur aus Identitätskontrollen, sondern können auch zu größeren Grundrechtseinschränkungen führen wie Leibesvisitationen, Anlegen von Handschellen, das Verbringen in Polizeistationen oder ein erniedrigendes Bloßstellen in der Öffentlichkeit. Solche Kontrollen können traumatische Folgen haben und Angst verursachen, nicht nur bei den Personen, die angehalten und überprüft werden, sondern in ihrer ganzen Community. Initiativen wie Amnesty

111 Microsoft Word – Positionspapier Racial Profiling_18.10.2021.docx (amnesty.de), Zugriff am 05.02.2024.

International haben hier sehr eindrückliche Berichte über die Gefühle der Betroffenen veröffentlicht.«[112]

Außerdem ist zu beobachten, dass nicht-*weiße* Menschen, die sich als Opfer (rassistischer) Verbrechen an die Polizei wenden, am Ende selbst beschuldigt werden. Die Bezeichnung für dieses Phänomen ist Täter:in-Opfer-Umkehr. Menschen, die sich gegen rassistische Polizeikontrollen wehren oder diese Praktiken einfach nur ganz deutlich als Rassismus benennen, werden dann wegen ›Beleidigung‹ oder ›Widerstand‹ angezeigt. Darüber hinaus kommt es vor, dass Beamt:innen Anzeige wegen ›Körperverletzung‹ erheben, weil sie Menschen im Zuge rassistischer Kontrollen so schwer verletzt haben, dass sie diese Taten durch eine Anzeige zu rechtfertigen versuchen.[113]

Die drastischste Form von rassistischer Täter:in-Opfer-Umkehr und Polizeigewalt sind Tötungen von nicht-*weißen* Menschen durch die deutsche Polizei. Seit 1990 sind in Deutschland 246 Schwarze Menschen, People of Color und von Rassismus betroffene Personen in Polizeigewahrsam zu Tode gekommen.[114] Ein noch aktueller Fall ist der 16jährige Jugendliche Mouhamed Dramé. Mouhamed Dramé wurde 2022 von Polizisten erschlossen, die der Leiter der Jugendhilfeeinrichtung aufgrund von Dramés Suizidgefährdung gerufen hatte. Als Dramé zunächst sich selbst und dann die Polizisten mit einem Messer bedroht hat, haben diese ihn mit Pfefferspray und einem Elektroschocker attackiert. Ein Polizist schoss sechs Mal auf ihn; fünf Schüsse trafen Dramé und verletzten ihn tödlich. Die Ermittler:innen der Staatsanwaltschaft beurteilten diese Situation nicht als Notwehr und sehen daher auch den Einsatz mit Pfefferspray und Elektroschocker als unverhältnismäßig.[115] Der Prozess gegen die Polizeibeamten läuft noch.

---

112 Expertin über Racial Profiling: »Traumatische Folgen« – taz.de, Zugriff am 25.03.2024.

113 Kampagne für Opfer rassistischer Polizeigewalt (Hg.): Alltäglicher Ausnahmezustand. Institutioneller Rassismus in deutschen Strafverfolgungsbehörden. Edition Assemblage: Münster 2016.

114 Death in Custody, Zugriff am 05.02.2024.

115 Prozess zu tödlichen Polizeischüssen: Fünf Beamte vor Gericht – taz.de, Zugriff am 29.08.2024.

Ein weiterer Fall, der hier kurz exemplarisch angesprochen werden soll, ist Oury Jalloh. 2005 verbrannte Oury Jalloh in einer Ausnüchterungszelle des Polizeireviers Dessau. Angeblich hatte er in alkoholisiertem Zustand Frauen belästigt. Inzwischen steht fest, dass von seiner Festnahme bis zu Jallohs Tod so gut wie jede polizeiliche Maßnahme fehlerhaft oder rechtswidrig gewesen ist. Ein Sachverständigengremium kam 2017 zu dem Ergebnis, dass Jalloh bereits tot oder zumindest bewusstlos war, als er angezündet wurde und dass das Verbrennen der Vernichtung von Spuren diente.[116] Der Tod von Oury Jalloh konnte bisher nicht abschließend aufgeklärt werden.

Amnesty International bescheinigt der deutschen Polizei daher ein strukturelles Versagen im Kampf gegen Rassismus und beanstandet zudem, dass die Politik diesen Zustand bisher ignoriert hat. Markus N. Beeko, der Generalsekretär der deutschen Amnesty-Sektion, weist darauf hin, dass das eigentliche Rassismus-Problem der deutschen Polizei in den übergreifenden Strukturen liege. Neben Polizist:innen, die in einer kürzlich erhobenen Studie menschenfeindlichen Aussagen zustimmen,[117] die in rechten Chatgruppen aktiv sind oder sogar Kontakte zu bekannten Neonazis pflegen, gebe es auch sehr viele engagierte Polizist:innen. Die Frage sei jedoch:

> »Aber haben wir auch Innenminister, die aus dem NSU-Skandal gelernt haben? Die nicht darüber streiten, wie viele rechtsextreme Netzwerke es bei Sicherheitsbehörden gibt, sondern entschlossen gegen diese vorgehen? Innenminister, die eine Antirassismus-Ausbildung und unabhängige Beschwerde- und Meldestellen als Standard etablieren? Und damit Betroffenen helfen und jene Polizistinnen und Polizisten nicht alleine lassen, die kriminelle Umtriebe bei Kolleginnen und Kollegen beobachten und melden wollen. Haben wir Innenminister, die sich für Schwarze, Juden, LGBTI und Menschen mit Migrationshintergrund als Polizistinnen und Polizisten stark machen, anstatt entschuldigend auf ein ›gesellschaftliches Rassismusproblem‹ zu verweisen? Wo sind die Innenminister, die unsere Polizistinnen und Polizisten dabei un-

116 Mordfall Oury Jalloh: »Ich schwöre, ich wars nicht« – taz.de, Zugriff am 29.08.2024.

117 MEGAVO – Motivation, Einstellung und Gewalt im Alltag von Polizeivollzugsbeamten (polizeistudie.de), Zugriff am 26.03.2024.

terstützen, die beste, anti-extremistische, anti-rassistische, anti-antisemitische und anti-homophobe Polizei zu werden?«[118]

Rassismus bei der Polizei ist somit ein strukturelles Problem, das politisch durch aktives Wegsehen und Nichthandeln gefördert wird. Innerhalb der Polizei herrscht zudem eine starke Homogenität, gegen die kaum vorgegangen wird. Die Polizei als Institution weigert sich, rassistische Taten als solche zu erkennen, sie agiert selbst rassistisch bei der Verfolgung dieser Taten (z.B. indem sie Sonderkommissionen rassistische Bezeichnungen verleiht und Opfer wie Täter:innen behandelt), sie ist gar nicht erst darauf eingestellt, Rassismus (und weitere Diskriminierungsformen) konsequent zu ahnden und sie beschäftigt Menschen, die rassistisches Gedankengut teilen, und ist nicht daran interessiert, etwas dagegen zu unternehmen. Letzten Endes, so die Journalistin und Autorin Sibel Schick, gehe es der Politik, die diese Strukturen unterstützt, vor allem darum, die Machtverhältnisse zu schützen und den Status quo aufrechtzuerhalten, um die eigene Existenz ganz oben in der gesellschaftlichen Hierarchie zu retten und weiterhin von der Diskriminierung anderer zu profitieren.[119]

Rassistisches Handeln bei der Polizei wird somit von den politischen, aber auch von den gesellschaftlichen Strukturen geschützt. Der Investigativjournalist Aiko Kempen sieht den »unbedingte[n] Wille[n], den Eindruck einer Polizei zu erhalten, in der Fehler kein Thema sind«[120] als Teil des Rassismus-Problems. Die Polizei inszeniere sich selbst als »Kämpfer gegen das Böse, [...] als Gesetzeshüter, die das Recht schützen und durchsetzen sollen – nicht dagegen verstoßen«.[121] Daher gelte es innerhalb dieser Strukturen »die Polizei als Ganzes [zu] verteidigen, anstatt Fehler aufzuklären«.[122] Die Polizei inszeniert sich selbst somit als gut und unfehlbar. Dieses Selbstverständnis verhindert jedoch kritische

---

118 »Welche Polizei ich mir wünsche« | Amnesty International, Zugriff am 26.03.2024.

119 Schick, Sibel: Weißen Feminismus canceln, S. 114.

120 Kempen, Aiko: Auf dem rechten Weg? Rassisten und Neonazis in der deutschen Polizei, S. 159.

121 Ebd., S. 152

122 Ebd.

Perspektiven und greift auch im Fall von Rassismus, wenn rassistisches Handeln nicht erkannt, toleriert oder auch vertuscht wird.

Said Etris Hashemi, Autor und Überlebender des Terroranschlags von Hanau, betrachtet das romanisierte Bild der Polizei als Teil des strukturellen Problems:

> »[Menschen können] sich schlicht nicht vorstellen, dass ›dein Freund und Helfer‹ oft ein leeres Versprechen ist, wenn du schwarze Haare und braune Haut hast. Oder wenn du links bist. Oder arm und wohnungslos. Weil man diesen Menschen das Märchen so lange und so überzeugend erzählt hat, dass es zur Realität wurde.«[123]

Als Beispiele nennt Hashemi den *Tatort* und weitere Fernsehserien. Die Indoktrinierung setzt jedoch schon viel früher ein: In Deutschland werden Kinder mit genau diesem Verständnis von der Polizei als ›die Guten‹, als ›dein Freund und Helfer‹ sozialisiert. Die Polizei spielt eine wichtige Rolle in deutschen Kinderzimmern. Sobald Babys in Deutschland einigermaßen aufrecht sitzen können, bekommen sie ihr erstes Polizeiauto-Spielzeug zum Schieben oder ein Polizei-Bobbycar oder ein Polizei-T-Shirt oder ein Hörmal-Buch zur Polizei mit Sirenengeräuschen. Bücher, Serien, Spielsachen, Klamotten … Ständig wird die Polizei in Kindermedien gehypt. In Kinderkrimis ist es immer wieder dasselbe: Sobald die Polizei kommt, wird alles gut. Egal ob bei Enid Blyton, *TKKG* oder den *Drei ???*, es gibt immer einen (männlichen) hochrangigen *weißen* Polizisten, der mit den jungen *weißen* Detektiv:innen befreundet ist und ihnen beisteht. Immer ist die Polizei gut, sie hilft und rettet und sorgt für Recht und Ordnung. Diese Darstellung richtet sich allerdings nur an *weiße* Kinder. In der *Zeit* kritisiert der Journalist Daniel Gerhardt genau dieses Phänomen des verklärten und vollkommen unkritischen Bildes der Polizei in deutschen Kinderbüchern, das an der Realität nicht-*weißer* Kinder komplett vorbeigeht.[124] In den USA gibt es polizeikritische Kinderbücher, verfasst von Menschen, die selbst von Rassismus betroffen sind

123 Hashemi, Said Etris: Der Tag, an dem ich sterben sollte. Wie der Terror in Hanau mein Leben für immer verändert hat. Hamburg: Hoffmann und Campe, 2024, S. 46.

124 Polizei in Kinderbüchern: Halt, stopp, Ponyzei! | ZEIT ONLINE, Zugriff am 05.06.2024.

und authentisch darüber berichten können. Diese Titel sind aber nicht in Deutschland erschienen und auch nicht ins Deutsche übersetzt worden. Dabei gebe es in Deutschland ebenfalls Bedarf dafür, so Daniel Gerhardt.

Während die Polizei für *weiße* Kinder der ›Freund und Helfer‹ ist, werden nicht-*weiße* Kinder in Bezug auf die Polizei oft ganz anders sozialisiert. Tupoka Ogette berichtet beispielsweise, dass einer ihrer schwersten Momente als Mutter darin bestanden habe, ihrem kleinen Sohn erklären zu müssen, dass es ein Polizist, »eigentlich dein Freund und Helfer« gewesen sei, der George Floyd getötet hat – und was das mit ihm selbst zu tun habe. Dass der Polizei in Deutschland allgemein das Weißsein zugeordnet wird, belegt eine weitere Begebenheit, die Tupoka Ogette schildert:

> »Ein Vater erzählte in einem Elternworkshop, wie er mit seinem Schwarzen Sohn in die USA fuhr. Dort schaute der Junge aus dem Fenster und sah einen Polizisten. ›Papa, der Polizist dort hat auch so braune Haut wie ich.‹ ›Ja, und?‹, antwortete der Vater. Der Sohn schaute ungläubig und fragte dann: ›Darf der das denn?‹ «[125]

Gerade in Deutschland wird die Polizei also *weiß* gedacht. In einigen Bundesländern bemüht sich die Polizei auch gar nicht um Diversität; sie will anscheinend *weiß* bleiben. Während die meisten Landespolizeien sowie die Bundespolizei sich gezielt um Nachwuchs mit Migrationsgeschichte bemühen, ist dies beispielsweise in Sachsen, Brandenburg und Mecklenburg-Vorpommern nicht der Fall.[126] »Die sächsische Polizei ist an Diversität nicht interessiert, weil ihr das Einheitliche und das Homogene wichtiger ist. Sie antwortet auf eine Modernisierungskrise mit Tradition«, so Rafael Behr, Professor für Polizeiwissenschaften an der Polizeiakademie Hamburg. Nicht um migrantischen Nachwuchs zu werben, hält Behr für »erzkonservativ und gefährlich«, denn um mit einer diversen Gesellschaft umgehen zu können, brauche es auch in der Polizei Diversität.[127]

---

125 Ogette, Tupoka: exitRacism. Rassismuskritisch denken lernen. Münster: Unrast Verlag 2017, S. 121.

126 »Sachsens Polizei ist an Diversität nicht interessiert« – taz.de, Zugriff am 29.03.2024.

127 Ebd., Zugriff am 29.08.2024.

Weiße Kinder lernen auf diese Weise, sich mit der Polizei und dem ihr zugeschriebenen Attribut ›gut‹ zu identifizieren; BIPoC-Kinder finden hingegen keine Identifikationsmöglichkeiten und müssen *weiße* Perspektiven übernehmen. Im schlimmsten Fall sind ›die Bösen‹ in den Kindermedien auch noch rassifiziert. In Otfried Preußlers *Das kleine Gespenst* beispielsweise jagt die Polizei das kleine Gespenst, nachdem es durch einen Fehler beim Umstellen der Turmuhr zu einem schwarzen Taggespenst geworden ist. Die Polizei hält es jedoch für einen Menschen, schätzt diesen Menschen aufgrund seiner Hautfarbe pauschal als kriminell ein und will ihn fangen. Viele Kinderbuchreihen, die schon etwas älter sind, sich aber nach wie vor einer großen Beliebtheit erfreuen, konzipieren die bösen Gegenspieler:innen systematisch als nicht-*weiß*. Diese Perspektive wird von allen Kindern gleichermaßen (und unreflektiert; junge Kinder sind noch nicht zu Reflektionen in der Lage) übernommen. Die Kulturwissenschaftlerin Mithu Sanyal zitiert in diesem Zusammenhang den britischen Comedian Shaparak Khorsandie:

> »Ich liebte Enid Blyton. Wenn meine Mutter mich von der Schule abholte, bettelte ich immer: ›Oh Mummy, lass uns ein Picknick machen und jede Menge Ingwerbier mitnehmen. Oh nein! Da treibt sich ein verdächtiger Z-Wort vor unserem Haus herum.‹ Und meine Mutter entgegnete: ›Halt den Mund, das ist Onkel Hassan.‹«

In den verschiedenen Kinderbuchreihen von Enid Blyton werden Zinti:zze und Rom:nja systematisch geothert und häufig auch kriminalisiert. Shaparak Khorsandie hat als Kind diese rassistischen Perspektiven offenbar, obwohl er selbst von Rassismus betroffen ist, übernommen und auf eigene Familienmitglieder projiziert, weil er von seinen Büchern beeinflusst wurde.

Weiße und rassistische Perspektiven in Kinderbüchern werden auf diese Weise internalisiert, selbst dann, wenn kindliche Rezipient:innen selbst von Rassismus betroffen sind. Kinder lernen durch ihre Bücher in Deutschland, dass die Polizei gut ist. Diese Bücher spielen somit einem System in die Hände, welches für die positive Selbstinszenierung der Polizei buchstäblich über Leichen geht. Indem Kinder lernen, dass die Polizei grundsätzlich gut ist und keine Fehler macht, werden sie dahingehend sozialisiert, rassistisches Handeln der Polizei nicht zu erkennen oder nicht infrage zu stellen. Auf Rassismus basierende Herrschaftsverhältnisse können nur durch Gewalt aufrecht erhalten bleiben. Die Polizei ist Teil der exekutiven Gewalt, die für die Umsetzung der politischen Ordnung und somit auch der gesellschaftlichen Machtverteilung verantwortlich ist. Indem das Handeln der Polizei nicht infrage gestellt wird, wird auch die gesellschaftliche Machtverteilung geschützt.

Ein letzter Bereich, der hier in Bezug auf Alltagsrassismus besprochen werden soll, ist die sichtbare Öffentlichkeit. Die Welt, in der wir heute leben, ist das Resultat vergangener Geschehnisse und Entwicklungen. Folglich spiegelt sich die Vergangenheit in der Gegenwart. Man muss nur genau hinsehen und wissen, worauf es zu achten gilt. Öffentliche Bereiche, in denen sich (Kolonial-)Rassismus manifestiert, sind Museen, die immer noch Raubkunst sowie menschliche Überreste ausstellen oder lagern. Zu nennen sind außerdem Straßennamen, die entweder mit dem M-Wort diskriminieren oder an ›Kolonialhelden‹ wie Carl Peters erinnern, sowie Denkmäler, die Personen ehren, die in den Kolonialismus oder in die Versklavung involviert waren und davon profitiert haben, wie Heinrich Karl von Schimmelmann.

Straßennamen, Stadtviertel, Plätze und Denkmäler mit kolonialen Bezügen sind seit einiger Zeit immer stärker in den Fokus postkolonialer Kritik gerückt. Da ab ca. 1850 die deutschen Städte aufgrund der Industrialisierung gewachsen waren, war es notwendig geworden, die Straßen zu benennen und die Häuser zu nummerieren. Rassistisch ist aber nicht nur die Benennung von Straßen oder Stadtvierteln mit Kolonialbezug, oftmals sind auch die den Straßennamen beigefügten Erklärungstafeln rassistisch, indem Personen wie Carl Peters, Adolph Lüderitz oder Carl Woermann als Afrikaforscher, Großkaufmänner oder Forschungsreisende bezeichnet werden[128] und der gewaltvolle Charakter somit durch neutrale Bezeichnungen verschleiert wird.

Ein weiterer öffentlicher Bereich, der Rassismus reproduziert und auf den deutschen Kolonialismus verweist, sind Institutionen wie Zoos, Museen, botanische Gärten oder Naturkunde- sowie Völker-

128 Wie Geschäftsleute den Kolonialismus ermöglichten – und heute noch davon profitieren – KATAPULT-Magazin, Zugriff am 23.03.2024.

kundemuseen. Diese Einrichtungen sind meist in unmittelbarem Zusammenhang mit dem deutschen Kolonialismus gegründet worden. Denn die Kolonien ermöglichten den Raub von Tieren, Pflanzen, Kunstobjekten oder anderen kulturellen und religiösen Artefakten, mit denen die deutschen Institutionen bestückt wurden. Diese Dinge wurden den Kolonien rücksichtslos und oft gewaltvoll entwendet, um in Deutschland ausgestellt zu werden. Botanische Gärten, Zoos, Kolonialausstellungen und teilweise auch die Weltausstellungen (heute Expo) sollten der deutschen Bevölkerung die Kolonien näherbringen; den Kolonialismus erlebbar und erfahrbar machen. Den Deutschen sollte ein hautnaher Kontakt zu lebendigen Exemplaren der exotischen Pflanzen aus den fernen Ländern ermöglicht werden, zu den als primitiv wahrgenommenen Kultur- und Kunsterzeugnissen, und sogar, in Form der sogenannten »Völkerschauen«, auch zu den Menschen. Für »Völkerschauen«, auch »Menschenzoos« genannt, wurden Bewohner:innen der Kolonien oft unter falschen Versprechungen nach Deutschland gelockt oder entführt und gegen ihren Willen verschleppt und mussten in inszenierten Shows die rassistischen Erwartungen der *weißen* Deutschen an Exotik erfüllen.[129] Die Shows trugen somit massiv zu der Verbreitung rassistischer Menschenbilder bei. In Deutschland fanden zwischen 1870 und 1930 über 400 solcher Schauen statt. Insbesondere Carl Hagenbeck (nach dem heute noch der Tierpark Hagenbeck in Hamburg benannt ist) veranstaltete solche Shows und tourte damit durch Deutschland. Die Person Carl Hagenbeck wird in der zeitgenössischen Rezeption nicht hinreichend problematisiert. So wird Carl Hagenbeck zum Beispiel auf einem Tonie[130] der Reihe *Was ist was* als Zoodirektor und Tierforscher namentlich genannt und seine innovativen Ausstellungskonzepte werden gelobt. Dass er Menschen unter menschenverachtenden und gesundheitsgefährdenden Bedingungen ausgestellt hat, von denen zahlreiche gestorben sind, und dabei viel Geld verdient hat, lernen Kinder in Deutschland allerdings

129 Völkerschauen: Wie Carl Hagenbeck vor 150 Jahren »exotische« Menschen vorgeführt hat (rnd.de), Zugriff am 29.08.2024.

130 Die Toniebox ist ein Audiosystem für Kinder. Lieder oder Geschichten können von Kindern angespielt werden, indem diese die entsprechenden kleinen Figuren (Tonies) auf die Box stellen.

nicht. Sie bekommen somit nur einen Teil der Geschichte erzählt und erhalten einen unvollständigen und somit vollkommen falschen Eindruck von Carl Hagenbeck.

Botanische Gärten, Zoos, Ausstellungen und Völkerschauen verschafften den Deutschen die Möglichkeit, das ›Exotische‹ zu bestaunen und sich dabei ihrer *weißen* Überlegenheit vergewissern zu können. Sie waren somit vor allem auch Propagandainstrumente des Kolonialismus und trugen dazu bei, ein rassistisches Menschenbild zu verbreiten, das bis heute im kulturellen Gedächtnis verankert ist.

Weder Schwarz noch *weiß*: rassistische Farbignoranz

Wie anhand aller Beispiele aus den verschiedenen gesellschaftlichen Bereichen deutlich geworden sein sollte, hilft es leider nicht, einfach »zu allen Menschen gleich nett zu sein«, denn diese Einstellung ändert nichts an den rassistischen Strukturen unserer Gesellschaft. Ein Selbstbild, das den eigenen Rassismus kategorisch ausschließt, ist sogar eher schädlich. Denn wir haben alle Rassismus internalisiert; oft sogar diejenigen, die nicht *weiß* sind. Für Leute, die meinen, nicht rassistisch zu sein, weil sie »wegen der Hautfarbe keinen Unterschied machen« und behaupten, überhaupt keine Hautfarbe zu sehen, weil sie auf so etwas gar nicht achten würden, gibt es einen eigenen Begriff: farbignorant. Farbignoranz bedeutet in der Rassismusforschung eine Weigerungshaltung von *weißen* Menschen, auf Rassismus beruhende Ungleichheit anzuerkennen. Diese Einstellung dient vor allem der positiven Selbstdarstellung und soll ausdrücken, dass man als »guter Mensch« niemanden schlecht behandeln würde. Sie negiert allerdings sowohl die reale Diskriminierung einerseits als auch die damit verbundene Privilegierung andererseits. Letzten Endes schützt Farbignoranz somit das rassistische System.

Was allerdings gegen den eigenen internalisierten Rassismus hilft, ist ein rassismuskritisches Grundwissen, denn es unterstützt *weiße* Menschen dabei, rassistische Strukturen und eigene bewusste und unbewusste Schwachstellen (z.B. in Form von verinnerlichter Diskriminierung) zu identifizieren, eigene Privilegien zu erkennen und die Lebensrealität von Menschen, die Rassismus erleben, besser nachvollziehen zu können, und es hilft ihnen, aktiv antirassistisch zu sein. Rassismus muss aktiv verlernt werden, so Kübra Gümüşay: »Verlernen bedeutet, den Missstand ganz genau zu studieren, und es genau deshalb anders zu machen«.[131]

Kritisches Weißsein

Wie angekündigt, sollen nun statt den Diskriminierten die Diskriminierenden beziehungsweise die Privilegierten in den Blick genommen werden. Weißsein ist, wie durch Maisha-Maureen Auma oben erklärt, analog und dichotom zu nicht-*weiß*-Sein konzipiert und dann im Lauf der Zeit zur unmarkierten und somit auch unsichtbaren Norm geworden.[132] Der Ansatz der Critical Whiteness Studies (Kritische Weißseinsforschung) ist es, die Unsichtbarkeit dieser unmarkierten und oft unhinterfragten *weißen* Norm wieder aufzuheben und die *weiße* Norm in den Fokus rassismuskritischer Analysen zu stellen. Hierdurch soll anstelle eines viktimisierenden Blicks auf die Opfer von Rassismus ein Blick auf die dahinterstehenden *weißen* Machtstrukturen ermöglicht werden. In Schwarzen Wissensarchiven ist die Wahrnehmung von Weißsein als machtvolle Position schon sehr lange fest verankert.

Für die Umorientierung des *weißen* Antirassismusdiskurses war die literaturkritische Analyse *Playing in the Dark: Whiteness and the Literary Imagination* der Schwarzen amerikanischen Schriftstellerin Toni Morrison von 1992 initial. Morrison untersucht hier die Texte bedeutender *weißer* amerikanischer Autor:innen und weist nach, welche Rolle das Schwarzsein für die Konstruktion *weißer* Identität besitzt. Erstmals beschreibt sie die Unmarkiertheit des Weißseins mit dem Ziel, »den kritischen Blick vom [...] Objekt zum [...] Subjekt zu wenden; von den Beschriebenen und Imaginierten zu den Beschreibenden und Imaginierenden; von den Dienenden zu den Bedienten«.[133]

131 Gümüşay, Kübra: unlearn sprache, S. 22. In: Lisa Jaspers/Naomi Ryland/Silvie Horch (Hgg.): unlearn patriarchy, 17–35.

132 Vgl. Auma (hier Eggers), Maisha-Maureen: Rassifizierte Machtdifferenz als Deutungsperspektive in der Kritischen Weißseinsforschung in Deutschland, S. 57. In: Maureen Maisha Eggers/Grada Kilomba/Peggy Piesche/Susan Arndt (Hgg.): Mythen, Masken und Subjekte. Kritische Weißseinsforschung in Deutschland. Münster: 2020, S. 56–72.

133 Toni Morrison: Im Dunkeln spielen. Weiße Kultur und literarische Imagination. Reinbek: Rowohlt, 1995, S. 125.

Mit dem Offenlegen von Weißsein als Position im rassistischen Diskriminierungssystem können auch die mit dem Weißsein verbundenen Privilegien erkennbar gemacht werden. Diese listet beispielsweise die *weiße* Feministin und antirassistische Aktivistin Peggy MacIntosh in ihrem Essay *White Privilege. Unpacking the Invisible Knapsack* von aus dem Jahr 1989 auf. Peggy MacIntosh weist auf die vielen Vorteile hin, die ihr im Alltag alleine deswegen zukommen, weil sie *weiß* ist:

> »Ich kann shoppen gehen, ohne dass mir das Securitypersonal durch den Laden folgt. Ich kann darauf vertrauen, dass meine Kinder im Kindergarten oder der Schule Lehrmaterialien vorfinden, in denen Menschen abgebildet sind, die ähnlich aussehen wie sie. Wenn ich irgendwo verlange, mit dem oder der Vorgesetzten zu sprechen, finde ich wahrscheinlich eine Person meiner Hautfarbe vor. Ich kann Pflaster in ›Hautfarbe‹ kaufen, die mehr oder weniger tatsächlich zu meiner Haut passen. Ich kann Schimpfwörter benutzen und mich in Secondhandklamotten kleiden, ohne dass weiße Menschen sagen, ich sei sittenlos und arm aufgrund meiner Herkunft. Kurzum: All die negativen Dinge, die auf schwarze Menschen oder People of Color projiziert werden, treffen nicht auf mich zu. Weil es Weiße wie ich sind, die diese Beurteilungen vornehmen.«[134]

Als größtes Privileg *weißer* Menschen werten BIPoC-Aktivist:innen es immer wieder, sich nicht mit dem Thema Rassismus beschäftigen zu müssen, wenn man nicht möchte, da Rassismus kein belastender Bestandteil des eignen Lebens und Alltags ist.

In der deutschen Gesellschaft dominieren oft auf vielen verschiedenen Ebenen *weiße* Perspektiven. Das zeigt sich zum Beispiel in der medialen Diskussion um Kinderbücher, wenn *weiße* Menschen nicht akzeptieren wollen, dass das N-Wort rassistisch ist, weil sie selbst es nicht rassistisch meinen. Diese Menschen verallgemeinern ihre eigene Perspektive, beanspruchen dabei die Deutungshoheit über ein Thema, das sie nicht betrifft und wo sie keine Expert*innen sind und wollen die Universalität ihrer Perspektive teilweise aggressiv durchsetzen. Sie verteidigen damit ihr *weißes* Privileg gehört zu werden, ohne dieses Privileg jedoch als

134 White Privilege: »Weiße hassen es, ihr Selbstbild beschädigt zu sehen« | ZEIT Campus, Zugriff am 24.03.2024.

solches zu erkennen bzw. einzugestehen. Stattdessen berufen sie sich auf die vermeintliche Neutralität des Wortes und auf die Neutralität ihrer Sprecher:innenposition. Genau in dieser behaupteten Neutralität versteckt sich das unmarkierte Weißsein, um Dominanz auszuüben. Wenn Weißsein als normal und neutral gedacht wird, dann können *weiße* Menschen normale und neutrale Regeln für die Gesellschaft aufstellen, die genau auf ihre *weißen* Bedürfnisse zugeschnitten sind und ihnen stets Vorteile verschaffen. Diese Regeln sind also darauf ausgerichtet, *weiße* Menschen zu privilegieren und nicht-*weiße* Menschen zu diskriminieren, und von Privilegieren und Ressourcen fernzuhalten und sie stattdessen auszubeuten. Nur *weiße* Menschen können es sich daher leisten, sich nicht mit Rassismus zu beschäftigen, denn sie werden vom rassistischen System auch nicht benachteiligt. Und sie profitieren immer vom System. Um dieses System zu enttarnen, fordert die Schwarze Autorin Tebogo Nimindé-Dundadengar[135] daher von *weißen* Menschen die Reflexion ihrer eigenen Machtposition im rassistischen System und die Benennung ihrer damit verbundenen Privilegien:

> »Ich will, dass *weiße* [Menschen] ihr *Weißsein* sichtbar machen. Also die eigene gesellschaftliche Position sowie die eigenen Privilegien eindeutig benennen. Tun sie dies nicht, verschleiern sie genau diese Privilegien. Das größte Privileg ist für mich, dass sie nicht negativ von Rassismus betroffen sind und somit auch ›Urlaub‹ vom Thema machen können, wenn es mal zu viel wird.«[136]

Weiße Menschen haben Macht und Privilegien qua Geburt. Dies zu leugnen (wie z.B. durch Farbignoranz oder die Behauptung von Neutralität), hilft nicht gegen Rassismus, sondern erhält das rassistische System.

Die Autorin und Antirassismustrainerin Tupoka Ogette bezeichnet diesen Zustand, in dem sich *weiße* Menschen befinden, die denken, Rassismus hätte nichts mit ihnen zu tun und sei das Vergehen von Anderen, als »Happyland«[137]. Happyland bedeutet, sich selbst als neutral und außerhalb von Rassismus wahrnehmen zu können, und sich nur dann mit

135 Die übrigens einen Onlineshops für diskriminierungssensibles Kinderspielzeug und Kinderbücher gegründet hat.

136 Nimindé-Dundadengar, Tebogo/Fajembola, Olaolu: unlearn rassismus, S. 174. In: Lisa Jaspers/Naomi Ryland/Silvie Horch: Unlearn Patriarchy, S. 159–177.

137 Vgl. Ogette, Tupoka: exitRacism.

Rassismus zu beschäftigen, wenn man das möchte. Happyland bedeutet, Rassismus als System zu verkennen oder zu verleugnen.[138] Leider leben noch sehr viele *weiße* Menschen in Happyland; auch solche, die Kinder- oder Schulbücher verfassen oder illustrieren. Wenn diese Menschen die eigene privilegierte Perspektive als neutral auszugeben, dann reproduzieren sie automatisch rassistische Denkmuster.

Weiße Menschen können ihre Privilegien im rassistischen System nicht ablegen. Aber sie können sie reflektieren, offenlegen und verantwortungsbewusst mit ihnen umgehen. Das bedeutet beispielsweise, auf die Verunsicherung, was »man denn jetzt noch sagen darf« nicht mit Trotz und Abwehr zu regieren, sondern sich fortzubilden und sich darüber zu informieren, welche Wörter abwertend sind und welche Begriffe verwendet werden können, um Menschen auf Augenhöhe zu begegnen. In Bezug auf Kinderbücher bedeutet ein verantwortungsbewusster Umgang mit Privilegien bei der Auswahl der Bücher darauf zu achten, in welchen Rollen welche Menschen dargestellt werden, welche Menschen überhaupt dargestellt werden, mit welchen Eigenschaften und Zuschreibungen sie versehen werden, aus welcher Perspektive die Bücher geschrieben sind und mit welchen Perspektiven Kinder grundsätzlich durch ihre Bücher konfrontiert werden. Außerdem ist es wichtig, Rassismus oder einseitige Perspektiven und Darstellungen in Büchern Kindern gegenüber zu benennen und offenzulegen und nicht einfach unkommentiert zu lassen. Besonders wichtig ist der verantwortungsvolle Umgang mit eigenen Privilegien für diejenigen, die die Bücher verfassen. Um diskriminierende Fremddarstellungen zu vermeiden, bietet sich ein diversitätssensibles Lektorat an (Sensitivity Reading).

Rassismus im Kinderbuch

In Kinderbüchern äußert sich Rassismus meiner Ansicht nach vor allem durch vier verschiedene Erscheinungsformen: Die erste Form sind rassistische Auslassungen und Unsichtbarmachung. In Geschichten oder auf Bildern kommen also nur *weiße* Figuren vor, die real existierende Vielfalt der deutschen Gesellschaft (immerhin hat über ein Viertel der deutschen

138 Ebd.

Gesellschaft einen Migrationshintergrund[139] und auch nicht alle Deutschen sind *weiß*)[140] wird ignoriert. Die rassistische Nicht-Repräsentation betrifft sehr viele vor allem ältere deutsche Kinderbücher. In den letzten Jahren seit Black Lives Matter (BLM) hat die gesellschaftliche Sensibilität für Rassismus zugenommen und im Zuge dessen sind auch immer mehr Kinder- und Schulmedien erschienen, die auch Schwarze Figuren abbilden. Ein Beispiel sind die Publikationen des Zuckersüß Verlags, der einen Schwerpunkt auf die Themen Antirassismus, Feminismus und Queerness legt und mit dem Deutschen Verlagspreis 2023 ausgezeichnet wurde. Diese Entwicklung ist an sich zunächst positiv zu bewerten. Sehr häufig sind es allerdings *weiße* Autor:innen und Illustrator:innen, die *weiße* Vorstellungen von Schwarzsein abbilden, so Olaolu Fajembola:

> »Gesichtszüge, Haare, Namen und andere phänotypische Marker werden dann gern europäisch/*weiß* abgebildet, auch die *Diversity*-Familien werden meist mit Schwarzen und *weißen* Elternteilen dargestellt. Damit wird ein Idealbild von Schwarzen Kindern propagiert, die *lightskinned* sind und große Afrolocken haben.«[141]

Unter Diversität wird also oft nicht mehr verstanden, als eben solche lightskinned Kinder abzubilden. Diese Repräsentation ausschließlich von lightskinned Menschen ist zum einen aufgrund von Colorism problematisch. Colorism beschreibt die Hierarchisierung dunkler Hautfarben, wobei Schwarze Menschen mit hellerer Haut bevorzugt werden. Zum anderen beschränkt sich die Vielfalt der deutschen Gesellschaft nicht auf lightskinned Menschen. Auch viele andere Lebensrealitäten wie dunkle Hautfarben, asiatische Menschen oder Menschen mit Kopftuch oder Sari und viele weitere sind Teil der deutschen Gesellschaft und sollten gleichermaßen repräsentiert werden. Auch viele Kinderbücher, die vielleicht zunächst diversitätssensibel erscheinen, bilden somit oft

---

139 Der Begriff »Migrationshintergrund« ist keine Beschreibung für Lebensrealitäten, sondern ausschließlich eine statistische Kategorie.

140 Gut jede vierte Person in Deutschland hatte 2021 einen Migrationshintergrund – Statistisches Bundesamt (destatis.de), Zugriff am 31.08.2024.

141 Fajembola, Olaolu/Nimindé-Dundadengar, Tebogo: unlearn Rassismus, S. 171. In: Lisa Jaspers/Naomi Ryland/Silvie Horch (Hgg.): Unlearn Patriarchy, S. 159–177.

keine echte Vielfalt ab, sondern propagieren *weiße* Vorstellungen und Ideale. Dies liegt in der Regel daran, dass die Autor:innen selbst *weiß* sind. Wünschenswert ist also nicht nur mehr Diversität in den Kinderbüchern, sondern auf dem deutschen (Kinder-)Buchmarkt und im deutschen Literaturbetrieb.

Die zweite Form von Rassismus im Kinderbuch sind rassistische Zuschreibungen, wie die Darstellung Schwarzer Figuren als besonders sportlich, musikalisch oder aggressiv, asiatischer Figuren als klug und fleißig, Zinti:zze- bzw. Rom:nja-Figuren als kriminell oder arm. Bei diesen Zuschreibungen, auch wenn sie teilweise positiv wirken, handelt es sich um *weiße* Projektionen und Fantasien, die nicht die Lebenswirklichkeiten der betroffenen Menschen spiegeln und sie stattdessen auf diese Vorstellungen reduzieren. Die dritte Form sind Kolonialfantasien. Hier wird beispielweise Afrika auf Bildern, aber auch durch ganze Bücher mittels Palmen, Lehmhütten und halbnackter Schwarzer Menschen der Natur zugeordnet und als zivilisationsfern dargestellt, während Europa mittels moderner Städte der Kultur zugeordnet wird. Diese einseitigen Darstellungen von Exotik oder Naturverbundenheit schaffen eine Gegensätzlichkeit zwischen Afrika und Europa. Es existiert eine Fülle an Kinderbüchern zum Thema Tiere/Natur in Afrika, wobei Afrika in der Regel homogenisiert wird (also keine einzelnen Länder genannt werden, sondern nur Löwen und Elefanten dargestellt). Dass es auf dem afrikanischen Kontinent ebenfalls moderne Großstädte gibt, ebenso wie unberührte, wilde Natur in Deutschland und Europa wird den kindlichen Rezipierenden durch ihre Bücher vorenthalten. Die vierte und letzte Form von Rassismus im Kinderbuch ist der Rassismus auf sprachlicher Ebene, durch Sprachfehler bei BIPoC-Figuren oder durch rassistische Begriffe. Während rassistische Begriffe wie das N-Wort und das M-Wort vor allem in älteren Romanen vorkommt, sind Sprachfehler bei BIPoC-Figuren in vielen älteren Comics ein running gag.

Aktuelle Debatten: Jim Knopf und Winnetou

Um diese Form von Rassismus, konkret in Form des N-Worts geht es auch meistens, wenn medial über das Thema Rassismus im Kinderbuch diskutiert wird. Im Rahmen der sogenannten ›Kinderbuchdebatte‹ 2013 erschienen in den Feuilletons der größten deutschsprachigen Zeitungen zahlreiche Beiträge, die überwiegend den Gebrauch des N-Wortes zu rechtfertigen versuchten. In den letzten Jahren haben sich immer mehr Verlage, teils unter Einbezug von Sensitivity-Gutachter:innen[142] dazu entschlossen, Kinderbücher in Bezug auf Diskriminierung zu überarbeiten. Bereits 2009 wurde in *Pippi Langstrumpf* von Astrid Lindgren der »N-König« durch den »Südseekönig« ersetzt (die Texte beinhalten neben dem N-Wort jedoch nach wie vor teilweise rassistische Darstellungen wie die positive Schilderung kolonialer Zustände auf der Taka-Tuka-Insel oder Blackfacing-Szenen), 2013 wurde das Wort »N-lein« in Otfried Preußlers *Die kleine Hexe* durch einen anderen Begriff ausgetauscht, 2022 herrschte im Frühjahr große Aufregung in Großbritannien, die auch für Diskussionen in Deutschland sorgte, als der Puffin Verlag diskriminierende Begriffe in Büchern von Roald Dahl ersetzte, so wie den Verweis auf Rudyard Kipling in dem Buch *Matilda*, und im Spätsommer desselben Jahres herrschte dann große Aufregung in Deutschland, als der Ravensburger Verlag sich kurzfristig entschied, die Publikation zweier kleiner Begleitbücher zum neuen *Winnetou*-Kinderfilm zurückzuziehen. Im Februar 2024 erschien schließlich eine unter Einbezug von Sensitivity-Gutachter:innen komplett überarbeitete Neufassung von Michael Endes Klassiker *Jim Knopf und Lukas der Lokomotivführer*, in der das N-Wort, das I-Wort und das E-Wort entfernt wurden, rassistische Szenen umgeschrieben wurden (u.a. der wiederholte Vergleich von Schwarzer und schmutziger Haut) und Jim nun auch weniger rassistisch gezeichnet ist, ohne extra dicke Lippen. Anlass für die Änderung war nach Angaben der zuständigen Verlegerin Bärbel Dorweiler die Absicht, zu vermeiden, dass Kinder durch die Lektüre eines Buchs rassistische Begriffe (wie das N-Wort) in ihren Alltagswortschatz übernehmen.[143]

Immer dann, wenn Verlage der Öffentlichkeit mitteilen, dass sie an Kinderbüchern Änderungen vorgenommen haben, deren Anlass die

142 Sensitivity Reading ist eine zusätzliche Form des Lektorats, die Texte in Bezug auf Diskriminierung untersucht. Sensitivity-Gutachter:innen sind dabei nicht nur Expert:innen für die jeweiligen Diskriminierungsformen, sondern auch selbst von den Diskriminierungen betroffen.

143 »Jim Knopf« von Michael-Ende: Thienemann Verlag streicht »N-Wort« aus Neuauflage – DER SPIEGEL, Zugriff am 29.08.2024.

Vermeidung von Rassismus ist, kochen die Gemüter *weißer* Menschen hoch, die das Privileg besitzen, sich in den Medien öffentlich äußern zu dürfen. Dies war bereits 2013 bei der ›Kinderbuchdebatte‹ der Fall. Die Kommentare in den Feuilletons der größten deutschsprachen Tages- und Wochenzeitungen beklagten mehrheitlich das Ende der Kunst- und Meinungsfreiheit sowie einen mangelnden Respekt vor der Literatur.[144] Auch 2024 ist in manchen Medien noch die Rede von »Reinigung«, »Säuberungsaktion« und »tiefgreifenden Änderungen«.[145] Während zum einen zu beobachten ist, dass im Jahr 2024 erstaunlich viele Medien in der Lage sind, sachlich, neutral und mit einem positiven Grundtenor zu berichten, ist zum anderen zu verzeichnen, dass immer noch fast ausschließlich *weiße* Menschen zu Wort kommen, wenn es um eine Diskriminierungsform geht, die sie nicht betrifft.[146] Artikel, die genau erklären, warum diese Änderungen wirklich sinnvoll und notwendig waren, sind hingegen kaum zu finden, genauso wie Artikel, die diskutieren, ob die Änderungen aus rassismuskritischer Perspektive überhaupt gelungen sind. Das ist nämlich auch keine Selbstverständlichkeit. So merkt die Schwarze Kommunikationswissenschaftlerin Dr. Natasha Kelly an, es sei kritisch zu betrachten, dass Jims Haut auf den aktuellen Abbildungen nun heller ist als zuvor. Jims Hautton werde so gemäß des Colorism an das *weiße* Schönheitsideal von heller Haut angepasst. Wichtig sei jedoch auch die Repräsentation sehr dunkler Hauttöne.[147]

Große Aufregung gab es auch im Rahmen der sogenannten ›Winnetou-Debatte‹. Im August 2022 kam der Kinderfilm *Der junge Häuptling Winnetou* in die deutschen Kinos. Diesen Film wollte der Ravensburger Verlag mit Begleitbüchern für Erstleser:innen bewerben. Noch im August entschied der Verlag jedoch, die Auslieferung dieser Bücher zu stoppen;

144 Vgl. hierzu die unter Fußnote 2 angeführten Artikel.

145 Vgl. z.B. Jim-Knopf-Neuausgabe: Die große Jim-Knopf-Reinigung – so tiefgreifend sind die Änderungen – WELT, Zugriff am 23.03.2024.

146 Z.B. Matthias Heine in der *WELT*, Andreas Platthaus in der *FAZ*, Kathleen Hildebrandt in der Süddeutschen Zeitung, Tilmann Steffen in der *Zeit*, Leonie Wagner in der *NZZ*.

147 Rassistische Begriffe: Wissenschaftlerin begrüßt Änderungen bei Michael Endes »Jim Knopf« | Sonntagsblatt – 360 Grad evangelisch, Zugriff am 11.03.2024.

mit der Entschuldigung, »die Gefühle anderer verletzt zu haben«.[148] Zunächst einmal ist die Tatsache, dass Filmstudios überhaupt noch I*-Filme für Kinder produzieren und Verlage I*-Bücher für Kinder, ein manifester Beleg dafür, dass in puncto Antisrassismus bis heute noch ganz gewaltig viel Luft nach oben im Bereich Kindermedien vorhanden ist. Ging es in den gesellschaftlichen Debatten zuvor um ältere Werke, so handelt es sich hier um ganz neu entstandene Geschichten, die jedoch genau die gleichen diskriminierenden Muster enthalten wie die alten: die ausschließliche Darstellung der europäischen Perspektive und rassistische Zuschreibungen wie die Romantisierung und Homogenisierung indigener Völker bei gleichzeitiger Ausblendung des Genozids und der Gewalt, die Native Americans bis heute erfahren. Carmen Kwasny, die Vorsitzende der Native American Association of Germany (NAAoG e.V.), weist im Gespräch mit dem Deutschlandfunk darauf hin, dass in den USA und Kanada inzwischen sehr viel Aufarbeitung von antiindigenem Rassismus stattfindet; in Deutschland hingegen kaum; hier werden Rassismen vielmehr wie in Form des Kinderfilms reproduziert.[149]

Die Rede war wieder von »Woke Wahnsinn«[150] und der Journalist und Sprecher von PEN Berlin, Deniz Yücel, beklagte zu Recht die Unfähigkeit von Institutionen, mit Aufregung umzugehen.[151] *Weiße* Männer der deutschen Politik wie Markus Söder, Sigmar Gabriel und Andreas Scheuer verteidigten die Rezeption des *Winnetou*-Stoffs vehement und stellten es so dar, als würde ihnen etwas weggenommen.[152] Etwa zeitlich teilte die ARD mit, keine *Winnetou*-Filme mehr zu zeigen, da die Lizenzen ausgelaufen waren, was als Canceln von Winnetou umgedeutet

148 Vgl. Ravensburger zieht Winnetou-Bücher zurück: »Gefühle anderer verletzt« | NDR.de – Kultur – Buch, Zugriff am 15.08.2024.

149 Vgl. hierzu z.B. »Der junge Häuptling Winnetou« im Kino – »Immer dieses Woowoowoowoowoo« (Podcast) (deutschlandfunkkultur.de), Zugriff am 23.03.2024.

150 Vgl. z.B. hier Ravensburger zieht Winnetou-Bücher zurück: »Gefühle anderer verletzt« | NDR.de – Kultur – Buch, Zugriff am 23.03.2024.

151 Winnetou: Deniz Yücel über die Unfähigkeit von Institutionen, mit Empörung umzugehen – Video – WELT, Zugriff am 15.08.2024.

152 Wurde Winnetou wirklich gecancelt? – ZDFmediathek, Zugriff am 15.08.2024.

wurde.[153] Auch in diesem Fall debattierten also wieder *weiße* Menschen über die Frage, ob etwas rassistisch sei und machten dabei sich dann, angeheizt von der *BILD* Zeitung[154] selbst zu Opfern einer angeblichen Cancel Culture.

Die Autorin Alina Schwermer fasst die gesellschaftliche Situation um Karl Mays Werk in Deutschland in der *taz* ganz prägnant folgendermaßen zusammen:

> »Was ist also an den May-Büchern das Problem? Kurz: Sie sind dermaßen rassistisch, deutschtümelnd und frauenfeindlich, dass man nur hoffen kann, Sigmar Gabriel weiß gar nicht, was drinsteht: Die ›naturnah‹ dargestellten, geistig meist limitierten ›I[*]‹; der [...] überlegene Winnetou, der als ›roter Weißer‹ die Romantisierung erst möglich macht; der N* namens Bob, der Babysprache spricht, treu den Weißen dient und als Trottel herhalten muss. Ist das zumutbar?«[155]

Das Problem mit den Originaltexten von Karl May ist, dass da Dinge drinstehen wie die I* seien »rote Affen« und »vertierte Menschen«,[156] »Für een tüchtigen Weißen ist überhaupt kein I[*] schlimm; er haut sie alle in die Pfanne«,[157] »Die Weißen haben mehr Kenntnis und Geschick als wir, sie sind uns in fast allem überlegen«.[158] Am rassistischen Gehalt dieser Texte gibt es somit nicht den geringsten Zweifel. Das Problem an Karl-May-Inszenierungen auf deutschen Freiluftbühnen sind neben der Fremddarstellung mittels Redfacing und exotisierenden Tänzen die Farbignoranz (»Schaut auf die Farbe der Herzen und nicht auf die Farbe der Haut«) und die Ausblendung des Genozids, ähnlich wie in den Filmen. Das Problem besteht gesellschaftlich betrachtet auch darin, dass dieses diskriminierende Bild über die ersten Bewohner:innen

153 Ebd., Zugriff am 23.03.2024.

154 Sender zieht Schlussstrich: ARD zeigt keine Winnetou-Filme mehr | Politik | BILD.de, Zugriff am 15.08.2024.

155 Debatte über »Winnetou«: Aus der Zeit gefallen – taz.de, Zugriff am 11.03.2024.

156 May, Karl: Winnetou. Zweiter Band. KMW IV.13, hrsg. v. Joachim Biermann u. Ulrich Scheinhammer-Schmid. Bamberg, 2014, S. 356.

157 May, Karl: Der Oelprinz. KMW III.6, hrsg. v. Florian Schleburg u. Ruprecht Gammler. Bamberg, 2009, S. 549.

158 May, Karl: Winnetou I. Freiburg: Friedrich Ernst Fehsenfeld, 1908, S. 511.

des amerikanischen Kontinents ein tatsächlich historisches Wissen überlagert. So ist beispielsweise in allen Winnetou-Geschichten von Apachen die Rede. Dieser Begriff ist jedoch eine koloniale Fremdbezeichnung; er fasst mehrere ganz verschiedene Gruppen zusammen und wird von den damit gemeinten Menschen nicht verwendet.[159] Außerdem rücken Winnetou-Geschichten immer die romantisierenden Zuschreibungen in den Vordergrund und sparen dabei den Genozid aus. Wessen Geschichten werden wie erzählt? Wer hat die Deutungshoheit? Wer kommt in diesen Geschichten gut weg und wer nicht? Denn egal ob Buch, Film oder Bühne, ob damals oder heute: Die Geschichte wird immer aus *weißer* Perspektive erzählt. *Weiße* Figuren sind immer überlegen. Probleme und Konflikte auf der Handlungsebene werden immer nur mit ihrer Hilfe gelöst (das Fachwort hierfür ist white saviorism; ein verbreitetes Problem auch in Hollywood und definitiv ein Indikator für Rassismus). Das ist einfach so bei allen Karl-May-Interpretationen; davon lebt der Stoff. Natürlich gibt es dann auch böse *Weiße*, die indigene Figuren rassistisch beleidigen und dafür von Old Shatterhand abgestraft werden; aber diese Botschaft ist nun gerade kein Statement gegen Rassismus und nicht im Mindesten hilfreich, denn Rassismus ist nicht das Vergehen einiger weniger böser Männer. Rassismus ist eine strukturelle Ungleichbehandlung von nicht-*weißen* Menschen, deren Ursache eben auch internalisierte rassistische I-Bilder sind. Rassismus als individuelles Vergehen einiger weniger böser Männer darzustellen, trägt massiv zu einem verengten Rassismusverständnis bei und schützt somit das rassistische System.

Kinderbücher über die I* (und ebenso über Afrika/die Tiere Afrikas) gehören fest ins Repertoire der deutschen Kinderliteratur und finden sich in fast jedem Kinderzimmer, in vielen öffentlichen Bibliotheken und in Betreuungs- und Bildungseinrichtungen wie Kindergärten, Kitas und Schulbibliotheken. Diese Bücher ähneln einander stark und erzählen immer wieder dieselben romantisierenden Geschichten. Unsere Kinder weiterhin an Fasching, durch Kinderbücher und im Sommer auf den Freiluftbühnen mit diesen rassistischen Vorstellungen zu konfrontieren, ist nicht länger hinnehmbar. Ganz im Gegenteil lässt sich mit der Aufarbeitung von (antiindigenem) Rassismus sehr gut bei unseren jüngeren

159 Apachen: Indianer im Südwesten der USA (usa-info.net), Zugriff am 29.08.2024.

Generationen ansetzen. Kinder sollten von diesen diskriminierenden Bildern und Vorstellungen ferngehalten werden; stattdessen sollten die tatsächlichen historischen Geschehnisse wieder stärker ins öffentliche Bewusstsein gerückt werden und auch in Bildungseinrichtungen besser kommuniziert werden. Kindern falsche, romantisierte Vorstellungen anzuerziehen, kann nicht das Bildungsziel sein. Und um Kinder gut zu unterhalten und ihre Fantasie anzuregen, braucht es keinen Rassismus.

Statt also weiterzumachen wie bisher, sollte gesellschaftlich hinterfragt werden, welche *weißen* Sehnsüchte solche Geschichten und Vorstellungen bedienen. Häufig steckt nämlich tatsächlich noch das Bedürfnis dahinter, sich selbst als überlegen zu empfinden. Indem BIPoC-Figuren in Kinderbüchern erst gar nicht abgebildet werden, I*-Figuren romantisiert werden oder Schwarze Figuren in Kinderbüchern über Afrika halbnackt in Lehmhütten wohnen, werden diese Figuren durch Othering in Opposition zur unmarkierten *weißen* Norm gestellt. Wenn BIPoC-Figuren immer wiederkehrend als anders, exotisch, Witzfiguren (z.B. durch Sprachfehler), fernab der Zivilisation oder unbedeutend, weil erst gar nicht vorhanden, dargestellt werden, wird gleichzeitig, aber implizit, die *weiße* Norm als zivilisiert, modern und überlegen gelabelt. Kinderbücher, die BIPoC-Figuren entweder komplett ausschließen oder rassistisch abbilden, sind somit ein wesentlicher Bestandteil einer rassistischen Sozialisation. Sie sind auf die Bedürfnisse *weißer* Kinder zugeschnitten und werten diese auf, nicht-*weiße* Kinder werten sie gleichzeitig ab. Sie bringen Kindern bei, dass nicht-*weiße* Kinder nicht mitgedacht und berücksichtigt werden müssen, dass sie mit abwertenden Begriffen bezeichnet werden können, dass sie irgendwie anders und nicht normal sind. Gleichzeitig bringen diese Bücher Kindern bei, dass *weiße* Menschen immer abgebildet werden, dass sie wichtig sind, dass sie im Fokus stehen. Rassismus ist ein Herrschaftssystem, das *weißen* Menschen auf Kosten nicht-*weißer* Menschen Privilegien verschafft. Um dieses Herrschaftssystem aufrecht halten zu können, sind bestimmte Menschenbilder notwendig, die auch durch Kinderbücher propagiert und verbreitet werden. Indem rassistische Kinderbücher ebendiese Menschenbilder bei Kindern prägen, tragen sie einen wesentlichen Teil dazu bei, das rassistische System aufrecht zu erhalten. Kinderbücher erfüllen dabei die Kriterien der Rassifizierung, die Maisha-Maureen Auma aufzählt: Markierungsprozesse und

Othering (»wir« und die »Anderen«), Naturalisierung dieser Differenz (*weiße* Menschen werden vorrangig in anderen Kontexten als Schwarze Menschen abgebildet, als sei das ganz natürlich und selbstverständlich), Hierarchisierung (*weiße* Menschen werden in Kinderbüchern als wichtig dargestellt, denn sie kommen immer vor; *weiße* Menschen werden als kulturell überlegen und in Verbindung mit modernen Großstädten dargestellt, Dinge wie Literatur und Philosophie werden ihnen zugeordnet, Schwarze Menschen werden hingegen immer wieder in Verbindung mit einem rückständigen, wilden und naturverbundenen Afrika abgebildet). Zuletzt kommt es zur Ausgrenzung: Meiner Beobachtung nach bilden viele vor allem ältere deutsche Kinderbücher nicht-*weiße* Menschen erst gar nicht ab und wenn, dann nicht als selbstverständlicher Teil der Normgesellschaft, sondern in untergeordneten Rollen, in sprachlosen Nebenrollen oder als Token. Die hegemoniale *weiße* Norm bleibt dabei unsichtbar, denn sie markiert nur die »Anderen«, aber nicht sich selbst. Derartige Kinderbücher erfüllen somit die Funktion, das rassistische System zu bestätigen und zu erhalten. Beispielsweise die klassischen Wimmelbücher von Ali Mitgusch stellen oft ausschließlich *weiße* Menschen dar; die Wimmelbücher von Rotraut Susanne Berner zeigen nur vereinzelt lightskinned Mütter mit Kinderwagen. Ein positives Beispiel hingegen sind die Wimmelbücher von der Autorin und Illustratorin Constanze von Kitzing, die sehr vielfältige Körper und Lebensrealitäten darstellt und somit tatsächlich reale Zustände spiegelt. So bildet Constanze von Kitzing in ihren Büchern nicht nur lightskinned Kinder und Erwachsene ab, sondern Figuren mit vielen verschiedenen Hautfarben und zeigt diese auch in vielen verschiedenen Rollen.

Kinderbücher reproduzieren somit sehr oft rassistische Strukturen und beinhalten ausschließlich *weiße* Perspektiven, auch dann, wenn sie nicht-*weiße* Figuren abbilden. Es gilt daher, genau hinzusehen.

Antisemitismus

Antisemitismus ist keine Unterform von Rassismus, sondern eine eigenständige Diskriminierungsform. Um Antisemitismus analysieren zu können, schlagen die Autorinnen Judith Goffey und Vivien Laumann die Unterscheidung in Jüdin:Jude – Goj (jiddisch Nicht-Jüdin:Jude) vor.[160] Auf diese Weise lässt sich nicht nur die Diskriminierung von Jüdinnen:Juden, sondern auch die spezifische Privilegierung der Gojim besser herausarbeiten, wodurch diese im Herrschaftssystem sichtbar werden können.

Im Folgenden soll aufgezeigt werden, wie es um Antisemitismus in Deutschland aktuell bestellt ist, wie Jüdinnen:Juden Antisemitismus (im Alltag) erleben, wie Antisemitismus als Ideologie funktioniert und welche Erscheinungsformen von Antisemitismus es gibt. Anschließend erfolgt der Blick in die Kindermedien. Während das Thema Rassismus in Kinderbüchern in der medialen Berichterstattung seit über zehn Jahren präsent ist und immer wieder kontrovers diskutiert wird, gilt dies allerdings nicht für Antisemitismus. Ganz im Gegensatz zu Rassismus wird Antisemitismus in Kinderbüchern bisher kaum thematisiert. Bereits dieser Sachverhalt muss als antisemitisch gewertet werden.

Zahlen und Fakten zu Antisemitismus

Antisemitismus wird in Deutschland sehr häufig auf die Schoa reduziert. Das Gedenken an die Schoa wird regelmäßig und öffentlichkeitswirksam inszeniert, indem Medien und Politiker:innen sich an Gedenktagen wie dem 9. November äußern oder Schulen Anne-Frank-Tage[161] gestalten oder durch das Stolperstein-Projekt des Künstlers Gunter Demnig (kleine in den Boden eingelassene Gedenktafeln an den ehemaligen

160 Vgl. Goffey, Judith/Laumann, Vivien: Gojnormativität, S. 90.

161 Anne Frank Tag | ANNE FRANK ZENTRUM e. V., Zugriff am 29.08.2024.

Wohnstätten von Jüdinnen:Juden während der Schoa, auf denen die Namen und Schicksale angegeben sind). Doch durch die Verengung von Antisemitismus auf die Schoa wird Antisemitismus der Vergangenheit zugeschrieben. Somit kommt es kaum zur Auseinandersetzung mit dem zeitgenössischen Antisemitismus in Deutschland und mit der eigenen Schuld. Daher finden sich antisemitische Denkmuster in vielen gesellschaftlichen Bereichen und in allen gesellschaftlichen Schichten. Antisemitismus ist nicht nur sehr verbreitet; diese Diskriminierungsform ist auch schon sehr alt. Christlich motivierter Antijudaismus existiert praktisch seit Beginn des Christentums und wurde dafür benutzt, das Othering von Jüdinnen:Juden religiös zu begründen (»Christusmörder«). Viele der im Mittelalter entstandenen christlich konnotierten antijüdischen Verschwörungserzählungen (»Ritualmordlegende«, »Brunnenvergiftung«, »ewiger Wanderer«, »Geldjude«) bestehen bis heute fort.

Der Begriff »Antisemitismus« wurde erst Ende des 19. Jahrhunderts durch den Publizisten Wilhelm Marr als Selbstbezeichnung geprägt.[162] Als »Semiten« wurde Ende des 18. Jahrhunderts eigentlich eine Sprachfamilie bezeichnet; der Begriff kommt also ursprünglich aus der Linguistik. Ab dem Ende des 19. Jahrhunderts wurde der Begriff »Semiten« jedoch in abwertender Weise zur Bezeichnung von Jüdinnen:Juden verwendet.

Jüdinnen:Juden wurden viele Jahrhunderte lang gesellschaftlich und rechtlich diskriminiert, entrechtet, ermordet und ausgeschlossen. Erst im Verlauf der Aufklärung und auch durch die Forderung nach allgemeinen Menschenrechten im Kontext der Französischen Revolution wurden Jüdinnen:Juden erstmals zu gleichberechtigten Staatsbürger:innen. Dies war zuerst 1812 in Preußen der Fall; mit der deutschen Staatsgründung 1871 wurde dann die bürgerliche und religiöse Gleichstellung im gesamten deutschen Kaiserreich zum Gesetz. Diese Entwicklung zur gesetzlichen Gleichbehandlung wird als jüdische Emanzipation bezeich-

162 Der Weg zum Siege des Judenthums über das Germanenthum – Vom nichtconfessionellen Standpunkt aus betrachtet, Berlin, Hentze, 1880. Verfügbar unter Freimann-Sammlung / Der Weg zum Siege des Germanenthums über das Judenthum (uni-frankfurt.de), Zugriff am 15.08.2024.

net.[163] Doch offizielle Gesetze konnten nicht bewirken, dass die gojische Mehrheitsbevölkerung Jüdinnen:Juden als gleichwertig betrachtete. Vielmehr entstand der moderne Antisemitismus als Reaktion auf die jüdische Emanzipation. Die Ideologie der Aufklärung fordert zwar Werte wie Gleichberechtigung, Humanismus, Freiheit, Wissenschaftlichkeit und stellt die Religion infrage. Sie war dabei jedoch nicht in der Lage, in ähnlicher Weise wie die Religion Sinn zu stiften und die Welt zu erklären. Daher galt die Gleichheitsforderung der Aufklärung auch niemals für alle Menschen:

> »Zu dem Gleichheitspostulat mit universellem Anspruch gesellten sich ideologische Argumentationsmuster, die Ungleichheit legitimierten. Diese Ungleichheitsmuster beinhalteten im Denken der Aufklärung neben dem Ausschluss von Frauen oder der Aufrechterhaltung der Sklaverei eben auch Antisemitismus als negative Leitidee der Moderne.«[164]

Antisemitismus als »negative Leitidee der Moderne« erfüllte somit eine sinnstiftende Funktion und erklärte all das, was die Ideen der Aufklärung nicht zu erklären vermochten. So verhalf die deutsche Staatsgründung Jüdinnen:Juden zwar zur rechtlichen Gleichstellung. Gleichzeitig wurden diese dabei jedoch gemäß der »negativen Leitidee« gezielt von der Vorstellung einer »deutschen Nation« ausgeschlossen.[165] So befürwortete Otto von Bismarck bespielweise, dass (Jüdinnen:)Juden im christlichen Deutschen Reich keine staatlichen Ämter bekleiden sollen.[166] Gerade indem sie definierte, wer nicht dazu gehört, konnte sich die dominante gojische »wir«-Gruppe als deutsch, christlich, und auf rassistische Weise höherwertig verstehen und mittels eines imaginierten

---

163 Jüdische Emanzipation in Deutschland im 18. und 19. Jahrhundert | Jüdisches Leben in Deutschland – Vergangenheit und Gegenwart | bpb.de, Zugriff am 15.08.2024.

164 Was ist moderner Antisemitismus? | Antisemitismus | bpb.de, Zugriff am 16.04.2024.

165 Z. B. in dem seinerzeit vielbeachteten Buch *Die Grundlagen des neunzehnten Jahrhunderts* von Houston Stewart Chamberlain. Volltext verfügbar unter Deutsches Textarchiv – Chamberlain, Houston Stewart: Die Grundlagen des Neunzehnten Jahrhunderts. Bd. 2. München 1899., Zugriff am 15.08.2024.

166 »Ich liebe sie unter Umständen« | Jüdische Allgemeine (juedische-allgemeine.de), Zugriff am 15.08.2024.

äußeren Gegners ein starkes nationales Zusammengehörigkeitsgefühl entwickeln. Dies kann soziologisch so erklärt werden, dass Nationen eben nichts Natürliches sind, sondern immer etwas gesellschaftlich Konstruiertes, das sich durch gerade solche Ausschlüsse definiert. Der Begriff »Antisemitismus« beinhaltet somit christliche, rassistische und nationalistische Komponenten.

Vor allem Ende des 19. Jahrhunderts und zu Beginn des 20. Jahrhundert wurde die rassistische Komponente des Antisemitismus gemäß des damaligen pseudowissenschaftlichen Forschungsstands immer populärer in der Mehrheitsbevölkerung. Auch diese Entwicklung ist nationalistisch geprägt: Es sollte ganz genau differenziert werden, was deutsch ist und was nicht. Zu nennen ist hier insbesondere der populärwissenschaftliche Schriftsteller Houston Stewart Chamberlain, der 1899 den Titel *Die Grundlagen des 19. Jahrhunderts* verfasste. Dieses Buch definiert Deutschsein durch das Blut, schreibt Deutschen jede Menge Qualitäten wie Ehrlichkeit, Treue und Fleiß zu, und stellt insbesondere Jüdinnen:Juden in den Gegensatz zu Deutschen. Das Buch konnte seinerzeit einen immensen Erfolg verbuchen und wurde von vielen Menschen rezipiert. Zu Chamberlains Lesern gehörten auch einflussreiche Persönlichkeiten wie Kaiser Wilhelm II. und Albert Schweitzer.[167] Diese Verbindung von Antisemitismus mit Rassismus und deutschem Nationalismus begann Ende des 19. Jahrhunderts und reichte auch in die Zeit des verlorenen Ersten Weltkriegs. Nach dem verlorenen Ersten Weltkrieg, als das Selbstbewusstsein und das Nationalbewusstsein der deutschen Gojim (u.a. durch den Versailler Vertrag) tief verletzt waren, erlebten antisemitische Verschwörungserzählungen eine Hochkonjunktur. Jüdinnen:Juden wurde auf diese Weise zum Beispiel durch die »Dolchstoßlegende« die Schuld am verlorenen Krieg gegeben. Andersherum: Ein positives Nationalverständnis war ohne Antisemitismus kaum möglich. Antisemitismus als Welterklärungsmuster erhielt daher Zustimmung durch große Teile der gojischen Bevölkerung in Deutschland. 1919 gründete sich der *Deutschvölkische Schutz- und Trutzbund*, der nicht nur antidemokratisch, sondern auch entschieden antisemitisch war und in der Weimarer Republik Einfluss besaß (Mitglieder waren beispielsweise Reinhard Heydrich

167 Houston Stewart Chamberlain – Wikipedia, Zugriff am 29.08.2024.

und Julius Streicher).[168] Nachdem der *Bund* verboten wurde, fanden seine Mitglieder eine neue parteipolitische Heimat in der 1920 gegründeten Nationalsozialistischen Deutschen Arbeiterpartei (NSDAP; so auch Heydrich und Streicher). 1922 wurde der jüdische Außenminister Walther Rathenau (1867–1922) von Mitgliedern der rechtsextremen Organisation *Consul* ermordet. Zudem gab es Freikorps und Einwohnerwehren, die Verbündete dieser antisemitischen und republikfeindlichen Hetze waren. Immer wieder kam es zu gewaltsamen Übergriffen auf Jüdinnen: Juden; beispielsweise 1923 im Berliner Scheunenviertel.[169] Zugleich kursierten viele antisemitische Flugblätter und Karikaturen, zum Beispiel in der 1923 vom späteren NSDAP-Gauleiter Julius Streicher gegründeten antisemitische Wochenzeitung *Der Stürmer*, die während der NS-Zeit (nicht zuletzt aufgrund der sogenannten Gleichschaltung der Presse) sehr populär war. 1929 gründete der Nationalsozialist Alfred Rosenberg den *Kampfbund für deutsche Kultur*, der sich gegen die kulturellen Produkte von Jüdinnen: Juden in Deutschland richtete. Seit 1919 wurde *Die Protokolle der Weisen von Zion* in Deutschland publiziert. Dieser gefälschte Text berichtet von einer angeblich geplanten jüdischen Übernahme der Weltherrschaft und fand großen Zuspruch; auch nachdem bereits bekannt war, dass er gefälscht ist. Bis 1933 erschienen die *Protokolle* in 33 Auflagen in Deutschland. 1924 und 1926 erschienen die beiden Bände von Hitlers *Mein Kampf*. Ab 1930 häuften sich die Übergriffe der nationalsozialistischen Sturmabteilung (SA) auf jüdische Geschäfte und Bürger:innen. Zur Zeit der Weimarer Republik wurden Jüdinnen: Juden als Sündenböcke für alles verantwortlich gemacht, was den deutschen Gojim Negatives widerfahren war: den Verlust des Ersten Weltkrieges, die Inflation, die Weltwirtschaftskrise von 1929, soziales Elend und revolutionäre Unruhen. Antisemitische Organisationen bezeichneten die Weimarer Republik als Weimarer »Judenrepubik«[170] und fügten dem Antisemitismus somit ein antidemokratisches Element hinzu. Basierend auf dieser antisemitischen Grundeinstellung der deutschen Be-

168 Deutschvölkischer Schutz- und Trutzbund – Wikipedia, Zugriff am 31.08.2024.

169 Weimarer Republik (1919–1933) | Jüdisches Leben in Deutschland vor 1945 | bpb.de, Zugriff am 15.08.2024.

170 LeMO Weimarer Republik -Antisemitismus (dhm.de), Zugriff am 15.08.2024.

völkerung konnte Antisemitismus 1933 mit der Wahl Adolf Hitlers zum Kernelement staatlicher Politik werden. Der moderne Antisemitismus des 20. Jahrhunderts zeichnet(e) sich durch zunehmende Abstraktionen aus: Im Fokus des antisemitischen Weltbildes stehen keine jüdischen Individuen als Projektionsflächen für Antisemitismus, sondern ein imaginiertes »Anderes«; ein jüdisches Kollektiv. Wenn beispielsweise der Begriff »Rothschild« fällt, ist damit nicht (nur) die Bankiersfamilie gemeint, sondern die antisemitische Vorstellung eines jüdischen Finanzkapitals. Die antisemitischen Maßnahmen der NS-Politik, die zum Massenmord des Vernichtungsantisemitismus führten, brachen diese Vorstellung wieder herunter auf die Ebene von Individuen:

> »Der nationalsozialistische Antisemitismus hat dabei versucht, dieses Abstraktum in der antisemitischen Vernichtung personifiziert zu konkretisieren, wobei die Shoah keine funktionelle Bedeutung gehabt hat, die Ausrottung der Jüdinnen und Juden kein Mittel zu einem anderen Zweck als der Vernichtung gewesen ist.«[171]

Nach der NS-Zeit und nach der Gründung Israels 1948 hat der Antisemitismus erneut andere Formen angenommen. Dies beruht zum einen darauf, dass Antisemitismus nach der Schoa nicht mehr offen gezeigt werden konnte, aber auch darauf, dass viele ranghohe Nazis und Parteimitglieder nach 1945 unbehelligt blieben und teils in einflussreichen Berufen arbeiteten. Der Antisemitismus erhielt nach der Schoa somit eine neue Komponente: den Schuldabwehrantisemitismus. Diese Form von Antisemitismus kann als »Antisemitismus nicht trotz, sondern wegen Ausschwitz« bezeichnet werden[172] und beruht Theodor Adorno zufolge darauf, dass die Nazis nach 1945 Jüdinnen:Juden verübelten, Gojim an die Schoa zu erinnern.[173] Indem die Schoa geleugnet wird (was in Deutschland und vielen weiteren Ländern verboten ist), verharmlost wird oder als jüdische Verschwörung imaginiert wird, durch Forderungen

171 Was ist moderner Antisemitismus? | Antisemitismus | bpb.de, Zugriff am 16.04.2024.

172 Antisemitismus nicht trotz, sondern wegen Auschwitz | Jüdische Allgemeine (juedische-allgemeine.de), Zugriff am 16.04.2024.

173 Landeszentrale für politische Bildung NRW – Factsheet Antisemitismus, Zugriff am 15.08.2024.

nach einem »Schlussstrich« für das Gedenken (die bereits wenige Jahre nach Kriegsende aufkamen), haben Gojim die Möglichkeit, die schmerzhafte Auseinandersetzung mit der eigenen familiären Vergangenheit oder die nationale Kränkung, zum »Tätervolk« zu gehören, abzuwehren. Antisemitismus erfüllt somit auch nach der Schoa die Funktion, eine positive Selbstwahrnehmung und ein positives Nationalbewusstsein haben zu können. Antisemitismus dient als Welterklärungsmodell, indem er Fragen einfach beantwortet, immer einen Schuldigen kennt und ein positives Selbstbild gewährleistet. Außerdem ermöglicht er Vereinfachungen, indem er Abstraktes (wie Geld, Krankheiten, gesellschaftliche und politische Geschehnisse) konkret und erklärbar werden lässt und auf das Handeln von Jüdinnen:Juden zurückführt. Zudem dient Antisemitismus als Ventil für Emotionen wie Wut, Hilflosigkeit oder Unzufriedenheit (Sartre hat Antisemitismus daher als Leidenschaft bezeichnet.)[174]

Der sogenannte Post-Schoa-Antisemitismus funktioniert oft sehr subtil über Codes und Chiffren. Daher ist er nicht mehr so einfach zu identifizieren wie der offene Antisemitismus in der NS-Zeit und davor. Wer eingeweiht ist, wird die antisemitischen Anspielungen verstehen, wer nicht, wird sie gar nicht erst als antisemitisch identifizieren. Gerade weil es Antisemitismus schon so lange gibt, ist er fest in unserem kulturellen Gedächtnis verankert und findet sich in vielen Bereichen unserer Gesellschaft, zum Beispiel in Form von Witzen, Vergleichen, Israelkritik, der Nutzung des Begriffs »Jude« als Schimpfwort. Er findet sich in der Ansicht, dass inzwischen genug über die Schoa geredet wurde und es an der Zeit sei, damit abzuschließen und einen Schlussstrich zu ziehen; eine Aussage, der immerhin über die Hälfte der Deutschen zustimmen,[175] oder in der Ansicht, dass Jüdinnen:Juden inzwischen genug (finanzielle) Zuwendung erhalten hätten.[176] Antisemitismus findet sich aber auch in Zuschreibungen für Jüdinnen:Juden, wie in der Unterstellung eines

174 Sartre, Jean-Paul: Überlegungen zur Judenfrage, Reinbek bei Hamburg: Rowohlt, 2020, S. 10.

175 Vgl. z.B. Zeit-Umfrage *Die Haltung der Deutschen zum Nationalsozialismus*. Januar 2020, durchgeführt von policy matters Gesellschaft für Politikforschung und Politikberatung mbH.

176 Albert Scherr, Barbara Schäuble »Ich habe nichts gegen Juden, aber ...« Ausgangsbedingungen und Perspektiven gesellschaftspolitischer Bildungsar-

besonderen Geschicks im Umgang mit Geld, und er findet sich auch in Kindermedien. Um die Reproduktion von Antisemitismus in der Kindererziehung zu vermeiden, ist es also nötig, sich mit seinen spezifischen Erscheinungsformen zu beschäftigen. Vorher erfolgen jedoch der Blick auf die aktuelle Lage und auf die Wahrnehmung von Antisemitismus durch Jüdinnen:Juden in Deutschland.

In Deutschland kommt es noch immer jährlich zu (schweren) antisemitischen Gewalttaten. Seit dem Massaker der Terrorgruppe Hamas in Israel am 7. Oktober 2023 hat der Antisemitismus in Deutschland erneut drastisch zugenommen. Laut BKA sind zwischen diesem Tag und dem Januar 2024 2.249 antisemitische Straftaten verübt worden – fast so viele wie im gesamten Jahr zuvor. Insbesondere der Anschlag auf eine Synagoge in Halle am 9. Oktober 2019, bei der ein rechtsextremer Täter versucht hatte, am höchsten jüdischen Feiertag, Jom Kippur, möglichst viele Jüdinnen:Juden zu ermorden, wird von vielen Jüdinnen:Juden als Zäsur empfunden, die ihr persönliches Sicherheitsempfinden nochmals negativ beeinflusst hat. In der RIAS-Umfrage *Jüdische Perspektiven auf Antisemitismus in Deutschland 2017–2020* berichtete ein:e Interviewte:r:

> »Also da habe ich auch gemerkt, dass nach Halle doch viele Angst hatten und erst mal nicht in die Gottesdienste oder in die Gemeinde kommen.«[177]

Jüdinnen:Juden in Deutschland konnten die eigenen Gottes- und Gemeindehäuser nach Halle nicht mehr als sichere Orte wahrnehmen und haben somit aus Angst auf Gemeindeversammlungen und Gottesdienste verzichtet. Jüdinnen:Juden vermeiden zudem oftmals das offene Bekenntnis zum Judentum wie das Tragen von Kippas oder anderen jüdischen Symbolen wie Davidsternketten in der Öffentlichkeit. Jüdische Einrichtungen werden stärker geschützt. Gleichzeitig zeigte sich der Beauftragte der Bundesregierung für den Kampf gegen Antisemitismus, Felix Klein (der selbst nicht jüdisch ist), erschüttert, dass »das beschämend hohe

---

beit gegen Antisemitismus, untitled (amadeu-antonio-stiftung.de), Zugriff am 15.08.2024.

177 2023-02-28_Isolierte_Situation_Web.pdf (report-antisemitism.de), Zugriff am 16.04.2024.

Niveau« judenfeindlicher Taten dennoch weitgehend aus der öffentlichen Debatte und der Medienberichterstattung verschwunden sei.[178] Die Internationale Holocaust Gedenkstätte Yad Vashem zeigte sich bereits 2018 beunruhigt über den Mangel an Holocaust-Bewusstsein und Wissen über Antisemitismus in ganz Europa. Nach wie vor würden viel verschanzter hasserfüllter Antisemitismus in der europäischen Zivilisation auch fünfundsiebzig Jahre nach dem Ende des Holocaust bestehen bleiben, schreibt die Gedenkstätte auf ihrer Homepage.[179]

Antisemitische Denkmuster sind in der Bevölkerung weit verbreitet. Wissenschaftliche Studien kommen zu dem Ergebnis, dass durchschnittlich jede:r vierte bis fünfte Deutsche (20–25 %) antisemitische Ansichten teilt.[180] So zeigt eine Umfrage aus dem Jahr 2022, dass 27 % der Befragten denken, Jüdinnen:Juden seien reicher als der Durchschnitt der Deutschen. 23 % meinen, Jüdinnen:Juden hätten zu viel Macht in Wirtschaft und Finanzwesen. 18 % finden, Jüdinnen:Juden hätten zu großen Einfluss in Politik und Medien. Antisemitische Aussagen zu Israel oder der Schoa erhalten zum Teil noch deutlich höhere Zustimmungswerte.[181]

Antisemitismus ist somit nicht nur ein Thema der extremen Rechten und der AfD, sondern betrifft große Teile der Bevölkerung, der Politik, des akademischen Betriebs und der Populärkultur. Dies soll durch prominente Einzelbeispiele aus der jüngeren Vergangenheit kurz veranschaulicht werden: So propagierten der vegane Kochbuchautor Attila Hildmann sowie der Sänger Xavier Naidoo antisemitische Verschwörungserzählungen über die Corona-Pandemie. Beide Männer stehen in der Öffentlichkeit und erreichen mit ihren Ansichten ein großes Publikum. Xavier Naidoo verbreitet öffentlich Teile der »Reichsbürger«-Ideologie sowie der QAnon-Ideologie. Er äußert sich in seinen Songtexten antisemitisch und galt als einer der Anführer der Querdenker-Bewegung.

178 Antisemitismus in Deutschland hat stark zugenommen | tagesschau.de, Zugriff am 08.03.2024.

179 Yad Vashem beunruhigt über den Mangel an Holocaust-Bewusstsein, Zugriff am 08.03.2024.

180 Jeder vierte Deutsche denkt antisemitisch – DW – 24.10.2019, Zugriff am 29.08.2024.

181 Quiz Grundlagen | An allem schuld (an-allem-schuld.de), Zugriff am 15.03.2024.

Attila Hildmann bezeichnete Angela Merkel als »Zionistin«[182] und war maßgeblich in den Sturm auf den Reichstag 2020 involviert, an dem auch Querdenker:innen, Reichsbürger:innen und Rechtsextremist:innen teilnahmen. Im August 2023 wiederum kam es zur sogenannten »Flugblattaffaire«, als publik wurde, dass der stellvertretende bayrische Ministerpräsident und bayrische Wirtschaftsminister Hubertus Aiwanger in seiner Jugend im Besitz eines antisemitischen Flugblatts war. Seine Partei (die Freien Wähler) und vor allem auch der bayrische Ministerpräsident Markus Söder standen dennoch zu ihm. Entgegen der Kritik von zahlreichen Seiten, unter anderem den Vertreter:innen jüdischer Gemeinden und aus der Politik, das Flugblatt als »Jugendsünde«[183] abzutun, sind für Hubertus Aiwanger aus der »Flugblattaffaire« keinerlei (politische) Konsequenzen erfolgt.

Antisemitismus ist in unserer Gesellschaft somit tief verankert, er ist eine omnipräsente Diskriminierungsform und tritt als Teil unserer Kultur in allen gesellschaftlichen Bereichen in Erscheinung. Die Angst vor antisemitischen Sprüchen, Handlungen, Ereignissen und Übergriffen gehört für Jüdinnen:Juden zum Alltag und ein angst- und gewaltfreies Leben in Deutschland ist für Jüdinnen:Juden nicht möglich.[184] Viele Jüdinnen:Juden überlegen sich daher gut, wem gegenüber und in welchen Kontexten sie sich als jüdisch zu erkennen geben wollen. Dies betrifft das öffentliche Tragen von jüdischen Symbolen (z.B. Schriftzüge auf der Kleidung/Sportkleidung, Rucksack oder Tragebeutel oder als Davidstern als Schmuckstück, Kippa) sowie den Besuch von koscheren Geschäften, von Synagogen, jüdischen Gemeinden und jüdischen Schulen. Die eigene Kleidung nicht bedenkenlos und unbekümmert auswählen zu können und hingehen zu können, wo man möchte, um andere Jüdinnen:Juden zu treffen und seine Religion auszuüben, sind Einschränkungen der persönlichen Freiheit und Formen von Gewalt. Auch gibt es ganze Stadtviertel, die Jüdinnen:Juden aus Sorge um ihre

182 »Avocadolf« dreht völlig durch: Hildmann will töten, der Staat schaut zu – n-tv.de, Zugriff am 15.08.2024.

183 Historiker über antisemitisches Flugblatt: Die Aiwanger-Brüder wussten, was sie taten (rnd.de), Zugriff am 15.08.2024.

184 Goffey, Judith/Laumann, Vivien: Gojnormativität, S. 74.

Sicherheit meiden und in denen Juden sich sicherer fühlen, wenn sie die Kippa abnehmen oder mit einem Cap verdecken. Jüdinnen: Juden berichten dabei von dem Eindruck, ein öffentliches Bekenntnis zum Jüdischsein würde als Provokation empfunden.[185] Umgekehrt ist es ein Privileg, wenn die eigene Identität nicht als Provokation angesehen wird und frei ausgelebt werden kann, es ist ein Privileg, alles anziehen und überall hingehen zu können, ohne sich Sorgen um verbale oder physische Diskriminierung machen zu müssen oder darum, ob die eigenen Kinder gefährdet werden, wenn man sie mitnimmt. Ob Jüdinnen: Juden als solche öffentlich in Erscheinung treten oder nicht, ist also eine Frage, die durch Antisemitismus beeinflusst wird.

Der Bundesverband der Recherche- und Informationsstellen Antisemitismus e.V. (RIAS) hat von 2017 bis 2020 zahlreiche Interviews geführt, um jüdische Perspektiven auf Antisemitismus in Deutschland abzubilden. Hierbei zeigte sich zunächst eine hohe Perspektivendivergenz in Bezug auf die Wahrnehmung von Antisemitismus. Während sich Gojim, darunter auch Politiker:innen, erschüttert über den Anschlag auf die Synagoge in Halle zu Jom Kippur am 09.10.2019 zeigten und diesen Anschlag wie Frank-Walter Steinmeier als »unvorstellbar« einstuften,[186] war er aus der Perspektive der befragten Jüdinnen:Juden lediglich eine Frage der Zeit und somit angesichts des weit verbreiteten Antisemitismus in Deutschland erwartbar gewesen. Die Präsenz von Antisemitismus in der Bevölkerung und die Bedrohungslage werden somit höchst unterschiedlich eingestuft. Da für Jüdinnen:Juden antisemitische Aggressionen (Blicke, abweisende Reaktionen, Misstrauen, Drohungen, Beschimpfungen, Sachbeschädigungen, physische Angriffe) an der Tagesordnung sind, war auch ein terroristischer Anschlag für sie nicht überraschend. Viele Jüdinnen:Juden berichten in der RIAS-Umfrage, dass sie sich angewöhnt haben, bei antisemitischen Äußerungen in ihrem Umfeld aktiv wegzuhören, um sich zu schützen[187] oder dass sie sich mit israelischer Politik und Geschichte befassen würden, nur

185 RIAS: Jüdische Perspektiven auf Antisemitismus 2017–2020, S. 62.

186 Reaktionen auf Halle: Politiker ringen um Worte, die AfD mit dem Anstand | ZEIT ONLINE, Zugriff am 15.08.2024.

187 Vgl. RIAS: Jüdische Perspektiven auf Antisemitismus 2017–2020, S. 65.

um für antisemitische Anschuldigungen rhetorisch besser gewappnet zu sein.[188] Gojim sind sich dieses konstanten Antisemitismus hingegen kaum bewusst und halten Antisemitismus für deutlich weniger verbreitet und für weniger bedrohlich.[189] Diese Sichtweise wiederum bewirkt bei Jüdinnen:Juden ein Gefühl des Alleingelassen Werdens und der mangelnden Solidarisierung.[190] Dies ist auch ein Resultat davon, dass die Betroffenenperspektive beim Thema Antisemitismus zu lange im öffentlichen Diskurs vernachlässigt wurde; was die Frage nach der Deutungshoheit über die Rolle von Antisemitismus in Deutschland aufwirft. Ein Gefühl der Entsolidarisierung erleben Jüdinnen:Juden wiederum, wenn beispielsweise nicht an sie vermietet wird.[191] Mangelnde Solidarität erfahren Jüdinnen:Juden auch dann, wenn jüdische Einrichtungen nicht ausreichend geschützt werden und sie sich folglich nicht trauen, diese Einrichtungen aufzusuchen. So bemängeln die Befragten der RIAS-Studie auch ungenügende Aufklärung und Wissen über Antisemitismus von Seiten der Polizei, wenn es zum Beispiel darum geht, ein Graffiti als antisemitisch zu identifizieren, oder dass an jüdischen Feiertagen zusätzliche Beamt:innen an jüdischen Einrichtungen notwendig sind.[192] Als Beleg für Antisemitismus ist bereits die Tatsache zu werten, dass jüdische Einrichtungen überhaupt Schutz benötigen.[193] Insgesamt berichten Jüdinnen:Juden trotz einer an sich positiven Beziehung von einer Tendenz zur Verharmlosung von Antisemitismus durch die Polizei. Obwohl es an sich wichtig sei (u.a. aus statistischen Gründen), antisemitische Vorfälle anzuzeigen, tun Betroffene das nicht immer, da die Anzeigen sie Kraft kosten würden und meist folgenlos blieben.[194] Außerdem werde der Verlust der eigenen Anonymität als potenziell gefährlich eingestuft. Ein weiterer Grund, antisemitische Vorfälle nicht anzuzeigen, sei das zu häufige Vorkommen solcher Vorfälle und eine gewisse Gewöhnung an

188 Ebd., S. 67.

189 Ebd., S. 10.

190 Ebd., S. 29.

191 Ebd., S. 28.

192 Ebd., S. 74.

193 Ebd., S. 83.

194 Ebd., S. 76 f.

diesen Zustand.[195] Da der RIAS-Befragung zufolge ca. die Hälfte aller Vorfälle nicht zur Anzeige gebracht werde, ist von einer hohen Dunkelziffer an antisemitischen Taten in Deutschland auszugehen.[196]

Die Reduzierung von Antisemitismus auf die Schoa durch die gojische Mehrheitsbevölkerung, die Verortung in historischen oder muslimischen Kontexten sowie die fehlende Sichtbarkeit jüdischer Perspektiven tragen somit zu einem falschen und verengten Verständnis von Antisemitismus bei und dazu, dass die alltäglichen antisemitischen Vorfälle nicht als solche wahrgenommen werden. Auf diese Weise wird das Ausmaß von Antisemitismus in Deutschland durch Gojim marginalisiert.

Die Juden sind an allem schuld: Ideologie und Menschenbild des Antisemitismus

Antisemitismus dient (wie Diskriminierung überhaupt) dazu, die kollektive Identität der dominanten »wir«-Gruppe zu stärken und die marginalisierten Gruppen (die »Anderen«) auszuschließen und von Privilegien fernzuhalten.

Ein Grundelement von Antisemitismus sind Verschwörungserzählungen, meist auf der Grundlage der Imagination einer Überlegenheit des jüdischen »Anderen«. Jüdinnen:Juden nehmen in der Vorstellungswelt von den Anhänger:innen der Verschwörungserzählungen die Rolle von Strippenzieher:innen oder Drahtzieher:innen ein, die das Weltgeschehen (Politik, Börse, Militär) heimlich aus dem Verborgenen heraus kontrollieren und steuern können (der antisemitische Code hierfür ist »Deep State«). Ihnen werden dabei ganz unterschiedliche Wirkungsfelder zugeschrieben: von der Fähigkeit, Krankheiten und Epidemien in die Welt zu setzen (die Pest, Corona), über die Fähigkeit, die Wirtschaft zu steuern (»Wall Street«, »Ostküste«), bis hin zur Fähigkeit, Kriege und Katastrophen (9/11) zu verursachen; sogar dann, wenn sie selbst augenscheinlich die Opfer sind (Schoa).

Charakteristisch für Verschwörungserzählungen ist einerseits die Imagination von Jüdinnen:Juden als Gruppe, die für alles Leid der Welt

195 Ebd., S. 76.

196 Ebd., S. 82.

verantwortlich ist und dabei stets profitiert und bevorzugt behandelt wird, und andererseits die »Selbstviktimisierung«,[197] die es möglich macht, sich als Opfer geheimer jüdischer Mächte zu betrachten und somit einfache Erklärungen parat zu haben und für (persönliche) Zustände keine Verantwortung übernehmen zu müssen. Antisemitischen Weltbildern wohnt deshalb immer die Tendenz zum Erlösungs- und Vernichtungsantisemitismus inne:[198] Die Imagination der vermeintlichen jüdischen Übermacht als ›böse‹ und existenzbedrohend impliziert letzten Endes die Vernichtung des jüdischen »Anderen«.

Christusmörder, Strippenzieher, Geldjuden: Erscheinungsformen von Antisemitismus

Der Bundesverband RIAS unterscheidet antisemitische Vorfälle bei deren Erfassung und Dokumentation nach ihrer jeweiligen inhaltlichen Ausprägung, der sogenannten Erscheinungsform. Antisemitismus hat viele Erscheinungsformen, die teilweise miteinander korrespondieren. Zu nennen ist zunächst die älteste Erscheinungsform, der christlich motivierte Antisemitismus, der die Jüdinnen:Juden als »Christusmörder« betrachtet, die stur zu ihrem rachsüchtigen Gott halten, statt sich eines Besseren belehren zu lassen und zum Christentum konvertieren. Topoi des christlich motivierten Antisemitismus sind alte Narrationen des Antijudaismus; neben dem Vorwurf des Gottesmordes die Darstellung als Schweine (»Judensau«) und die Ritualmordlegende, die die Tötung von kleinen Kindern und das Trinken von Blut impliziert. Diese Topoi finden sich auf den Plakaten bei antiisraelischen Demonstrationen (»Kindermörder Israel«) Quelle oder bei der *documenta fifteen* (die Darstellung eines Mannes mit spitzen Zähnen und einem schwarzen Hut mit SS-Runen vereint die beiden Erscheinungsformen des christlich motivierten Antisemitismus durch die spitzen Zähne, wie beim Trinken

197 Shooman, Yasemin: Zum Verhältnis von Antisemitismus und antimuslimischem Rassismus, S. 55. In: Meron Mendel/Saba-Nur Cheema/Sina Arnold (Hgg.): Frenemies, S. 45–57.

198 Vgl. Biskamp, Floris: Eine Landkarte: kritische und postkoloniale Theorie, S. 35. In: Meron Mendel/Saba-Nur Cheema/Sina Arnold (Hgg.): Frenemies, S. 29–43.

von Blut, und des Schoa-Vergleichs, indem die Jüdinnen:Juden mit den Nazis parallelisiert werden).

Auch Verschwörungserzählungen sind eine über alle gesellschaftlichen Schichten sehr verbreitete Erscheinungsform von Antisemitismus. Verschwörungserzählungen imaginieren Jüdinnen:Juden als Drahtzieher:innen oder Strippenzieher:innen, die aus dem Verborgenen heraus die Geschicke der Welt lenken, die Wall Street kontrollieren und sowohl auf gesellschaftliche Entwicklungen als auch auf die Verbreitung von Krankheiten Einfluss nehmen. Verschiedene Codes dienen dazu, diese Verschwörungserzählungen aufzurufen, zum Beispiel Rothschild, Ostküste, Hochfinanz, Finanzelite, Globalisten, Kosmopoliten. In besonderem Maße werden Jüdinnen:Juden dabei der Besitz von Reichtum und eine Affinität im Umgang mit Geld zugeordnet. Dieser Reichtum wird dabei immer als unrechtmäßig erworben imaginiert und ist auf den Mythos zurückzuführen, Jüdinnen:Juden hätten im Mittelalter Vermögen angehäuft, indem sie Wucherzinsen verlangt hätten[199] (was historisch widerlegt ist).[200] Dadurch entwickelte sich die antisemitische Erzählung, Jüdinnen:Juden würden reich werden (»raffendes Kapital«), ohne dafür (wie es nur die Gojim tun würden) richtig zu arbeiten (»schaffendes Kapital«) und dieser unrechtmäßige Reichtum würde ihnen wiederum noch mehr Macht verleihen, die sich gegen die Gojim richten würde. Besonders befeuert wurde diese Vorstellung durch das (gefälschte) Buch *Die Protokolle der Weisen von Zion*, das Anfang des 20. Jahrhunderts erschien und von den angeblichen Plänen von Jüdinnen:Juden zur Übernahme der Weltherrschaft berichtet. Bildlich drückt sich die Vorstellung von ›Geldjuden‹ über die Karikatur des ›Happy Merchant‹ aus. Diese Karikatur zeigt einen Kaufmann, der mit antisemitischen Erkennungsmerkmalen wie einer großen Nase ausgestattet ist und eine Kippa trägt. Er sieht verschlagen aus und reibt sich die Hände; die Botschaft ist,

---

199 Geiger, Wolfgang: »Geldjuden«: Die Grundlagen eines universellen Vorurteils vom Mittelalter bis heute. In: WIDERSPRUCHSTOLERANZ. Ein Methodenhandbuch zu antisemitismuskritischer Bildungsarbeit. Online verfügbar unter 190927_KIgA_WST3_Entwurf.indd (kiga-berlin.org), ab S. 16, Zugriff am 29.08.2024.

200 Ebd.

dass er sich zu Ungunsten von Gojim finanziell bereichert.[201] Solche antisemitischen Darstellungen gibt es in zahlreichen Ausprägungen; zum Beispiel, wenn der ukrainische Präsident Wolodymyr Selenskyj als antisemitisch überzeichnete Figur (so 2022 in einer Karikatur der *Süddeutschen Zeitung*) das Weltwirtschaftsforum dominiert. Solche Darstellungen rekurrieren auf die antisemitische Propaganda der NS-Zeit (beispielsweise im *Stürmer*) und sehen dieser teilweise zum Verwechseln ähnlich. Verschwörungserzählungen, die Jüdinnen:Juden als reiche und übermächtige Strippenzieher:innen imaginieren, sind auch heute noch in Deutschland verbreitet. Der *Mitte*-Studie der SPD-nahen Friedrich-Ebert-Stiftung zufolge glaubte 2019 beinahe die Hälfte aller Deutschen (46 %), dass es geheime Organisationen gäbe, die großen Einfluss auf politische Entscheidungen ausübten. 24 % vermuteten Medien und Politik unter einer Decke.[202] 2023 stimmten über 10 % der Aussage zu, dass »der Einfluss der Juden zu groß« sei.[203] Eine bekannte Verschwörungserzählung ist der »große Austausch« bzw. die »Umvolkung«. Diese Erzählung behauptet, jüdische Mächte würden gezielt Muslim:innen und Nicht-*Weiße* einwandern lassen, um *weiße* Gojim zu verdrängen.[204] Diese Erzählung ist auf der ganzen Welt verbreitet und taucht im Zusammenhang mit zahlreichen rechtsextremen Anschlägen weltweit auf (u.a. NSU, Norwegen 2011, Pittsburgh 2018, Christchurch 2019, Halle 2019).

Ihren Ursprung haben viele antisemitische Verschwörungserzählungen im christlichen Hochmittelalter. Hier ist insbesondere die Ritualmordlegende zu nennen, die als »antisemitischer Dauerbrenner«[205] bezeichnet werden kann. Diese Verschwörungserzählung behauptet, Jüdinnen:Juden würden christliche Kinder töten, um aus ihrem Blut die

201 deconstruct antisemitism! – Amadeu Antonio Stiftung (amadeu-antonio-stiftung.de), Zugriff am 29.08.2024.

202 Verbreitung von Verschwörungserzählungen | Verschwörungserzählungen | bpb.de, Zugriff am 02.04.2024.

203 #_MS-2023_Titel-Mitte.indb (fes.de), Zugriff am 03.04.2024.

204 Verbreitung von Verschwörungserzählungen | Verschwörungserzählungen | bpb.de, Zugriff am 29.08.2024.

205 Britz, Andreas: Antisemitismus in der Geschichte, S. 7. Frankfurt: Wochenschau Verlag, 2022.

Mazze (ungesäuerten Brote) zu backen.[206] Beispiele für die Ritualmordlegende sind William von Norwich, der 1144 tot aufgefunden wurde, Werner von Oberwesel (1287), Rudolf von Bern (1284) oder Simon von Trient (1475). In allen Fällen wurden Jüdinnen:Juden für die toten Kinder verantwortlich gemacht und es kam zu antijüdischen Pogromen und Massakern. Im Fall von Werner von Oberwesel beispielsweise wurden rund 500 Jüdinnen:Juden getötet; 1946 wurden im polnischen Kielce 42 Jüdinnen:Juden getötet, nachdem angeblich ein christliches Kind entführt worden war.[207] Wenn QAnon-Verschwörungen heute noch behaupten, Eliten würden Kinder entführen und töten,[208] oder Israel bei propalästinensischen Demonstrationen als »Kindermörder«[209] bezeichnet wird, dann referieren solche Verschwörungserzählungen auf die Ritualmordlegende. Weitere mittelalterliche Verschwörungserzählungen sind der sogenannte Hostienfrevel, bei dem behauptet wird, Jüdinnen:Juden würden Christus martern, indem sie geweihte Hostien mit einem Messer attackieren, oder die Verschwörungserzählung der Brunnenvergiftung, die behauptet, Jüdinnen:Juden hätten die Brunnen vergiftet und somit die Pest ausgelöst. In allen Fällen dienen die Verschwörungserzählungen dazu, Unerklärliches zu erklären, einen Schuldigen oder einen Sündenbock zu benennen und häufig auch der persönlichen Bereicherung, indem im Zuge von Pogromen Plünderungen erfolgt sind.

Die Antisemitismusforschung geht zudem davon aus, dass Antisemitismus das »Betriebssystem von Verschwörungsmythen« sei. Diese Theorie wird als »struktureller Antisemitismus« oder als »Antisemitismus (noch) ohne Juden« bezeichnet.[210] Erzählungen über globale Verschwörungen sind demnach auch dann antisemitisch, wenn gar nicht von

---

206 Ebd.

207 Ebd., S. 6f.

208 QAnon und Co. – Warum Verschwörungstheoretiker von Kindesmissbrauch ausgehen (deutschlandfunkkultur.de), Zugriff am 15.08.2024.

209 Propalästinensische Slogans: Wo die Meinungsfreiheit endet und das Strafrecht beginnt – Politik – SZ.de (sueddeutsche.de), Zugriff am 01.09.2024.

210 Vgl. Nikolas Lelle und Johanna Balsam: Struktureller Antisemitismus ist Antisemitismus (noch) ohne Juden – Amadeu Antonio Stiftung (amadeu-antonio-stiftung.de), Zugriff am 16.04.2024.

Jüdinnen:Juden die Rede ist, denn sie bauen historisch, funktional und strukturell auf Antisemitismus auf; sie sind also per se antisemitisch.[211] Ein Beispiel hierfür sind Verschwörungserzählungen um den Microsoft-Gründer Bill Gates, der zwar reich, aber nicht jüdisch ist. Merkmale für Verschwörungserzählungen sind das Agieren aus dem Geheimen heraus, das von einer Gruppe ausgeht, die nicht der dominanten »wir«-Gruppe zugerechnet wird, die dieser »wir«-Gruppe gegenüber feindliche destruktive (z.B. staatszerstörende) Absichten besitzt und ein zugrundeliegendes manichäisches Weltbild (also die Vorstellung vereinfachter Weltbilder, die in Gut und Böse unterteilen, wobei die Auslöschung des Bösen immer das Ziel ist).

Verbreitet ist zudem der israelbezogene Antisemitismus. Dieser dämonisiert zum einen Israel (auch unter Rückbezog auf Topoi des christlich motivierten Antisemitismus und mittels NS-Vergleiche) und legt an Israel dabei andere Maßstäbe an als an andere Länder. Natürlich ist Kritik an der israelischen Politik legitim; sie darf nur nicht mittels einer antisemitischen Rhetorik erfolgen. Antisemitisch ist es zudem, Jüdinnen:Juden pauschal mit Israel zu identifizieren und von ihnen Erläuterungen für die israelische Politik zu fordern oder sie dafür verantwortlich zu machen. Außerdem wird von Jüdinnen:Juden oft eine Positionierung zur israelischen Politik eingefordert – von Gojim hingegen nicht. In der *Mitte*-Studie von 2023 stimmten 15 % der Befragten der Aussage zu: »Bei der Politik, die Israel macht, kann ich gut verstehen, dass man etwas gegen Juden hat«; weitere 24 % stimmten der Aussage teilweise zu.[212] Die auf propalästinensischen Demonstrationen verwendete Parole »From the river to the sea, Palestine will be free« wiederum spricht Israel das Existenzrecht ab und ist in Deutschland inzwischen strafbar. Das Schicksal der Palästinenser:innen scheint Gojim jedoch vor allem dann zu interessieren, wenn es sich gegen Israel ausspielen lässt.[213] Israelkritik

211 Vgl. Nikolas Lelle und Johanna Balsam: Struktureller Antisemitismus ist Antisemitismus (noch) ohne Juden – Amadeu Antonio Stiftung (amadeu-antonio-stiftung.de), Zugriff am 16.04.2024.

212 #_MS-2023_Titel-Mitte.indb (fes.de), Zugriff am 03.04.2024.

213 Vgl. Uhlig, Tom David: Per alia antisemitisch. Notizen zur BDS-Kampagne, S. 123. In: Meron Mendel/Saba-Nur Cheema/Sina Arnold (Hgg.): Frenemies, S. 120–129.

kann zudem als ›Einfallstor‹ für weitere Erscheinungsformen von Antisemitismus oder die Annäherung an ein grundsätzlich antisemitisches Weltverständnis fungieren.

Eine weitere sehr verbreitete Erscheinungsform ist der sekundäre Antisemitismus, auch als Schlussstrichforderung bekannt. Hierbei geht es darum, dass die deutschen Gojim endlich einen Schlussstrich unter die Aufarbeitung der Schoa ziehen wollen, da sie der Ansicht sind, genug gesühnt zu haben und endlich wieder stolz auf Deutschland sein wollen.[214] Bei der *Mitte*-Studie von 2023 stimmten 40 % der Aussage zu »Wir sollten endlich wieder Mut zu einem starken Nationalgefühl haben«; weitere 27 % stimmten teilweise zu.[215] Diese Ansicht impliziert eine Täter:in-Opfer-Umkehr, indem sich die Gojim als Opfer von ungerechtfertigt in die Länge gezogener Erinnerungspolitik inszenieren. Sie impliziert ebenso die antisemitische Unterstellung, die Jüdinnen:Juden würden das Gedenken zu ihrem eigenen Nutzen absichtlich in die Länge ziehen und sich somit unversöhnlich zeigen.[216]

Zum sekundären Antisemitismus zählen auch die Leugnung und Relativierung der Schoa sowie Vergleiche mit der Schoa und NS-Vergleiche (beispielsweise der Vergleich des Gazastreifens mit einem KZ). Auch Abtreibungsgegner:innen, Impfgegener:innen und Tierschützer:innen bedienen sich solcher antisemitischer Vergleiche (»Babycaust«, »Abtreiben macht frei«, »Umgeimpft«-Stern, Vergleiche mit Anne Frank und Sophie Scholl bei Corona-Demonstrationen). Alle diese Mechanismen missbrauchen die Schoa, indem sie das Leid der jüdischen Opfer für ihre Zwecke instrumentalisieren. NS-Vergleiche, die Jüdinnen:Juden oder Israel mit Nazis gleichsetzen, beinhalten zudem den Vorwurf, die Jüdinnen:Juden hätten die Schoa selbst zu verschulden (um davon in irgendeiner Form zu profitieren) und beinhalten somit eine Täter:in-Opfer-Umkehr.

Als Antisemitismusvorwurf werden Situationen bezeichnet, in denen antisemitische Äußerungen als solche infrage gestellt werden. Auch hier

---

214 Vgl. z.B. Leipziger Autoritarismus Studie, S. 130 f.

215 Die distanzierte Mitte: Die neue Rechtsextremismus-Studie (fes.de), S. 66, Zugriff am 29.08.2024.

216 Sekundärer Antisemitismus | Antisemitismus | bpb.de, Zugriff am 29.08.2024.

wirkt wieder eine Täter:in-Opfer-Umkehr: Um vom eigenen Antisemitismus abzulenken, wird dem Opfer eine grundlose Beschuldigung vorgeworfen. Das Abstreiten des eigenen Antisemitismus dient auch dazu, sich nicht näher mit Antisemitismus auseinandersetzen zu müssen und bestehende Herrschaftsverhältnisse zu erhalten, statt sie infrage zu stellen oder zu dekonstruieren. Diese Erscheinungsform ist außerdem sehr eng mit der antisemitischen Verschwörungserzählung verbunden, Jüdinnen:Juden würden sich mit ihren Anliegen stets in den Vordergrund drängen und auf ihre universale Opferposition verweisen (ähnlich bei der Schlussstrichforderung).

Auch die Behauptung, beim Antisemitismus in Deutschland handle es sich um importierten Antisemitismus, ist antisemitisch (so hat beispielsweise Jens Spahn in den letzten Jahren wiederholt behauptet, der Antisemitismus in Deutschland sei auf die Einwanderung von Muslim:innen zurückzuführen).[217] Diese Aussage ist deshalb problematisch, weil sie alle anderen Erscheinungsformen von Antisemitismus übersieht und somit von einem immensen Nicht-Wissen oder Nicht-wissen-Wollen zeugt. Die Behauptung, Antisemitismus in Deutschland ginge vor allem von immigrierten Muslim:innen aus, könne zudem zu der Schlussfolgerung führen, dass diese sich mit Palästina solidarisieren wollen, so Oliver Polak.[218] Die Täter:in-Opfer-Umkehr ist somit konstitutiver Bestandteil von Antisemitismus und verfolgt das Ziel, immer wieder die zugrundeliegende Verschwörungsideologie aufzurufen, dass Jüdinnen:Juden an allem schuld und übermächtig seien. Eine mögliche Erklärung für diesen Schuldumkehr-Komplex ist die jahrtausendelange Verfolgungs- und Vernichtungsgeschichte von Jüdinnen:Juden, die mit dem Christentum einsetzte, das jahrhundertelang versuchte, Jüdinnen:Juden durch Missionieren zu assimilieren, durch Vertreibung zu verdrängen oder vollständig zu vernichten und ihnen gleichzeitig immer die Schuld zuschob (Ritualmord, Brunnenvergiftung, Corona). Aggressionen gegen Jüdinnen:Juden, Verdrängung, Vertreibung, Unterdrückung, Ausschluss aus den Normgesellschaften und Versuche, sie auszulöschen, prägen das

217 Jens Spahn bei Lanz: Judenhass bei Migranten Teil der Kultur – ZDFheute, Zugriff am 15.08.2024.

218 Vgl. Polak: Gegen Judenhass, S. 96.

Verhalten von Gojim gegen Jüdinnen:Juden. Antisemitische Welterklärungsmodelle kehren diesen Fakt einfach um und projizieren die eigenen Aggressionen und Vernichtungsfantasien auf die Jüdinnen:Juden. Sie beinhalten somit immer automatisch eine Täter:in-Opfer-Umkehr.

Genau deshalb ist es möglich, auch sich widersprechende Zuordnungen auf Jüdinnen:Juden zu projizieren; ohne dass diese Widersprüche zu einem Abbau oder einer Infragestellung von Antisemitismus führen würden. Es gibt kaum ein antisemitisches Bild, zu dem nicht auch das exakte Gegenstück existiert: Jüdinnen:Juden können in der antisemitischen Vorstellungswelt gleichzeitig Kapitalist:innen und Kommunist:innen sein, gleichzeitig triebhaft und verklemmt, patriarchal und verweiblicht, mächtig und wehrlos, stark und schwach, nationalistisch und antinational.[219] Sie werden unten in der Hierarchie angesiedelt und gleichzeitig als diejenigen halluziniert, die die Hierarchie zersetzen.[220]

Gojprivilegien: Der Nutzen von Antisemitismus

Antisemitische Weltbilder, antisemitische Denkmuster und das Nicht-Anerkennen des Antisemitismus der postnationalsozialistischen deutschen Gesellschaft können für Gojim viele verschiedene Funktionen erfüllen:

»Juden in Deutschland sind eine Projektionsfläche – für Antisemitismus, aber auch für Philosemitismus.[221] Normalität ist der seltene Fall«, stellte der Wissenschaftliche Direktor der Bildungsabteilung im Zentralrat der Juden in Deutschland, Doron Kiesel im Rahmen einer Podiumsdiskussion im April 2024 fest.[222] Es fällt Gojim offenbar grundsätzlich sehr schwer, Jüdinnen:Juden auf einer individuellen und menschlichen Ebene zu begegnen; stattdessen reduzieren Gojim Jüdinnen:Juden auf ihr Jüdischsein.

---

219 Vgl. 190927_KIgA_WST3_Entwurf.indd (kiga-berlin.org), S. 10. Zugriff am 02.04.2024.

220 Vgl. Polak: Gegen Judenhass, S. 113.

221 Philosemitismus bedeutet eine Überidentifikation mit Jüdinnen:Juden.

222 Wenn aus Projektionen Projektile werden | Jüdische Allgemeine (juedische-allgemeine.de), Zugriff am 19.04.2024.

In explizit antisemitischen Weltbildern und im Rahmen von Verschwörungserzählungen wirkt Antisemitismus als »komplexitätsreduzierender Mechanismus«.[223] Jüdinnen:Juden nehmen hierbei die Rolle des Sündenbocks an. Soziologisch gesehen erfüllen Sündenböcke zuerst den Zweck, dass ihnen die Schuld für scheinbar Unerklärliches angelastet werden kann, und dann den Zweck, dass ihrer Beseitigung eine heilbringende Wirkung zugeschrieben wird (Erlösungsantisemitismus). Beide Annahmen implizieren die große Macht der Sündenböcke.[224]

Antisemitische Weltbilder und Denkmuster haben zudem eine Schuldabwehrfunktion: Jüdinnen:Juden zu den Schuldigen zu machen, befreit von der Verantwortung für die deutsche Kollektivschuld. Antisemitismus bietet den Nachkommen des Täter:innenvolks die Möglichkeit, in ihrer Wahrnehmung die Position als Täter:in zu verlassen und sich selbst als Opfer von bösen Mächten zu sehen, die die Geschicke der Welt steuern, die Schoa selbst verursacht haben und den Anhänger:innen dieses Weltbildes somit die Täter:innenposition zugeschoben haben, um von dieser Konstellation zu profitieren. Beim Antisemitismus geht es somit stark um die Opfer- und Schuldfrage und um die damit verbundenen Privilegien. So werden Jüdinnen:Juden Privilegien unterstellt, die diese gar nicht besitzen, wie zum Beispiel bei der Annahme, alle Jüdinnen:Juden seien reich[225] oder Gojim überlegen und würden davon profitieren.[226] Auch die jüdische Opferposition während der Schoa wird dabei als Privileg heute lebender Jüdinnen:Juden ausgelegt.[227] Aus diesem Verständnis heraus resultieren Schlussstrichforderungen oder die Verharmlosung der Schoa, die (wie Israelkritik) als Einfallstor für antisemitische Weltbilder fungieren können.[228]

223 Polak: Gegen Judenhass, S. 117.

224 Vgl. hierzu Girard, René: Der Sündenbock. Zürich: Benziger, 1988.

225 Gerücht: Geld | An allem schuld (an-allem-schuld.de), Zugriff am 31.08.2024.

226 Gerücht: Intelligenz | An allem schuld (an-allem-schuld.de), Zugriff am 31.08.2024.

227 Vgl. Goffey, Judith/Laumann, Vivien: Gojnormativität, S. 140.

228 Vgl. Amadeu Antonio Stiftung: deconstruct antisemitism! Antisemitische Codes und Metaphern erkennen, S. 31. Verfügbar unter Antisemitismus & Verschwörungsideologien – Amadeu Antonio Stiftung (amadeu-antonio-stiftung.de), Zugriff am 31.08.2024.

Umgekehrt geht es in antisemitischen Weltbildern darum, dass Jüdinnen:Juden diese Privilegien nicht länger einfordern dürften und um das moralische Privileg, sich selbst unschuldig und unfair behandelt fühlen zu dürfen. Indem Jüdinnen:Juden Macht und Privilegien unterstellt werden, wird gleichzeitig schon ihre Täter:innenschaft an der Schoa angedeutet oder zumindest ihre Opferposition infrage gestellt. Gojim können sich auf diese Weise damit beschäftigen, was ihnen angetan wird, statt sich damit zu beschäftigen, was sie selbst getan haben oder was ihre Vorfahr:innen getan haben; etwa wenn Jüdinnen:Juden im Zusammenhang mit Entschädigungsforderungen Rachsucht, Unversöhnlichkeit oder Geldgier unterstellt wird.[229]

Diese Technik der Gegenbeschuldigung ist eine gojische Abwehrstrategie: Täter:in-Opfer-Umkehr. Geschützt wird auf diese Weise das gojische Selbstbild. Antisemitismus erfüllt somit die Funktionen, Schlimmes und Schlechtes auf der Welt zu erklären und zu verstehen und dabei das eigene positive Selbstbild zu schützen. Die Täter:innen erschaffen sich somit Welt- und Menschenbilder, die ihnen zugutekommen, und versuchen dann, diese Bilder zur allgemeingültigen Normalität werden zu lassen (und dann selbst im Herrschaftssystem unsichtbar zu werden). Anstatt Schuld- und Schamgefühle gegenüber Jüdinnen:Juden aufzuarbeiten, wird die Ursache dieser Emotionen auf Jüdinnen:Juden projiziert: Diese sollen an allem schuld sein.[230] Letzten Endes geht es beim Antisemitismus also um ein positives Selbstbild (sich selbst und die eigene Familie als gute und schuldlose Menschen wahrnehmen zu können, persönliche Krisen erklären zu können) sowie um ein positives Bild der kollektiven nationalen Identität (stolz auf Deutschland zu sein, Nationalbewusstsein zeigen zu können).

Gojnormativität hat somit viel mit Abwehr, Verdrängung und Wegsehen zu tun. Judith Coffey und Vivien Laumann nennen diesen Zustand »gojische Komfortzone«.[231] Diese gelte es zu verteidigen. Antisemitische Denkmuster und Codes sind jedoch fest im kulturellen Gedächtnis verankert und finden sich überall in der Gesellschaft; auch Gojim werden immer

229 Sekundärer Antisemitismus | Antisemitismus | bpb.de, Zugriff am 31.08.2024.

230 Ebd.

231 Goffey, Judith/Laumann, Vivien: Gojnormativität, S. 147.

wieder mit Antisemitismus konfrontiert, reproduzieren ihn selbst und müssen sich irgendwie dazu verhalten. Die gesellschaftliche Diskussion über Antisemitismus ist jedoch oft gojnormativ: So ging es beispielsweise in der Flugblattaffaire um Hubertus Aiwanger vor allem darum, ob man diesem Politiker Antisemitismus vorwerfen kann, und nicht darum, welche Rückschlüsse der Besitz des antisemitischen Flugblatts auf seine Gesinnung zulässt. Der Fokus der Diskussion lag darauf, ob Herr Aiwanger dieses Flugblatt nun persönlich verfasst hat oder nicht. Es ging vorrangig nicht um die Frage, wie sich Jüdinnen:Juden in Deutschland dabei fühlen, dass sie von Politiker:innen vertreten werden, die in ihrer Jugend antisemitische Flugblätter mit sich herumgetragen haben. So kommt es zu dem Phänomen, dass sich der Fokus bei allem, was mit Antisemitismus zu tun hat, nicht auf die Betroffenen richtet, um die es ja eigentlich gehen sollte, sondern auf die Gojim, deren Komfortzone es zu erhalten gilt.

Coffey und Laumann weisen auch darauf hin, dass beispielweise nur christliche Feste als legitim angesehen werden. Dies funktioniert, indem das Christentum säkularisiert und als gemeinschaftsstiftendes kulturelles Element verstanden (und durchgesetzt) wird. Jüdische (und muslimische etc.) Feste gelten hingegen als religiös. Kinder lernen in der Kita, im Kindergarten und in der Schule Weihnachtslieder, in Klassenzimmern hängen Kreuze, Gottesdienstbesuche werden während der Unterrichtszeit durchgeführt. Es gibt jedoch nur mit bürokratischen Hürden die Möglichkeit, sich zu Jom Kippur vom Unterricht befreien zu lassen, während an hohen christlichen Feiertagen ganz selbstverständlich Ferien sind und christliche Kinder in Ruhe mit ihren Familien feiern können.

Doch nicht nur das Alltagsleben, sondern auch die Erinnerungspolitik und das Gedenken an die Schoa sind gojnormativ und dominanzkulturell: Die Perspektive von jüdischen Kindern wird bei Schulausflügen zu Gedenkstätten und bei KZ-Besuchen nicht mitgedacht. Jüdische Kinder werden dabei mit dem Wissen, was ihnen selbst passiert wäre, hätten sie früher gelebt, und was ihren Familienangehörigen unter Umständen tatsächlich an diesen Orten passiert ist, alleine gelassen.[232] Denn das Angebot richtet sich nicht an sie und sie werden mit ihren Empfindungen nicht begleitet und aufgefangen. Gedenktage wiederum richten sich

232 Ebd., S. 131.

nicht nach dem jüdischen, sondern nach dem christlichen Kalender. So fand die Gedenkfeier zum ersten Jahrestag für den Anschlag auf die Synagoge zu Jom Kippur am 9.10.2020 statt, obwohl Jom Kippur da schon vorbei war (es war 2020 bereits am 27./28.9.).

Der gojischen Mehrheitsbevölkerung geht es nicht vorrangig darum, die Aufarbeitung des eigenen Antisemitismus voranzutreiben, sondern vielmehr darum, sich von den eigenen Schuldgefühlen zu befreien; sie wollen »Aufarbeitungsweltmeister« sein, Vergebung und Versöhnung erreichen[233] und für diese Inszenierung brauchen sie die Jüdinnen:Juden. Der Schriftsteller Max Czollek bezeichnet dieses Vorgehen unter Bezug auf Y. Michal Bodemann[234] als »Gedächtnistheater«.[235] Im Gedächtnistheater geht es um die Konstruktion gojischer Identität in Form eines neuen positiven deutschen Selbstbildes, das versöhnlich ist und in dem Jüdinnen:Juden lediglich die symbolische Bedeutung als »Vertreter:innen der Vernichteten«[236] zukommt. Jüdinnen:Juden werden durch diese Perspektive nicht als Individuen wahrgenommen, sondern für die Zwecke von Gojim instrumentalisiert und ihnen werden feste Plätze (z.B. als Opfer und Zeitzeug:innen) zugeordnet. Jüdinnen:Juden nehmen dadurch die Funktion eines Token ein: Sie sollen der Beleg für eine antisemitismusfreie Gesellschaft sein. Max Czollek formuliert dieses Anliegen folgendermaßen:

> »Neben den gut gewordenen Deutschen tauchen auch ein paar überlebende Juden auf, die bestätigen, dass alles halb so wild ist. Eine tolle Dramaturgie, in der der Zuschauer rausgeht und sagt: Wow, also dass wir das wieder hinbekommen haben – super!«[237]

Jüdinnen:Juden sollen somit den Zweck erfüllen, die Widergutwerdung der Deutschen zu bestätigen.[238] Gojim sind anscheinend nicht auf der

---

233 Ebd., S. 139.

234 Vgl. Y. Michal Bodemann: Gedächtnistheater. Die jüdische Gemeinschaft und ihre deutsche Erfindung. 1996

235 Czollek, Max: Desintegriert euch! München: btb Verlag, 2018.

236 Ebd., S. 23.

237 »Die deutsche Gesellschaft hat einen ganz eigenen Mechanismus entwickelt« (fr.de), Zugriff am 15.03.2024.

238 Czollek, Max: Desintegriert euch!, S. 9.

Suche nach Aufarbeitung, sondern nach Absolution. Auf diese Weise wird die Erinnerungspolitik funktionalisiert und Jüdinnen:Juden werden zu Objekten des eigenen Begehrens. Sie werden auf ihre Verfolgungsgeschichte reduziert, in bestimmte Rollen gedrängt und dadurch enthumanisiert: Sie werden zu Statist:innen in einem durch die Nachkommen der Täter:innen inszenierten deutschen Gedächtnistheater.[239] Diese Nachkommen der Täter:innen wiederum sind die Subjekte ihrer »für das gojische Gedenken in Deutschland so charakteristische[n] Betroffenheitsinszenierung« (die jedoch echte Betroffenheit nicht ausschließt).[240] Das Gedenken ist somit auf die Bedürfnisse der Gojim zugeschnitten – und nicht auf die von Jüdinnen:Juden. So kritisierten Coffey und Laumann auch, dass Denkmäler vorrangig nicht dem Gedenken an sechs Millionen ermordete Jüdinnen:Juden dienen, sondern dass die in Deutschland lebenden Gojim sich besser fühlen.[241] Durch das Errichten eines Denkmals können sie symbolisch ihre Kollektivschuld externalisieren, indem sie diese auf das Denkmal übertragen und nur dann durch einen Besuch beim Denkmal aufrufen, wenn sie das möchten.

Erinnern ist somit ein performativer Akt, der die gojisch-deutsche Gesellschaft als progressiv, liberal und geläutert darstellen soll, dieses Anliegen höher wertet als die Bekämpfung von Antisemitismus und auch noch als Legitimation nutzt, um endlich wieder Nationalstolz empfinden zu dürfen, so Max Czollek: »Weil wir so gut erinnert haben, dürfen wir wieder stolz auf Deutschland sein«.[242] Diese »Idee der eigenen Gutwerdung«, so Czollek, biete den Kontinuitäten rechter Ideologien einen »Windschatten«, in dem diese unerkannt blieben. So sei der Erfolg der AfD auf eben diesen Windschatten zurückzuführen.[243]

Max Czollek kommt daher zu dem Urteil:

---

239 Essay Novemberpogrome von 1938: Kein deutsches Schicksalsdatum – taz.de, Zugriff am 31.08.2024.

240 Coffey, Judith/Laumann, Vivien: Gojnormativität, S. 134.

241 Vgl. ebd., S. 138.

242 Max Czollek über Antisemitismus und Erinnerungskultur (deutschlandfunk.de), Zugriff am 15.08.2024.

243 Ebd.

> »Die Erinnerungskultur hat die deutsche Gewaltgeschichte von einem Instrument der Kritik zu einem Legitimationsinstrument gemacht.«[244]

Die spezifisch deutsche Erinnerungskultur kann somit regelrecht gefährlich werden, wenn die deutsche Mehrheitsgesellschaft der Ansicht ist, dass alles gut sei und dabei die Sensibilität für antisemitische Ereignisse, Motive und Darstellungen verliert und sich obendrauf zum Empfinden von Nationalismus legitimiert fühlt. Wie die *Mitte*-Studie und die *Leipziger Autoritarismus Studie* belegen, sind rechtsextreme und demokratiegefährdende Einstellungen (Verschwörungsglaube, Populismus, völkische Einstellungen) in den letzten Jahren stark angestiegen und weiter in die gesellschaftliche Mitte gerückt, menschenfeindliche Einstellungen sind auf einem hohen Niveau, das Vertrauen in Medien und Politik ist hingegen kontinuierlich gesunken.

Judith Goffey und Vivien Laumann weisen darauf hin, dass Antisemitismuskritik für Gojim nicht auf der Ebene der eigenen kritischen Reflexion verinnerlichter antisemitischer Bilder oder der Beschäftigung mit der eigenen Familiengeschichte stehen bleiben darf, da Herrschaftsverhältnisse ansonsten individualisiert und nicht auf struktureller Ebene bekämpft werden würden:

> »In letzter Konsequenz geht es ums Handeln. Und zwar um ein Handeln, das den Betroffenen zugutekommt und sich gegen Antisemitismus einsetzt, in jeder Ausprägung.«[245]

Ein solches Handeln kann darin bestehen, antisemitische Codes und Darstellungen, die uns in unserem Alltag begleiten, zu erkennen und zu problematisieren. Hierzu gehören auch antisemitische Darstellungen und Anspielungen in Kindermedien. Es gilt, Kinder von solchen Darstellungen fernzuhalten. Das fängt mit der kritischen Durchsicht des eigenen Bücherregals im Kinderzimmer an und erstreckt sich über die städtische Bibliothek, die Kindergarten- und Schulbibliothek bis zu Wartezimmerbibliotheken, die oft ein veraltetes Repertoire an Kinderbüchern aufweisen. Diskriminierende Darstellungen als solche zu identifizieren

244 »Die deutsche Gesellschaft hat einen ganz eigenen Mechanismus entwickelt« (fr.de), Zugriff am 15.03.2024.

245 Goffey, Judith/Laumann, Vivien: Gojnormativität, S. 190.

und nicht an die nächste Generation weiterzugeben, verhindert, dass Kinder mit antisemitischen Vorstellungen und Erzählungen in Kontakt kommen. Denn solche Darstellungen sind wie kleine Puzzleteile, die irgendwann ein Gesamtbild ergeben.

Antisemitismus in Kindermedien

Das einzige mir bekannte Kinderbuch, bei dem medial der antisemitische Gehalt diskutiert und sogar eine Indizierung durch das Bundesministerium für Familie, Senioren, Frauen und Jugend beantragt wurde, ist der 2007 erschienene religionskritische Titel *Wo bitte geht's zu Gott? fragt das kleine Ferkel* von Michael Schmidt-Salomon und Helge Nyncke. In diesem Buch befragen ein Ferkel und ein Igel einen Rabbiner, einen Imam und einen Bischof über Gott. Der Rabbi weist dabei eine hohe Ähnlichkeit zu bildlichen Darstellungen aus der NS-Zeit auf: Er hat ein wutverzerrtes Gesicht, fleischige Lippen, eine große Nase, schiefe große Zähne, sehr eng beieinanderstehende Augen und stark ausgeprägte buschige Augenbrauen. Der Besuch der Synagoge wird Ferkel und Igel verwehrt; da diese selbst nicht jüdisch sind, dürfen sie die Synagoge nicht betreten; die jüdische Gemeinde wird somit als exklusiv und ausgrenzend dargestellt, was als Anspielung auf die Erzählung verstanden werden kann, dass Jüdinnen:Juden unter sich bleiben würden. Statt den Tieren Einlass zu gewähren, erzählt ihnen der Rabbi die Geschichte der Sintflut. Hierbei wird die Tötung von Menschenbabys durch den strafenden Gott in den Fokus gerückt. Zwar werden auch Großeltern und Tiere als Opfer der Sintflut aufgezählt, aber die Tötung von Kindern wird mehrfach an erster Stelle genannt. (Kindliche) Rezipierende bekommen somit den Eindruck, dass der jüdische Gott Kinder tötet. Die begleitende Illustration zeigt fliegende Schnuller, um den Tod der kleinen Kinder anzudeuten. Diese Verknüpfung von Judentum mit dem Tod kleiner Kinder kann als Anspielung auf die Ritualmordlegende und somit die Verschwörungserzählung, Jüdinnen:Juden würden Kinder töten, verstanden werden. Als das Ferkel die Existenz Gottes anzweifelt, wird der Rabbi wütend und verjagt das Ferkel und den Igel von der Synagoge. Das Kinderbuch ist somit in Bezug auf die Illustration diskriminierend und spielt zudem auf antisemitische Motive an: die Ritualmordlegende, das strafende

Gottesbild und die Darstellungen von Jüdinnen:Juden als wütend, unversöhnlich und ausgrenzend. 2008 entschied sich die Bundesprüfstelle für jugendgefährdende Medien dennoch gegen eine Indizierung, mit der Begründung, dass das Christentum und der Islam ebenfalls abwertend dargestellt würden.[246]

Es gibt eine Vielzahl an Kinderbüchern, die den Glauben an Verschwörungserzählungen forcieren können, indem in diesen Büchern von einer prinzipiell bösen höheren Macht erzählt wird. Viele Kindermedien erzählen die Geschichte vom Kampf zwischen Gut und Böse. Häufig wird das Böse jedoch durch einen einzelnen Charakter oder eine bestimmte Gruppe (wie eine konkurrierende Jugendbande) verkörpert. Anders ist es bei Büchern, die eine im Verborgenen agierende schwer zu fassende Macht imaginieren. Exemplarisch hierfür sind die Titel *Die graue Stadt* (2023) von Torben Kuhlmann und *Pierre der Irrgarten-Detektiv und die geheimnisvolle Stadt der Masken* (2021) von Hiro Kamigaki. In beiden Büchern existiert eine böse Macht, die sich nicht offen zeigt und danach strebt, die (Welt-)Herrschaft zu übernehmen. In dem Titel *Die graue Stadt* ist dies die gesichtslose Grau GmbH & Co. KG, die Kontrolle über das gesamte gesellschaftliche Leben ausübt, verbietet, sanktioniert, unterdrückt und droht. Bei dem *Irrgarten-Detektiv* sind es die maskierten Chaosritter, die aus dem Verborgenen heraus versuchen, die Herrschaft an sich zu reißen. Der Glaube daran, dass es verborgene destruktive Mächte gibt, ist eine antisemitische Verschwörungserzählung. Der Theorie des strukturellen Antisemitismus zufolge müssen dabei gar nicht zwingend jüdische Figuren auftreten. Um als antisemitisch eingestuft zu werden, reicht es, dass Erzählungen die Kriterien einer geheimen, destruktiven Macht, die im Gegensatz zur »wir«-Gruppe steht, sowie ein manichäisches Weltbild erfüllen. Je stärker Kinder mit Geschichten sozialisiert werden, in denen sinistere Mächte die Geschicke der Welt kontrollieren, umso offener sind sie vermutlich auch als Erwachsene für derartige Welterklärungsmodelle.

246 Kleines Ferkel sorgt für großen Ärger (deutschlandfunkkultur.de), Zugriff am 02.09.2024.

Jüdinnen:Juden als heimatloses und raffgieriges Volk: Harry Potter und Asterix

In Kinderbüchern sind Figuren, die auf folkloristische Gestalten zurückgehen sollen, oft antisemitisch konnotiert. Dies ist bei den Kobolden der Fall, die die Gringotts Zauberbank in den *Harry Potter*-Bänden der britischen Autorin J.K. Rowling verwalten. Die Kobolde koexistieren mit den Hexen und Zauberern. Sie haben ihre eigene Sprache, ihre eigene Magie, ihre eigenen Gesetze und ihren eigenen Moralcodex und waren jahrhundertelang Diskriminierung, Vorurteilen und Ermordungen ausgesetzt. Vor allem aber kontrollieren die Kobolde die Finanzwelt in der fiktionalen Realität des *Harry Potter*-Universums. Die antisemitische Darstellung der Goblins wird schon seit Jahren kritisiert.[247]

Während die antisemitischen Bezüge im Buch bereits deutlich mitklingen, sind die Hinweise im Film noch einmal verstärkt, da die Kobolde hier auch bildhaft zu sehen sind. So weisen diese Figuren ziemlich genau jene Eigenschaften auf, die die antisemitischen Kinderbücher der NS-Zeit aufzählen: kleine Körper mit großem Kopf, große Nasen, große Ohren, Brille, eine Glatze mit langen Haaren an den Seiten, teure Anzüge. Die Kobolde in Gringotts erfüllen somit alle Merkmale des Happy Merchant.[248] Außerdem haben sie spitze Zähne (genau wie die Figuren in dem Banner des Künstler:innenkollektivs *Taring Padi* bei der letzten *documenta*) und lange und spitze Fingernägel. In einem Artikel im *Forbes Magazin* bemerkt der Journalist Dani di Placido daher, dass die Kobolde in der *Harry Potter*-Verfilmung kaum von den Darstellungen eines Nazi-Propagandaplakats zu unterscheiden seien. Außerdem weist er darauf hin, dass auf dem Fußboden im Eingangsportal von Gringotts deutlich ein Davidstern zu erkennen ist.[249]

Am stärksten sind die antisemitischen Bezüge jedoch im 2023 erschienenen Videospiel *Hogwarts Legacy*. In diesem Spiel sind die Kobolde die

247 Die Kobolde, Jon Stewart, Harry Potter und BDS | Jüdische Allgemeine (juedische-allgemeine.de), Zugriff am 03.06.2024.drag q

248 deconstruct antisemitism! – Amadeu Antonio Stiftung (amadeu-antonio-stiftung.de), Zugriff am 22.02.2024.

249 Die »Harry Potter«-Antisemitismus-Kontroverse erklärt (forbes.com), Zugriff am 22.02.2024.

erklärten Antagonisten. Inhaltlich geht es um eine Revolte der Kobolde gegen die Hexen- und Zaubererwelt – die hakennasigen, geldaffinen Kobolde sind also offiziell die Bösen, die heimlich die Herrschaft übernehmen wollen. Sie treten somit nicht mehr vorrangig in der Rolle des Happy Merchant auf; stattdessen werden ihre gefährlichen und bedrohlichen Merkmale betont. So besitzen die Kobolde extrem spitze Zähne. Diese Art der Darstellung verweist auf die »Ritualmordlegende«, also auf die Entführung und den Verzehr von christlichen Kindern und auf die Verschwörung des »Blutsaugers«. Dämonisiert werden die Kobolde außerdem dadurch, dass ihre Augen rot leuchten. Auch die Kleidung mancher Kobolde, Anzug und Weste in schwarz und weiß, erinnert an die Bekleidung orthodoxer Juden. Um in *Hogwarts Legacy* voranzukommen, müssen die Spieler:innen ein Kobold-Artefakt sammeln, das wie ein klassisches jüdisches Instrument – ein Schofar – aussieht und den Kobolden der Geschichte zufolge 1612 entwendet wurde (ebenso im Buch) – dem Jahr, in dem in Frankfurt am Main judenfeindliche Unruhen begannen, die mit der Plünderung der Frankfurter Judengasse und der Vertreibung ihrer Bewohner:innen endete. Ursache war damals die Verschwörung gewesen, jüdische Bankiers würden zu hohe Zinsen verlangen. Beachtenswert ist außerdem, dass die antisemitischen Bezüge im Laufe der Jahre (Buch – Film – Spiel) zu- und nicht abnehmen.

Asterix

Antisemitisch konnotiert ist auch die Figur des Sehers aus dem Comic *Asterix und der Seher* von 1972.[250] In dieser Geschichte erscheint ein Wanderer, der sich als Seher bezeichnet, im Dorf der Gallier:innen und sagt den Bewohner:innen für eine materielle Gegenleistung die Zukunft voraus. Dieser Seher verkörpert den ›ewigen Juden‹ bzw. ›ewigen Wanderer‹. Diese antisemitische Figur geht auf eine christliche Verschwörungserzählung des 13. Jahrhunderts zurück, der zufolge ein Jude (der in machen Versionen Ahasver heißt) Jesus auf dessen Weg zur Kreuzigung verspottete und von ihm zur ewigen Wanderschaft verdammt wurde. Der

250 Goscinny, René/Uderzo, Albert: Asterix: Der Seher. Berlin: Egmont Comic Collection, 1972.

›ewige Jude‹ soll somit die Gegensätzlichkeit zum Christentum und die Heimatlosigkeit des jüdischen Volkes versinnbildlichen. Im 19. Jahrhundert erschienen viele antisemitische Karikaturen, die den ›ewigen Juden‹ darstellen. Zwischen diesen Karikaturen und dem Seher im Comic bestehen deutliche äußerliche Verbindungen, wie die Hakennase, der Bart, die Fellbekleidung, der auf dem Rücken getragene Sack und der Jakobsstab. Im Comic stellt sich der Seher Asterix und seinem Dorf selbst als Wanderer vor. Im Verlauf der Erzählung erfahren die Rezipierenden, dass er anscheinend immer so lange an einem Ort bleibt und dort auf fremde Kosten lebt, bis die Leute seinen Betrügereien auf die Schliche kommen und ihn verjagen. Den Römern gegenüber, die ihn festnehmen wollen, formuliert er ganz explizit, dass es sein Ziel sei, zu leben, ohne zu arbeiten, und dass er deshalb die Menschen betrüge und ausnutze.[251] Mehrfach betont er, dass seine Faulheit der Grund für sein Handeln sei. Neben Kost und Logis hat er es dabei vor allem auf das Gold seiner Opfer abgesehen. Er erfüllt somit die antisemitischen Verschwörungen über Heimatlosigkeit, den jüdischen Schmarotzer, der auf Kosten anderer lebt, und das »raffende Kapital«; er sammelt Dinge an, die die Menschen ihm bringen, weil sie von ihm beeinflusst wurden, und scheut dabei die richtige Arbeit, also das »schaffende Kapital«. Um dies zu erreichen, spinnt er Intrigen, spielt die Menschen gegeneinander aus und übernimmt heimlich die Kontrolle, so dass er am Ende ein gutes Leben hat, ohne sich anstrengen zu müssen. Der Seher fungiert in diesem Sinne also als Strippenzieher und steuert das Geschehen zu seinem eigenen Nutzen und zum Schaden aller anderen. Der *Asterix*-Comic beinhaltet somit eine ganze Reihe antisemitischer Codes und Erzählungen.

Jüdinnen:Juden als Schweine: Wall Street und Disney

Neben Kinderbüchern, die den Mythos eines heimatlosen, menschenfeindlichen und unter sich bleibenden Volkes propagieren, dass raffgierig Kapital ansammelt, gibt es Kinderbücher, die die Verunglimpfung von Jüdinnen:Juden als Schweine andeuten. Diese Schmähung geht zurück auf die abwertende christliche Darstellung der ›Judensau‹ und hat eine

251 Ebd.

lange Geschichte. Im 19. Jahrhundert kursierten beispielsweise Postkarten und Zeichnungen, die ›Mauscheljuden‹ als laufende, wie Menschen gekleidete Schweine darstellten. Der Judaist Peter Schäfer weist darauf hin, dass die Beschimpfung von Jüdinnen:Juden als »Schweine« während der NS-Zeit gebräuchlich war und in Bezug auf Heinrich Himmler dokumentiert ist.[252] Nach der NS-Zeit ist diese Form der Beschimpfung jedoch nicht einfach verschwunden. Der populärste Fall in Deutschland war wohl das auf der *documenta fifteen* ausgestellte antisemitische Banner der Gruppe *Taring Padi*, das die Darstellung eines Mitglieds des israelischen Geheimdienstes *Mossad* mit Schweinekopf und Davidstern zeigt.

Die Verbindung von Jüdinnen:Juden und Schweinen lässt sich auch in Kinderbüchern finden. Das noch recht neue Wimmelbuch *Das schönste und größte Bildwörterbuch der Fahrzeuge* beispielsweise bildet eine Limousine ab, die mit »Wall Street« beschriftet ist, und in der vorne ein Wolf und hinten drei kleine Schweine sitzen (wohl als Anspielung auf das Märchen *Die drei kleinen Schweinchen*).[253] Das hinterste Schwein trägt eine Kippa und einen jüdischen Gebetsschal (Tallit). Diese Darstellung verkörpert den Happy Merchant, der als Teil des jüdischen Finanzkapitals heimlich die Welt regiert und spielt somit auf eine antisemitische Verschwörungserzählung an. Auf meine Nachfrage antwortete der publizierende Gestenberg Verlag, dass der Illustrator des Buches, Tom Schamp, mit diesen Vorwürfen konfrontiert, angab, »selbst teilweise jüdische Wurzeln« zu besitzen und daher keine antisemitischen Gefühle zu hegen[254] und nur frei zum Thema »New York« assoziiert zu haben. Nichtsdestotrotz werde er die Darstellung in einer möglichen Neuauflage ändern. Eigene jüdische Wurzeln oder jüdische Vorfahren sollten nicht als Argument genutzt werden, um antisemitische Darstellungen zu reproduzieren, denn solche Darstellungen sollen einfach nicht verbreitet werden, egal von wem.

---

252 Vgl. Schäfer, Peter: Kurze Geschichte des Antisemitismus. München: Piper Verlag, 2022, S. 262.

253 Schamp, Tom: Das schönste und größte Bildwörterbuch der Fahrzeuge. Hildesheim: Gerstenberg, 2023.

254 »[...] but I actually have – partly – Jewish roots and no antisemitic feelings whatsoever«

In Walt Disneys Interpretation von *Die drei kleinen Schweinchen* von 1933 wiederum sind nicht die Schweinchen die jüdisch konnotierten Figuren, sondern der böse Wolf. Um Einlass ins Steinhaus zu bekommen, verkleidet sich der Wolf als Hausierer, als »Borstenmann«. In dieser Verkleidung sind die antisemitischen Bezüge unverkennbar. Mit der langen Nase, dem Bart, der Brille, dem braunen Kaftan und dem Hut sieht die Figur genauso aus wie die Karikatur eines Juden während der NS-Zeit. Um jeden Zweifel auszuschließen, sprach der Wolf noch bis in die 1980er mit jiddischem Akzent. Auf der Handlungsebene ist es zudem so, dass der Wolf die drei kleinen Schweinchen, die auch als Kinder gelesen werden können, ja fressen will. Das ist sein Ziel und auch das Thema des Films. Eine jüdisch markierte Figur, die Kinder töten und essen will, ist eine weit verbreitete und immer wieder reproduzierte antisemitische Verschwörung.

Auch Werke, die in der Schule gelesen werden, beinhalten antisemitische Zuschreibungen. So weist die Autorin Teresa Reichl in ihrem Buch *Muss ich das gelesen haben?* darauf hin, dass in dem Buch *Der Vorleser* von Bernhard Schlink, das gerne im Deutschunterricht gelesen wird, Empathie für die Figur der Nationalsozialistin Hanna hergestellt werde, aber nicht für die Jüdin. Diese erhält keinen Namen, ist reich und lebt in New York und wird vor allem als fremd und »anders« charakterisiert.[255] Außerdem weist Teresa Reichl darauf hin, dass die meisten jener Bücher, die standardmäßig im Schulunterricht zu den Themen jüdisches Leben und Schoa gelesen werden, gar nicht von jüdischen Autor:innen sind (mit den Ausnahmen *Das Tagebuch der Anne Frank* und *Als Hitler das rosa Kaninchen stahl*). Das Jüdische Museum Berlin stellt auf seiner Homepage kostenlos eine Broschüre als PDF zur Verfügung, die Literaturtipps für Kinderbücher (ab zehn Jahre) zum Thema Nationalsozialismus und Schoa bereitstellt, die sich auch für den Schulunterricht anbieten.[256] Neben den zahlreichen Hinweisen, welche Kinderbücher ab welchem Alter sich gut eignen, um Kindern authentische Perspektiven

255 Reichl, Teresa: Muss ich das gelesen haben? Was in unseren Bücherregalen und auf Literaturlisten steht – und wie wir das jetzt ändern. Innsbruck/Wien: Haymon Verlag, 2023, S. 137.

256 Lesenswerte Kinder- und Jugendbücher | Jüdisches Museum Berlin (jmberlin.de), Zugriff am 27.04.2024.

zu diesem Themenkomplex zu vermitteln, enthält die Broschüre auch eine Aufzählung vieler Titel, die zu diesem Thema im Schulunterricht rezipiert werden, obwohl sie antisemitische Ansichten, Vorstellungen und Welterklärungen beinhalten. So rät das Jüdische Museum Berlin von der Rezeption der Titel *Damals war es Friedrich* (1961) von Hans Peter Richter ab (christlich motivierter Antisemitismus, Verschwörungserzählungen, pauschales und falsches Bild vom Judentum), *Die Bücherdiebin* (2005) von Markus Zusak (falsche historische Daten, antisemitische Aussagen, Marginalisierung und Objektivierung von Jüdinnen:Juden) und *Der Junge im gestreiften Pyjama* (2006) von John Boye. Von diesem Titel (der auch verfilmt wurde) rät das Jüdische Museum Berlin ganz besonders ab. Hier würden historische Fakten so stark mit Fiktion vermischt, dass die Rezeption keinen Erkenntnisgewinn biete. Die Schoa werde zudem verharmlost, da die Erzählung, die Deutschen hätten von nichts gewusst, gefördert werde. Des Weiteren wird bei allen diesen Titeln die Vorstellung gefördert, Antisemitismus hätte ausschließlich etwas mit dem Nationalsozialismus zu tun. Alle diese Titel (die alle von Gojim geschrieben wurden) tragen dazu bei, gefährliche antisemitische Ansichten im Schulunterricht zu verbreiten. Ihre Rezeption wird institutionell gefördert, indem die Verlage für diese Bücher Lektüreschlüssel oder anderes Unterrichtsmaterial bereitstellen und indem sie von der *Stiftung Lesen* empfohlen werden. Als positive und lesenswerte Beispiele für Kinderbücher zum Thema Nationalsozialismus und Schoa nennt das Jüdische Museum Berlin unter anderem die Titel *Als Hitler das rosa Kaninchen stahl* von Judith Kerr, *Das Tagebuch der Anne Frank*, *Das versteckte Kind* von Loic Dauvillier, *Eine Insel im Meer* von Loic Dauvillier und viele weitere. Die Liste ist online einsehbar und enthält ausführliche Inhaltsbeschreibungen der einzelnen Titel.

Manche antisemitischen Darstellungen in Kinderbüchern sind somit sehr eindeutig, andere eher subtil. Die Gefahr ist jedoch, wenn Kinder immer wieder mit Bildern von heimatlosen Völkern konfrontiert werden, die Anzüge tragen, spitze Zähne haben und Geld verwalten, oder mit Bildern von raffgierigen reichen Schweinen, die heimlich die Welt regieren und die Leute übers Ohr hauen oder immer wieder Geschichten vorgesetzt bekommen, in denen geheime Mächte die Kontrolle übernehmen, oder Antisemitismus ausschließlich im Kontext der Schoa verortet sehen, dann verinnerlichen sie diese Ideen womöglich. Noch einmal: Kinder sind erst ab einem gewissen Alter kognitiv in der Lage, Dinge kritisch zu reflektieren. Auch Erwachsene tun dies häufig nicht; insbesondere dann nicht, wenn sie antisemitische Denkmuster längst verinnerlicht haben.

Sexismus

Im Frühjahr 2024 ist es Abiturient:innen in verschiedenen Bundesländern wie Hessen, Hamburg, Schleswig-Holstein und Bayern verboten worden, bei der Bearbeitung ihrer Prüfungsaufgaben zu gendern. Wollten sie keinen Punkteverlust in Kauf nehmen, so mussten die Abiturient:innen konsequent das generische Maskulinum verwenden. »Menschen zu verbieten, inklusive Sprache zu verwenden, ist ein Rückschritt ins letzte Jahrhundert. Der Staat sollte Respekt und Toleranz fördern, nicht verbieten«, so die Bundesbeauftragte für Antidiskriminierung, Ferda Ataman.[257] Jurist:innen der Antidiskriminierungsstelle kamen in einem Kurzgutachten ebenfalls zu dem Ergebnis, dass ein Genderverbot gewisse Grundrechte beschneidet: So bestehe »insbesondere die Gefahr, dass staatliche Einrichtungen verpflichtet werden, das Geschlechtsdiskriminierungsverbot sowie allgemeine Persönlichkeitsrechte von Frauen, intergeschlechtlichen sowie nicht-binären Menschen zu verletzen«.[258]

Beachtenswert ist neben der Tatsache, dass Menschen, die FLINTA sprachlich sichtbar machen, sanktioniert werden, dass dieses Verbot gewissermaßen vorauseilend erteilt wurde, da es de facto keinen Genderzwang gibt. Ferda Ataman spricht daher von einer Scheindebatte.[259] Zum anderen müsste es eigentlich korrekterweise verboten sein, zu entgendern (siehe Abschnitt zu Sexismus in der Sprache). Denn das generische Maskulinum besteht ja darin, grundsätzlich männlich zu gendern. Bereits indem diese Aspekte, das Gendern und das Entgendern, verdreht werden, wird die männliche Position als die normale dargestellt und alle anderen als Sonderformen. »Ein Land, das so stolz ist auf seine Pünktlichkeit und

257 Genderverbot: Scharfe Warnung der Antidiskriminierungsstelle – ZDFheute, Zugriff am 16.05.2024.

258 Ebd.

259 Antidiskriminierungsstelle – Homepage – Antidiskriminierungsstelle des Bundes warnt vor »Genderverboten«, Zugriff am 30.08.2024.

Präzision, das Land der Dichter und Denker«, schreibt Margarete Stokowski, »will bei Sprache lieber rumschludern und einfach mal Frauen in der Sprache unsichtbar machen«.

Aber von der sprachlichen Ebene ganz abgesehen, kann auch heute noch von Gleichberechtigung keine Rede sein. Das Patriarchat bevorzugt in allen gesellschaftlichen Bereichen (u.a. Medizin, Recht, Wirtschaft, Bildung, Politik) cis Männer und benachteiligt alle anderen. Hetero und cis männliche Perspektiven sind omnipräsent[260] und dominieren unser Alltags(er)leben. Im Folgenden soll zunächst ein Überblick über das Ausmaß sexistischer Ungleichheit erfolgen. Anschließend gehe ich auf die Problematik des im Patriarchat verankerten Zwangs zur Zweigeschlechtlichkeit und Cis- und Heteronormativität ein sowie auf seine ideologische Funktion. Dann bespreche ich die daraus resultierenden konservativen Männer- und Frauenbilder, die cis Männer zwar bevorzugen, aber dennoch für alle Menschen, also auch für sie selbst, schädlich sind. Anschließend wird der bedeutende Einfluss von Kindermedien bei der Tradierung von Geschlechterrollen und konservativen cis Männer- und Frauenbildern untersucht: Was bringen Bücher, Filme und Spielzeuge Kindern in Bezug auf Zweigeschlechtigkeit und Cisnormativität bei? Was für Bilder vermitteln sie über die Eigenschaften, die Rollen und die Möglichkeiten von cis Mädchen und cis Frauen, von cis Jungs und cis Männern? Und wie wirken sie sich auf Kinder aus, die sich nicht mit männlichen oder weiblichen Zuschreibungen identifizieren können?

Zahlen und Fakten: die sexistischen Ungleichheitsverhältnisse des Patriarchats

Wie ist es um die Situation von Frauen (in Deutschland) nun konkret bestellt? Erst vor rund 100 Jahren (1918) erkämpften sich Frauen erstmals das aktive und passive Wahlrecht, wobei sie das passive Wahlrecht in der Zeit von 1933–45 nicht ausüben durften. Erst seit 1958 dürfen Frauen ohne Erlaubnis ihres Ehemanns Lohnarbeit ausüben und Geld verdienen, ihr eigenes Konto eröffnen, ihr Vermögen selbst verwalten und auch das Geld, das sie verdienen, selbst behalten. Allerdings durften sie bis 1977

260 Lisa Jaspers/Naomi Ryland/Silvie Horch (Hgg.): Unlearn Patriarchy, S. 12.

nur dann Geld verdienen gehen, wenn dies »mit ihren Pflichten in Ehe und Familie vereinbar«[261] war. Seit 1991 dürfen Frauen ihren Namen bei der Eheschließung behalten, seit 1997 ist Vergewaltigung auch in der Ehe strafbar und erst seit 2016 ist der Grundsatz »nein heißt nein« auch im Strafgesetzbuch verankert. Konkreter Anlass für diese Gesetzesänderung war die »Kölner Silvesternacht« und somit nicht die Einsicht vieler Abgeordneter in Bezug auf diese Gesetzeslücke im Sexualstrafrecht, sondern ihr Rassismus. Erst in dem Moment, als nicht-*weiße* Männer *weiße* cis Frauen belästigten, wurde die unzureichende Gesetzeslage plötzlich anerkannt. Erst 2018 wurde das Entgeldtransparenzgesetz verabschiedet, das gewährleisten soll, dass Frauen für die gleiche Arbeit auch das gleiche Geld erhalten. In der Realität werden sie allerdings immer noch in 45 von 47 Branchen schlechter bezahlt als Männer (nur nicht im Postdienst und im Personen- und Güterverkehr).[262] Gehaltsgleichheit wurde also bis heute nicht erreicht. 2023 hatten Frauen durchschnittlich 18,3 % weniger Einkommen als Männer. Dieser Prozentsatz wird als »gender pay gap« bezeichnet. Rechnerisch arbeiteten Frauen in Deutschland also vom 1. Januar 2023 bis zum 7. März umsonst, weshalb der 7. März 2023 als »equal pay day« 2023 bezeichnet wird. Bei migrantisierten Frauen (statistisch jede dritte Frau in Deutschland) betrug die Lohnlücke zu *weißen* Männern sogar rund 30 %; sie werden aufgrund ihrer intersektionalen Identität also noch stärker benachteiligt als *weiße* Frauen. Bei der EU-weiten Erhebung des gender pay gaps seit ca. 15 Jahren belegt Deutschland übrigens einen der letzten Plätze. Neben dem gender pay gap existieren zahlreiche weitere gender gaps. So zum Beispiel der »gender pension gap«, dem zufolge Frauen derzeit im Alter durchschnittlich ganze 49 % weniger Geld erhalten als Männer. Die Frauenrente liegt momentan bei durchschnittlich 807 Euro und damit unter dem Existenzminimum (967 Euro): Altersarmut ist weiblich. Frauen sind somit nicht nur der Doppelbelastung durch (Teilzeit-)Arbeit und Sorgearbeit, sondern häufig auch Altersarmut ausgesetzt. Am Ende ihres Lebens wer-

---

261 Gleichberechtigung wird Gesetz | Hintergrund aktuell | bpb.de, Zugriff am 14.05.2024.

262 Homepage – Wirtschafts- und Sozialwissenschaftliches Institut (wsi.de), Zugriff am 14.04.2024.

den sie durchschnittlich zwischen 45 und 62 % weniger verdient haben als Männer.

Doch Frauen verdienen nicht nur weniger; sie sind auch medizinisch schlechter versorgt. Der Fachbegriff für dieses Phänomen lautet »gender health gap«: Dieser äußert sich beispielsweise dadurch, dass das Wissen um die Symptome für einen Herzinfarkt bei cis Männern (plötzlicher starker Brustschmerz, massives Engegefühl, Schmerzen im linken Arm) gesellschaftlich sehr gut verbreitet ist. Die Symptome für einen Herzinfarkt bei Frauen können jedoch ganz anders sein (Engegefühl in der Brust, Bauchschmerzen, Übelkeit, Schwäche, Kurzatmigkeit, Rückenschmerzen) und werden manchmal sogar von Mediziner:innen nicht erkannt. Der Herzinfarkt galt lange Zeit als gesundheitliches Risiko für Männer, die Bemühungen um medizinische Vorsorge und Aufklärung konzentrierten sich daher auch nur auf cis Männer. Heute besteht die paradoxe Situation, dass Männer zwar häufiger einen Herzinfarkt erleiden, aber Frauen häufiger an einem Herzinfarkt sterben. Krankheiten, die nur Menschen mit Uterus betreffen, so wie Endometriose, das polyzistische Ovarialsyndrom (PCOS) oder auch das Lipödem, sind immer noch unzureichend erforscht und werden auch nur unzureichend behandelt, obwohl sie für viele Hunderttausende von Menschen ein Leben mit Schmerzen, Komplikationen, Verlust der Lohnarbeit, gesellschaftlichen Ausschluss oder auch unerfülltem Kinderwunsch bedeuten. Während der Geburt erleben viele Menschen mit Uterus in Deutschland Gewalt, weshalb sich die *Roses Revolution* etabliert hat: Am 25. November, dem internationalen Tag gegen Gewalt gegen FLINTA, können Gebärende, die Gewalterfahrungen im Kreißsaal gemacht haben, eine Rose bei dem entsprechenden Krankenhaus abgeben.[263] Medizinisch benachteiligt werden Menschen mit Uterus auch beim Thema Empfängnisverhütung. Jahrelang haben Menschen mit Uterus künstliche Hormone zur Empfängnisverhütung geschluckt; viele tun es noch immer. Einige haben dadurch mit schwerwiegenden gesundheitlichen Konsequenzen zu kämpfen (Bluthochdruck, Gewichtszunahme, Depressionen, Übelkeit, Abnahme der Knochendichte, erhöhtes Thromboserisiko, erhöhtes

263 Roses Revolution – #rosrev – Initiative gegen Gewalt in der Geburtshilfe: Teile Deine Geburtserfahrung (gerechte-geburt.de), Zugriff am 19.04.2024.

Herzinfarktrisiko, erhöhtes Risiko für Lungenembolie, erhöhtes Risiko für Tumore), manche sind gestorben.[264] Die Politik, das Gesundheitssystem, die Krankenkassen und die Gesundheitsorganisationen bemühen sich nicht groß um Aufklärung bezüglich der gesundheitlichen Risiken der Pille und nach einem hormonellen Verhütungsprodukt für cis Männer wird auch erst seit kurzer Zeit geforscht. Verantwortung und Risiko für die Reproduktion liegen somit vor allem bei Menschen mit Uterus.

Gerade die Medizin ist ein gesellschaftlicher Bereich, in dem Zweigeschlechtlichkeit propagiert und auch gewaltsam umgesetzt wurde und wird. Besonders diskriminierend ist das Gesundheitssystem daher in Bezug auf Menschen mit Geschlechtsinkongruenz, die lange Zeit nicht anerkannt, sondern als psychische Krankheit betrachtet wurde. Eine Leitlinie, die dem widerspricht und die medizinische Beratung von Kindern und Jugendlichen mit trans Identitäten verbessern soll, ist erst im Frühjahr 2024 erschienen. Trans Personen machen daher gerade in medizinischen Einrichtungen Diskriminierungserfahrungen, zum Beispiel durch Vorannahmen, aufdringliche Fragen oder die Bezeichnung mit den falschen Pronomen oder Namen. Die Besuche von medizinischen Einrichtungen werden daher von trans Personen oft als traumatisierend erlebt. Neben dem Stress, dem trans Personen somit ausgesetzt sind, kann das auch dazu führen, dass medizinische Einrichtungen gemieden werden. Auch dies trägt zu einer schlechteren medizinischen Versorgung von trans Personen bei.

Ganz grundsätzlich ist unser Gesundheitssystem sexistisch. So wurden Medikamente lange Zeit ausschließlich an cis männlichen (und *weißen*) Probanden getestet und waren für FLINTA somit nicht unbedingt gleichermaßen verträglich oder wirksam und berücksichtigten zudem nicht die Möglichkeit der Menstruation. Ein Beispiel hierfür ist das Anästhetikum Propofol, das breite Verwendung in Deutschland findet und hauptsächlich bei FLINTA zur sogenannten »Awareness« führen kann: Im Zustand der Awareness erleben Patient:innen ihre Operation ohne Schmerzen, aber bei vollem Bewusstsein und oft unter Todesangst mit.

264 Antibabypille – Auf die Verhütung folgte der Tod – Panorama – SZ.de (sueddeutsche.de), Zugriff am 14.03.2024.

Die Folge davon sind Posttraumatische Belastungsstörungen (PTBS).[265] Da Propofol bei FLINTA anders wirken kann als bei cis Männern, aber nur an cis Männern getestet wurde, bewirkt, dass FLINTA einem höheren Risiko von PTBS infolge von Operationen ausgesetzt sind.

Bis heute ist der Medizinbetrieb cis männlich dominiert; gerade in Krankenhäusern und Praxen herrscht immer noch Geschlechtertrennung: Chirurgen werden männlich gedacht und das Pflegepersonal ist fast ausschließlich weiblich und pflegt und kümmert, arbeitet zu und befolgt Befehle. Das führt zu einem extrem sexistischen Arbeitsklima. Im Zuge der »Metoo«-Bewegung berichteten angehende Mediziner:innen 2018 im *Deutschlandfunk* über ihre Sexismuserfahrungen in der Berliner Charité:

> »Uns wurde ziemlich klar gesagt, dass man als Frau überhaupt keine Chance [in der Chirurgie] hat. Ich bräuchte mich erst gar nicht bewerben, weil Frauen nicht so robust seien wie Männer und dann sowieso Kinder kriegen. Letztendlich habe ich mich entschieden, Psychiatrie zu wählen, weil mir dort solche Kommentare eher noch erspart werden. [Das ist] eine Kombination aus sexistischer Grundhaltung, Hierarchiedenken und vorherrschenden Geschlechterstereotypen, wonach der Mann der Halbgott in Weiß und die Frau Schwester ist.«[266]

Über 70 % der Befragten gaben zudem an, von sexueller Belästigung betroffen zu sein. Obwohl inzwischen mehr Frauen als Männer Medizin studieren, liegt der Anteil an Frauen in Führungspositionen an medizinischen Fakultäten staatlicher Universitäten aktuell nur bei ca. 13 %.[267]

Sexismus und gender gaps gibt es noch in vielen weiteren gesellschaftlichen Bereichen, so auch beim Autofahren. Dummietests (also Crashtests bei Autos) wurden lange Zeit ausschließlich mit Puppen durchgeführt, die die durchschnittlichen cis männlichen Proportionen besitzen (1,75 m und 78 kg). Inzwischen gibt es auch anders gebaute Dummies. Bis vor Kurzem war dies die sogenannte Fünf-Perzentil-Frau, die mit einem Gewicht von 52 Kilo und einer Größe von 1,52 m allerdings eher dem

265 Frauen sind häufiger bei Bewusstsein während einer Narkose als Männer (nzz.ch), Zugriff am 30.08.2024.

266 »MeToo« in der Medizin – Sexismus im Operationssaal (deutschlandfunkkultur.de), Zugriff am 13.03.3024.

267 Ebd.

cis männlichen Blick als dem realen Durchschnittsmaß von Frauen entspricht. Erst seit dem Frühjahr 2024 gibt es den Dummie Eva, der immerhin 62 kg wiegt. Das Zulassungsverfahren für Autos der EU schreibt allerdings nur das Testen mit der alten Dummie-Figur explizit vor; mit Eva muss also nicht verpflichtend getestet werden. Schwangere Dummies gibt es bisher überhaupt nicht. Cis Männer werden also beim Autofahren sehr gut geschützt – und alle anderen nur unzureichend (gender safety gap).

In der Produktentwicklung und in der Technik wird von Endverbraucher:innen mit großen Händen ausgegangen:

> »Zum Beispiel sind viele elektronische Geräte inklusive Handys, Bohrmaschinen und sogar Küchenmaschinen für Männerhände gebaut und können einhändig von Frauen gar nicht bedient werden.«[268]

Maschinelle Gesichtserkennungsprogramme erkennen vor allem FLINTA mit dunkler Haut deutlich schlechter als *weiße* Männer, Spracherkennungsprogramme tun sich ebenfalls schwerer bei FLINTA und die Kreditwürdigkeits-Algorithmen der Apple-Kreditkarte von 2019 stufte FLINTA pauschal als weniger kreditwürdig ein. Alle diese Produkte wurden von cis Männern für cis Männer entwickelt; FLINTA (immerhin mehr als die halbe Bevölkerung) wurden dabei offenbar nicht mitgedacht. Patriarchales Design prägt unseren Alltag; Gebrauchsgegenstände sind so konzipiert, dass sie für cis Männer gut nutzbar sind, die öffentliche Infrastruktur richtet sich nach den Bedürfnissen von Männern, während die Bedürfnisse von FLINTA, wie Bänke und Toiletten in öffentlichen Parks, eine gute Straßenbeleuchtung oder die Gewährleistung der Sicherheit im ÖPNV, weniger berücksichtigt werden. Der botanische Garten Mainz veranschaulicht exemplarisch für öffentliche Orte die Ungleichheit im Geschlechterverhältnis: Hier sind alle Wege im Garten nach cis männlichen Wissenschaftlern benannt. Cis Frauen hingegen werden in Form von (nackten) Skulpturen repräsentiert (Daher sollen zumindest fünf der Wege jetzt nach cis Frauen benannt werden). Die Medizin bevorzugt cis Männer, vor allem die Sicherheit von cis Männern soll gewähr-

268 Abbou, Kenza Ait Si: unlearn technologie, S. 258. In: Lisa Jaspers/Naomi Ryland/Silvie Horch (Hgg.): Unlearn Patriarchy, S. 252–270.

leistet werden; selbst das Design von Kinderspielzeug und Kindermedien orientiert sich an den Idealvorstellungen von dem Blick von cis Männern (z.B. Barbie-Puppen, TopModel, Lara Croft).

Wenn bereits weibliche Crashtest-Puppen und Kinderspielzeug auf den männlichen Blick hin konzipiert sind, so überrascht es nicht, dass auch von erwachsenen FLINTA erwartet wird, dem männlichen Blick gerecht zu werden. FLINTA leisten durchschnittlich mehr Schönheitsarbeit als Männer; was in der Forschung als »gender grooming gap« bezeichnet wird. Hierbei geht es jedoch nicht nur um die Zeit und den Aufwand, die FLINTA in Frisieren, Cremen, Enthaaren, Mani- und Pediküren, Sport und Diät investieren. Besonders perfide ist dabei die sogenannte Pink Tax, also die Tatsache, dass die Produkte und Dienstleistungen, die FLINTA erwerben müssen, um diese Schönheitsarbeit leisten zu können, oft teurer sind als die Äquivalente für Männer. Beispiele sind »Damenschnitte« beim Friseur, die mehr kosten als »Herrenschnitte« oder pinke (Einweg-)Rasierer, die in der Regel teurer sind als orangene oder dunkelblaue.[269]

FLINTA werden jedoch nicht nur strukturell nicht mitgedacht und benachteiligt; ihr kulturelles Schaffen wurde zudem über die Jahrhunderte hinweg immer wieder unsichtbar gemacht. In ihrem Buch *Muss ich das gelesen haben?* legt die Autorin Teresa Reichl dar, wie die Literatur von FLINTA systematisch aus dem Kanon verdrängt wurde und bis heute wird. Es ist in Deutschland problemlos möglich, Abitur zu machen, ohne überhaupt jemals irgendetwas von FLINTA gelesen zu haben. Abi zu machen, ohne etwas von einem *weißen* cis Mann gelesen zu haben, ist hingegen nicht möglich. Obwohl FLINTA immer schon viel publiziert haben und damit auch erfolgreich waren, galten ihre Werke schon zur Erscheinungszeit nicht als richtige Literatur, sondern als Frauenliteratur und wurden somit nicht im selben Maße ernstgenommen.[270] Wichtige (cis männliche) Literaturkritiker wie Marcel Reich-Ranicki oder Denis Scheck äußerten sich abwertend und misogyn über Frauen und über deren Literatur (Marcel Reich-Ranicki: »Wen interessiert, was die Frau

269 Lechner, Elisabeth: Riot, don't diet. Aufstand der widerspenstigen Körper. Wien: Kremayr & Scheriau, 2021, S. 19.

270 Reichl, Teresa: Muss ich das gelesen haben?, S. 126.

denkt, was sie fühlt, während sie menstruiert? Das ist keine Literatur – das ist ein Verbrechen«[271] Denis Scheck: »Annie Ernaux ist eine kleine, fragile Frau, die aber einen wunderbaren Schalk im Nacken hat, die auch in ihrem Alter durchaus ein erotisches Flair umgibt«;[272] »Diese Autorin kann nicht denken!«)[273] und besprachen/besprechen die Bücher von Frauen signifikant seltener als die von cis Männern.[274] Doch nicht nur im *Literarischen Quartett* oder *lesenswert-Quartett*, sondern ganz grundsätzlich werden die Texte von Autorinnen nicht im selben Maße rezensiert und beworben; sie bekommen also nicht so viel Platz wie die Bücher von cis Männern. Dies zeigte sehr anschaulich die Studie *#frauenzählen* der Uni Rostock,[275] die die Sichtbarkeit von Frauen in Medien und im Literaturbetrieb untersuchte. Die Studie konnte ermitteln, dass die Werke männlicher Autoren doppelt so häufig und zudem ausführlicher besprochen werden als die Werke von Frauen, dass Literatur zu 75 % von Männern besprochen wird und diese Männer wiederum zu 75 % Bücher von Männern und nur zur 25 % von Autorinnen besprechen. Literaturkritikerinnen besprechen jedoch Bücher von Männern und von Frauen gleichermaßen (also zu je 50 %). Die Studie kam daher zu dem Fazit, dass männliche Autoren und männliche Kritiker den literarischen Rezensionsbetrieb in Deutschland dominieren.

Das Schaffen von FLINTA wird vor allem im Kontext Schule in vielen weiteren Bereichen unsichtbar gemacht wird, zum Beispiel wenn Schulbücher zu den Themen Mathematik oder Philosophie ausschließlich alte *weiße* (tote) cis Männer abbilden und besprechen. Das Phänomen, dass Schüler:innen neben den expliziten Lehrinhalten implizit und subtil bestimmte Werte und Normen vermittelt werden, wird als »heimlicher

---

271 »Frauen Literatur«: Männer, Männer und nochmals Männer | ZEIT ONLINE, Zugriff am 15.08.2024.

272 Annie Ernaux kriegt den Nobelpreis und Denis Scheck glänzt mit Sexismus – kleinreport.ch, Zugriff am 15.08.2024.

273 Schweig, Autorin – Misogynie in der Literaturkritik – 54books, Zugriff am 15.08.2024.

274 »Frauen Literatur«: Männer, Männer und nochmals Männer | ZEIT ONLINE, Zugriff am 15.08.2024.

275 FRAUEN ZÄHLEN (xn--frauenzhlen-r8a.de), Zugriff am 27.04.2024.

Lehrplan« bezeichnet.[276] Indem FLINTA im Schulkontext nicht als Wissenschaftler:innen, Philosoph:innen und Autor:innen in Erscheinung treten, vermittelt der heimliche Lehrplan in Deutschland Kindern, dass alle großartigen kulturellen Errungenschaften auf das Wirken von *weißen* cis Männern zurückzuführen seien.

Macht ist äußerst ungleich verteilt: Nur zehn Prozent aller Regierungschef:innen weltweit sind weiblich, nur ca. 7 % aller Nobelpreise wurden an cis Frauen verliehen, nur 26 % aller Professuren an deutschen Hochschulen sind weiblich, aber dafür 82 % aller deutschen Pflegekräfte. 2023 wurde erstmals die 20-%-Grenze des Frauenanteils in den Vorständen der deutschen DAX-Unternehmen geknackt. 2008 betrug dieser noch 0,5 %.[277] Wenn heterosexuelle *weiße* cis Männer in allen Bereichen zur unsichtbaren und unhinterfragten Norm werden und sich die Strukturen an ihren spezifischen Bedürfnissen orientieren und genau auf diese zugeschnitten sind (und dabei alle anderen Menschen nicht mitdenken), dann ist von Androzentrismus die Rede. Androzentrismus gibt cis Männern Macht, Freiheit und Sicherheit – und allen anderen nicht.

Genderwissenschaftler:innen und Aktivist:innen weisen jedoch darauf hin, dass sexistische Ungleichheit und konservative Rollenverteilungen nicht nur im beruflichen, sondern sehr häufig auch im privaten Umfeld reproduziert werden. Während in Ländern wie Mexiko (39 %) oder Brasilien (45 %) tendenziell weniger cis Männer finanzielle Entscheidungen allein verantworten, überlassen in Deutschland ganze 60 % der cis Frauen diese wichtigen Entscheidungen ihren Partnern. Lediglich 23 % der deutschen Frauen geben an, die finanzielle Führungsrolle in der Ehe auszufüllen. Nur 19 % treffen Entscheidungen gemeinsam mit ihrem Partner (Studie UBS Global Wealth Management, 2019).[278] Während cis Frauen sich eher weniger um die Finanzen kümmern, so haben sie vor allem als Mütter hingegen einen höheren Anteil an Hausarbeit, Carearbeit und »Mental Load«. Dieses Phänomen wird als »gender

276 Politikdidaktik und »heimlicher Lehrplan« | APuZ 43/1981 | bpb.de, Zugriff am 15.08.2024.

277 Frauenanteil in Vorständen der DAX-Unternehmen bis 2023 | Statista, Zugriff am 11.04.2023.

278 UBS Studie zeigt: Frauen kümmern sich zu wenig um Finanzfragen – Fondsfrauen, Zugriff am 12.03.2024.

care gap« bezeichnet. Einer aktuellen Studie zufolge leisten FLINTA in Deutschland jährlich 72 Milliarden Stunden unbezahlte Sorgearbeit. Das ist mehr als die Summe aller Arbeitsstunden von Erwerbstätigen in Deutschland zusammen. Doch »obwohl die Sorgearbeit einen elementaren Beitrag zur Funktionsfähigkeit unserer Gesellschaft leistet, wird sie wie ein Nebenschauplatz des Wirtschaftslebens behandelt«.[279] Am 1. Mai 2024, dem Tag der Arbeit, forderte Arbeitgeberpräsident Rainer Dulger eine Erhöhung der Arbeitszeit, um Deutschland als Standort wieder attraktiver zu machen.[280] Sachsens Ministerpräsident Michael Kretschmer, der CDU-Vorsitzende Friedrich März und der CDU-Generalsekretär Carsten Linnemann schlossen sich an und schlugen vor, dass »alle« 40 Stunden pro Woche arbeiten sollten.[281] Mit »alle«, so die Haushaltsökonomin Uta Meier-Gräwe im *Handelsblatt*, seien FLINTA gemeint, die oft Teilzeit arbeiten:

> »Doch was Dulger, Kretschmer, Merz und Linnemann bei ihren markigen Aussagen gern verkennen: Frauen drehen nicht am Däumchen. Oft noch in traditionellen Rollen halten sie ihrem Partner den Rücken frei. Was damit gemeint ist? Sie kümmern sich um die Kinder und den Haushalt, pflegen und versorgen Angehörige […] Eine Prognos-Studie von Februar zeigt, dass Frauen mit durchschnittlich mehr als 39 Stunden Sorgearbeit bereits einen Vollzeitjob haben – nur eben einen unbezahlten.«[282]

Von diesen FLINTA würde somit erwartet werden, 80 Stunden pro Woche zu arbeiten. Ganz besonders benachteiligt sind Mütter, da sie auch noch mit weniger Schlaf und weniger Zeit für sich selbst zurechtkommen müssen:

> »Frauen verdienen weniger, erhalten weniger Rente, kümmern sich mehr unbezahlt um andere. Dass sie all dies auch noch trotz Schlafmangels tun, dass sich dieser Schlafmangel auch noch negativ auf ihre Karrierechancen und Erwerbsarbeit auswirkt, wird nicht bedacht. Der Gender-Sleep-Gap

279 Der unsichtbare Wert von Sorgearbeit | Prognos, Zugriff am 13.06.2024.

280 40 Stunden Arbeit für alle heißt 80 Stunden Arbeit für Frauen (handelsblatt.com), Zugriff am 30.08.2024.

281 Ebd.

282 Ebd., Zugriff am 13.06.2024.

ist hierzulande noch recht unbekannt. Dass wir uns müde weniger politisch engagieren können und damit weniger Kraft haben, um etwas an unserer Situation zu verändern, setzt all dem noch die Krone auf. [...] Innerhalb von Familien brauchen wir mehr Schlafgerechtigkeit. Nicht nur die erwerbsarbeitende Person braucht ausreichend Schlaf, sondern auch Carearbeitende brauchen Schlaf. ›Du bist ja nur zu Hause, dann kannst du dich nachts ja um das Kind kümmern!‹ sollte wirklich kein Argument sein, um einer Person den Schlafmangel zuzuschieben.«[283]

Diejenigen Frauen, so Emilia Roig, die bisher noch nicht gemerkt haben, dass sie Frauen in einer patriarchalen Welt waren, merken es spätestens, wenn sie Mütter in einer heterosexuellen Beziehung werden.[284] Wohlhabende, meist *weiße* cis Frauen und Mütter, die es sich leisten können, greifen daher gerne auf Unterstützung zurück und lassen zumindest einmal pro Woche die Putzfrau kommen. Diese ist in der Regel ebenfalls cis weiblich – und hat nicht selten eine familiäre Einwanderungsgeschichte. Hier handelt es sich um einen Fall von Intersektionalität: Sexismus, Rassismus und Klassismus hängen ganz unmittelbar zusammen: Damit *weiße* und wohlhabende cis Frauen arbeiten (oder schlafen) können, erledigen andere cis Frauen, die nicht wohlhabend und oft auch migrantisiert sind, die Haus- und Carearbeit für sie. Doch wer putzt für die Putzfrau? Auch sie befindet sich nicht selten in exakt derselben Situation wie ihre Arbeitgeberin (bezahlte Arbeit, Carearbeit, Kinder); allerdings hat sie nicht die finanzielle Möglichkeit, sich Unterstützung zu holen und ist aufgrund ihrer intersektionalen Identität daher einer noch höheren Belastung ausgesetzt:

»Die ärmsten Frauen der Welt emigrieren und übernehmen schlecht bezahlte und weder rechtlich noch sozial abgesicherte Jobs in Erziehung, Pflege und Haushalt, damit wir Frauen im Globalen Norden unsere Träume von einem *weißen*, emanzipierten, *hard working* Barbie-Mittelschichts-Konsumfeminismus ausleben können. Und natürlich: Damit wir dem Arbeitsmarkt zur Verfügung stehen. Wenn wir unseren Feminismus ernst nehmen und wirklich leben wollen, sollten wir genau an diese Frauen denken, bevor wir zum

283 Der Gender-Sleep-Gap – Jede Mutter kann schlafen lernen – Geborgen Wachsen (geborgen-wachsen.de), Zugriff am 13.03.2024.

284 Roig, Emilia: Why we matter, S. 55.

> nächsten Schnäppchen-Shoppen losziehen oder die Hilfe migrantisierter Reinigungs- und Pflegekräfte heranziehen.«[285]

Feminismus ist somit oft *weiß* und cisnormativ und hat nicht das Wohl aller FLINTA im Blick, sondern nur einer Gruppe bestimmter cis Frauen, die dieselben Rechte und Möglichkeiten wie ihre *weißen* cis männlichen Partner anstreben.

Neben der strukturellen Benachteiligung ist die konkrete Gewalt gegen FLINTA zu nennen. Die Rechtsanwältin und Autorin Christina Klemm schildert in ihrem 2023 erschienen Buch *Gegen Frauenhass*, wie das auf der Zweigeschlechtlichkeit basierende Machtgefälle des patriarchalen Systems, das sich in allen gesellschaftlichen Bereichen spiegelt, insbesondere zu Gewalt gegen FLINTA führt, gegen die diese nur sehr unzureichend geschützt werden:

> »Die Justiz weigert sich, das Problem zu verstehen, sich fortzubilden und etwas an den Strukturen zu ändern. Die Politik weigert sich, mehr Geld und Ideen in Prävention, Kampagnen, in Täterarbeit und Unterstützung der Betroffenen, in Kapazitäten zu investieren.«[286]

Da Gewalt im häuslichen Umfeld auf patriarchalen Strukturen beruht, also darauf, dass eine übergeordnete Person andere mittels Gewalt kontrollieren kann, schlägt bell hooks statt dem üblichen Begriff »häusliche Gewalt« den Begriff »patriarchale Gewalt« vor. Diese Bezeichnung inkludiert die Gewalt von cis Männern gegenüber FLINTA ebenso wie gleichgeschlechtliche Gewalt und Gewalt gegenüber Kindern.

Patriarchale Gewalt gegenüber FLINTA findet statistisch in Deutschland alle 45 Minuten statt; jede dritte cis Frau wird mindestens einmal in ihrem Leben Opfer von physischer und/oder sexualisierter Gewalt; etwa jede vierte cis Frau wird mindestens einmal Opfer körperlicher oder sexualisierter Gewalt durch ihren aktuellen oder früheren Partner. Jeden Tag versucht ein cis Mann, seine (Ex-)Partnerin zu töten, jeden dritten Tag gelingt ihm das.[287] Femizide werden in Deutschland (immer noch) nicht

285 Naqshband, Saboura: unlearn klasse, S. 182 f. In: Emilia Roig/Alexandra Zykunov/Silvie Horch (Hgg.): Unlearn Patriarchy 2, S. 168–191.

286 Klemm, Christina: Gegen Frauenhass. Berlin: Hanser, 2023, S. 15.

287 Ebd., S. 16.

als Straftatbestand anerkannt (in anderen Ländern wie z.B. Frankreich hingegen schon). Weitere Gesetzeslücken wie im Umgangsrecht (wenn misshandelte Mütter gezwungen werden, regelmäßig ihren prügelnden Expartnern gegenübertreten zu müssen, da diese ein Besuchsrecht für das/die gemeinsamen Kind/er haben) benachteiligen und gefährden Frauen. Nur die wenigsten Frauen haben noch nie einen sexualisierten Übergriff erlebt.[288] Beispiele für patriarchale Gewalt sind Donald Trump, der damit prahlt, sich gegenüber Frauen einfach alles erlauben zu können (»You can grab 'em by the p*«), der Tennisspieler Alexander Zverev, der Brenda Patea, seine damalige Partnerin und Mutter seines Kindes, 2020 misshandelt und so lange gewürgt hat, bis sie keine Luft mehr bekam, der Profifußballer Jérôme Boateng, der offenbar seine Expartnerin, das Model Kasia Lenhardt, durch physische und psychische Gewalt in den Suizid getrieben hat, und auch Sherin Senler, die Mutter seiner Kinder, geschlagen, gebissen, bespuckt und beleidigt hat, der Produzent Harvey Weinstein, der seine Machtposition jahrzehntelang ausnutzte, um zahlreiche Frauen zu vergewaltigen und zu belästigen, der Investmentbanker Jeffrey Epstein, der jahrelang zahlreiche teils minderjährige Frauen missbrauchte, der Profi-Sprinter Oskar Pistorius, der 2013 seine Partnerin, das Model Reeva Steenkamp, nach einem Streit erschossen hat, der Ex-IWF-Chef Dominique Strauss-Kahn, der 2011 ein Zimmermädchen vergewaltigte, der R&B-Sänger Chris Brown, der sein damalige Partnerin, die Sängerin Rihanna, schwer verprügelte, oder der Football-Profi und Schauspieler O.J. Simpson, der 1994 mutmaßlich seine Exfrau, Nicole Brown Simpson, und deren neuen Partner ermordet hat. Statistisch gesehen ist das eigene Zuhause für Frauen der gefährlichste Ort und die größte Gefahr geht von ihnen bekannten cis Männern aus.[289] Anders verhält es sich in Bezug auf die Gewalt gegenüber LSBTIQ*: »Allein der Anblick einer Drag Queen, einer trans Person oder eines lesbischen oder schwulen Paares kann Gewalttäter motivieren, brutal zuzuschlagen«, so der Lesben- und Schwulenverband auf seiner Homepage.[290]

288 Ebd.

289 Ebd., S. 17.

290 Queerfeindliche Gewalt: Angriffe auf Lesben, Schwule, bisexuelle, trans- und intergeschlechtliche sowie queere Menschen (LSBTIQ*) (lsvd.de), Zugriff am

In Bezug auf LSBTIQ* ist ein deutlicher Anstieg der Gewalttaten in den letzten Jahren, insbesondere seit Corona zu verzeichnen. Diese Form der Hassgewalt beschränkt sich nicht auf das eigene Zuhause. In Deutschland bestehen eklatante Forschungslücken im Hinblick auf queerfeindliche Hasskriminalität, so der Lesben- und Schwulenverband, da diese Form der Gewalt für die Innenministerien in Bund und Ländern bisher offenbar kein relevantes Thema gewesen sei.[291]

Die Rechtsanwältin und Autorin Asha Hedayati weist zudem darauf hin, dass 90 % aller Vergewaltigungen in Deutschland nicht angezeigt werden. Bei denjenigen wiederum, die angezeigt werden, komme es in 92 % der Fälle zu keiner Verurteilung. Vergewaltiger kommen somit fast immer straffrei davon.[292] FLINTA sind nicht nur durch gewalttätige cis Männer bedroht, sondern auch durch ein Rechtssystem, das sie nicht ausreichend schützt und Täter nicht zuverlässig bestraft. In der aktuellen rechtlichen Situation trauen sich Opfer häufig nicht, Anzeige zu erstatten, da die Verfahren retraumatisierend sind und die Erfolgsaussichten gering. Asha Hedayati spricht sich allerdings dafür aus, dass Strafen weniger wirksam seien als Prävention. Diese Prävention könnte darin bestehen, dass Kinderbücher keine einseitigen Vorstellungen von hilfloser cis Weiblichkeit und übergriffiger cis Männlichkeit mehr propagieren (wenn z.B. eine schlafende cis Frau ohne ihr Einverständnis von einem völlig Fremden geküsst wird, wie in *Dornröschen*) und cis männlichen Kindern nicht länger beigebracht wird, dass Stärke und Gewalt bei ihnen positiv sind und toleriert werden. Statt unsere Töchter zu schützen, sollten wir unsere Söhne besser erziehen. Und um unseren Söhnen beizubringen, nicht zu vergewaltigen,[293] ist es erforderlich, ihnen eine Entwicklung frei von einseitigen und gewaltvollen Männlichkeitsnormen zu ermöglichen und ihnen mehr als nur ein Modell von

16.08.2024.

291 Homophobe Gewalt: Angriffe auf Lesben, Schwule, bisexuelle, trans- und intergeschlechtliche sowie queere Menschen (LSBTIQ*) (lsvd.de), Zugriff am 19.05.2024.

292 Vgl. Hedayati, Asha: unlearn recht, S. 131. In: In: Emilia Roig/Alexandra Zykunov/Silvie Horch (Hgg.): Unlearn Patriarchy 2, S. 119–138.

293 Vergewaltigungen: Damit Jungen nicht zu Tätern werden – SZ Magazin (sueddeutsche.de), Zugriff am 15.04.2024.

Männlichkeit anzubieten. Die Journalistin und Autorin Teresa Bücker führt sexualisierte Gewalt daher nicht nur auf einen Mangel an Aufklärung zurück, sondern auch auf das gesellschaftlich verbreitete Bild von cis Männern als ›Eroberer‹.

Die Durchsetzung des Patriarchats, wenn es etwa darum geht, FLINTA von Machtpositionen fernzuhalten, erfolgt oftmals deutlich sexualisiert und explizit in Bezug auf die Androhung von sexualisierter Gewalt. So machen nicht nur viele Medizinstudentinnen Erfahrungen mit sexueller Belästigung. Vor allem online ist die Äußerung von Hass problemlos möglich. FLINTA, die in der Öffentlichkeit stehen, können somit sehr einfach mit Vergewaltigung oder sexueller Verstümmelung bedroht werden. Betroffen sind beispielsweise Politikerinnen, wie die Grünen-Politikerin Renate Künast und die SPD-Politikerin Swasan Chebli.[294]

Das Patriarchat dient ausschließlich der Bevorzugung von cis Männern. Privilegien, Macht, Geld, Einfluss werden von FLINTA ferngehalten: Unterm Strich verdienen FLINTA bedeutend weniger Geld als cis Männer, leisten viel mehr Carearbeit, sind medizinisch schlechter versorgt und beim Autofahren weniger gut geschützt. Sie werden beim Designen der Produkte, die sie täglich nutzen, nicht mitgedacht und auch nicht bei der Gestaltung der sichtbaren Öffentlichkeit, in der sie sich bewegen. Außerdem sind sie viel zu schlecht vor (sexualisierter) Gewalt geschützt. Die Liste ließe sich fortsetzen. All diese alltäglichen sexistischen Ungleichheiten sind in unserem patriarchalen System strukturell verankert.

Doch warum ist das so?

Sex und Gender, Zweigeschlechtlichkeit, Cis- und Heteronormativität

> »Wenn Menschen sagen, dass ich biologisch eine Frau sei, dann meinen sie eigentlich, dass ich an bestimmten Stellen einen Hautlappen und an anderen Stellen Brustgewebe besitze. Der Hautlappen und das Brustgewebe sind biologisch, aber beides als weiblich zu bezeichnen, ist gesellschaftlich und

294 WsD13_Dorothee_Beck.pdf (idz-jena.de), Zugriff am 18.03.2024.

kulturell bedingt«, so der trans Mann, Autor und Aktivist Linus Giese. Denn: »Körperteile haben kein Geschlecht«.[295]

In unserer cis männlich dominierten Gesellschaft wird Geschlechtsidentität (*gender*) seit Jahrhunderten binär konzipiert (cis männlich und cis weiblich) unter Berufung auf das anatomische Geschlecht (*sex*), das natürlich und biologisch sei. Geschlechtskonstruktion und der Zwang zur Zweigeschlechtlichkeit bauen somit vermeintlich auf der Natur auf sowie auf der Annahme, dass Körperteile ein Geschlecht haben würden und dass es folglich nur cis Frauen und cis Männer geben würde, die als solche geboren werden. Der:die Philosoph:in Judith Butler stellte bereits 1990 infrage, ob zwischen *sex* und *gender* überhaupt ein Unterschied bestehe:

> »[M]öglicherweise ist das Geschlecht (*sex*) schon immer Geschlechtsidentität (*gender*) gewesen, so daß [sic] sich herausstellt, daß [sic] die Unterscheidung zwischen Geschlecht und Geschlechtsidentität letztlich gar keine Unterscheidung ist«.[296]

Unterscheidung von Geschlechtsidentitäten sind somit immer gesellschaftlich konstruiert und niemals etwas Natürliches. Vor allem führt die gesellschaftlich-kulturelle Binarität von Geschlechtsidentitäten dazu, dass Menschen auf ein Geschlecht festgelegt werden, das ihrer Lebensrealität vielleicht gar nicht entspricht:

»In *sex* und *gender* zu unterteilen, führt dazu, dass Menschen denken, dass ein trans Mann zwar einen Mann darstellen möchte (*gender*), biologisch aber eine Frau bleibt (*sex*)«, warnt Linus Giese.[297] Doch Geschlecht kann nicht durch Hautlappen, Hormone oder Chromosomen festgeschrieben werden. Denn Geschlecht ist keine natürliche, sondern immer eine soziale Kategorie:

---

295 Giese, Linus: unlearn gender, S. 39. In: Lisa Jaspers/Naomi Ryland/Silvie Horch: Unlearn Patriarchy, S. 36–53.

296 Butler, Judith: Das Unbehagen der Geschlechter. Frankfurt: Suhrkamp, 1991, S. 24. Judith Butler steht derzeit meiner Ansicht nach berechtigterweise in der Kritik aufgrund antisemitischer Aussagen. Ihre älteren Forschungsansätze zu Geschlechteridentitäten halte ich nach wie vor für gültig.

297 Giese, Linus: unlearn gender, S. 38. In: Lisa Jaspers/Naomi Ryland/Silvie Horch: Unlearn Patriarchy, S. 36–53.

> »[D]ie Gleichung Genitalien = Geschlecht geht nicht auf. Geschlecht ist vielmehr ein Spektrum, lässt sich nicht ausschließlich mit Biologie erklären und ist ein bisschen komplexer als Penis = männlich und Vagina = weiblich.«[298]

Auch die Autorin und Musikerin FaulenzA berichtet, dass sie aufgrund dieser Zuordnung von Genital zu Geschlecht oft für eine Dragqueen statt für eine trans Frau gehalten werde:

> »Vielen trans*Frauen wird auch das Frau-sein abgesprochen, weil ihr Genital männlich eingeordnet wird. Die Zuordnung von Genitalien zu ›männlich‹ oder ›weiblich‹ wird von außen fremdbestimmt. Viele trans*Weiblichkeiten verwenden andere Bezeichnungen für ihre Genitalien, was so gut wie nie respektiert wird.«[299]

Es gibt also Frauen, die eine Vulva haben und es gibt Frauen, die keine Vulva haben. Nur Frauen mit Vulva als Frauen zu bezeichnen und nur Männer mit Penis als Männer, wird Cisnormativität genannt. Wenn in konservativen Medien über die Erfahrung von Frauen gesprochen wird, sind damit cis Frauen gemeint. Alle anderen Frauen werden aus diesem hegemonialen Konzept von Weiblichkeit ausgeschlossen und ebenso andere Menschen, die keine Frauen sind, und nicht-binären Personen.

Die Lebensrealität von trans Personen nicht anzuerkennen, sie in Diskursen nicht mitzudenken oder ihnen ihre Geschlechtsidentitäten abzusprechen, sind Formen von Transfeindlichkeit. Studien zufolge nimmt die Transfeindlichkeit in Deutschland aktuell zu. Die EU-Grundrechteagentur ermittelte,[300] dass trans Personen in allen gesellschaftlichen Bereichen Diskriminierung erfahren, insbesondere in der Öffentlichkeit und im Gesundheitswesen. Erst seit 2022 gilt Transgeschlechtlichkeit bei der WHO nicht mehr als Persönlichkeitsstörung. In Deutschland ist aktuell die Kostenübernahme bei Mastektomien für transmaskuline

---

298 Meyer, Lydia: Die Zukunft ist nicht binär. Hamburg: Rowohlt Verlag, 2023, S. 23 f.

299 FaulenzA: Lookismus und die Diskriminierung von trans*Frauen, S. 70. In: Darla Diamond/Petra Pflaster/Lea Schmid (Hgg.): Lookismus. Normierte Körper. Diskriminierende Mechanismen. (Self)Empowerment, Münster: Unrast Verlag, 2022, S. 63–70.

300 Erfahrungen von trans* Menschen in Deutschland (lsvd.de), Zugriff am 17.05.2024.

und insbesondere auch für nicht-binäre Personen gefährdet, Beratungsangebote leiden unter massiven Etatkürzungen.[301] Dies hat traumatische Folgen für die Betroffenen, etwa, wenn sie im Alltag (Mikro-)Aggressionen ausgesetzt sind oder immer wieder misgendert werden. Lediglich 12 % der Betroffenen zeigen jedoch die gegen sie verübte Gewalt an, da sie kein Vertrauen in die Polizei haben, nicht glauben, dass eine Anzeige etwas bringen würde und vielmehr transfeindliche Reaktionen von Polizist:innen befürchten. Die Ipsos Pride Studie von 2023 ergab, dass sich 68 % der Befragten für den Schutz von transgender Personen aussprechen würden; damit liegt Deutschland deutlich unterhalb des globalen Durchschnitts von 76 %.[302] Gerade für trans Kinder ist es oft besonders schwierig, da im Gegensatz zu Homosexualität über trans Identitäten kaum gesprochen wird. Das transgeschlechtliche Coming-out wird daher oft verschoben, was eine Verlängerung des Leidensdrucks zur Folge hat. Trans Kinder leiden darunter, dass sie glauben, ihre Identität verbergen zu müssen, dass ihre Identität nicht akzeptiert, nicht ernst genommen oder ignoriert wird. Die Folgen sind Einsamkeit, Ängste, schulische Probleme, Unsicherheit, Schuldgefühle, Depressionen und Selbstverletzungen.[303] Da die meisten Betroffenen angeben, schon immer über ihre trans Identität Bescheid gewusst zu haben, nimmt die Frage nach Cisnormativität in Kindermedien eine elementare Bedeutung in Bezug auf Transfeindlichkeit ein.

Die Zweigeschlechtlichkeit und die Cisnormativität sind somit elementare Bausteine des Patriarchats. Ein weiterer sei die Heteronormativität, so Emilia Roig:

> »Die Heterosexualität als einzige Form der Liebe wird kleinen Kindern sehr früh eingetrichtert durch Bücher, Fernsehen, Filme, Werbung, Spielzeuge und viele anderen Bilder, die wir täglich unbewusst aufnehmen. Wir lernen von Anfang an, das andere Geschlecht zu begehren, und wir bauen uns ein

---

301 »Die Eingriffe sind nicht kosmetisch, sie sind lebensnotwendig«: Die Trans-Gesundheitsversorgung steht auf der Kippe (tagesspiegel.de), Zugriff am 17.05.2024.

302 Was denkt man in Deutschland über Lesben, Schwule, bisexuelle, trans- und intergeschlechtliche Menschen? (lsvd.de), Zugriff am 17.05.2024.

303 Zur Situation von trans* Kindern und Jugendlichen – insbesondere in Familie und Schule | Geschlechtliche Vielfalt – trans* | bpb.de, Zugriff am 17.05.2024.

geistiges Bild davon auf, wie romantische Liebe aussieht [...] Wenn ich als Kind und Teenager mit Alternativen zur heterosexuellen Liebe in Kontakt gekommen wäre, sei es durch Repräsentationen von queeren Beziehungen im Fernsehen, in Büchern, in den Medien im Allgemeinen, oder durch die Begegnung mit queeren Menschen in meiner familiären Umgebung, hätte ich mich wahrscheinlich nicht so lange quälen müssen.«[304]

Historisch betrachtet sind Zweigeschlechtlichkeit, Cisnormativität und Heteronormativität Konzepte der europäisch-christlichen Gesellschaft und wurden erst durch christliche Missionare im Zuge von Imperialismus und Kolonialismus in der Welt verbreitet. Vor der Kolonisierung gab es jedoch in Asien, Afrika, auf den amerikanischen Kontinenten und auch in Europa Gesellschaften, die sehr viel mehr als nur zwei Geschlechter kannten.[305] Ein Beispiel hierfür wären die Two-Spirits bei den nordamerikanischen und kanadischen First Nations, die sich außerhalb des binären Systems von Geschlecht befinden. Die Existenz von Two-Spirits wurde von den Europäer:innen allerdings unterdrückt, da diese ihre eigenen kulturellen Vorstellungen gewaltsam durchgesetzt haben. Die Unterdrückung von Mehrgeschlechtersystemen und die Cis- und Heteronormativität sind also auf kulturelle Hegemonie und auch auf die christliche Mission zurückzuführen:

> »Dass Mehrgeschlechtersysteme in vielen Gesellschaften auf der ganzen Welt schon immer existiert haben, viele Menschen aber nichts darüber wissen (wollen), ist kein Zufall, sondern die Folge von Macht, Unterdrückung und Rassismus.«[306]

Trotz der kolonialen Bestrebungen, Mehrgeschlechtersysteme zu unterdrücken und auszulöschen, existieren bis heute immer noch in vielen Gegenden auf der Welt Gesellschaften, die Geschlecht fließend und von physischen Merkmalen unabhängig betrachten, zum Beispiel in Nordamerika, Indien und Thailand. Davon, dass Zweigeschlechtlichkeit, Cis- und Heteronormativität biologisch seien und den natürlichen und ursprünglichen Zustand darstellen würden, kann also keine Rede sein.

304 Roig, Emilia: Why we matter, S. 70 ff.

305 Vgl. Meyer, Lydia: Die Zukunft ist nicht binär, S. 159.

306 Ebd., S. 161.

Erklärungen für kulturelle Zustände, die sich auf eine vermeintliche Biologie oder Natur berufen, heißen biologistisch und dienen meist der Erklärung und Rechtfertigung für gesellschaftliche Machtverhältnisse. Denn das ist die eigentliche Funktion der mit Biologismus begründeten Zweigeschlechtlichkeit: »Die binären und vermeintlich *natürlichen* Kategorien sind die Grundlage des Patriarchats. Sie sind der Kern der Unterdrückung, denen alle Menschen, die nicht cis männlich sind, in dieser Gesellschaft ausgesetzt sind.«[307]

Im patriarchalen System profitieren cis Männer also von der binären Logik. Daher wird die binäre Logik in unserer Gesellschaft immer wieder reproduziert und verstärkt. Dank moderner Pränataldiagnostik erfahren werdende Eltern, ob der Fetus einen Penis oder eine Vulva hat, bereits dann, wenn dieser erst die Größe einer Kiwi hat. Sehr lange Zeit ist das Geschlecht, das sie ihrem Kind aufgrund dieses Wissens zuweisen, auch das einzige, was Eltern über ihr ungeborenes Kind wissen. Diese Zuweisung beeinflusst das spätere Aufwachsen des Babys aber schon vor der Geburt und stellt bereits die Weichen für die Zukunft: Die Vermutung um das Geschlecht beeinflusst die Wahl des Namens, der die Geschlechtszuweisung in den meisten Fällen kommuniziert, die Wahl der Kleidung, der Wandfarbe, der Einrichtung und Dekoration des Kinderzimmers, des Spielzeugs und der Kinderbücher. Es nimmt Einfluss darauf, wie Eltern, Großeltern, Erziehende und Lehrkräfte das Kind später behandeln werden: Ob sie dem Kind einen größeren Bewegungsradius zugestehen oder ihm die Ausübung bestimmter Sportarten nahelegen, welche Kleidung sie dem Kind kaufen, welche Frisur sie ihm schneiden lassen, ob sie eher auf ruhiges und gutes Benehmen und Mithilfe im Haushalt bestehen oder ob sie dem Kind zugestehen, laut und wild zu sein, weil »Jungs halt so sind«. Das Baby X-Experiment[308] zeigt, dass sich Erwachsene bereits Babys gegenüber unterschiedlich verhalten, je nachdem, ob sie das Baby für cis männlich oder cis weiblich halten. In diesem Experiment werden Babys mit Penis rosa gekleidet und mit einem weiblichen Vornamen bezeichnet und Babys mit Vulva erhalten blaue Kleidung und einen männlichen Vor-

307 Ebd., S. 37.

308 Z.B. hier Quarks: Das Baby X-Experiment | ARD Mediathek, Zugriff am 11.05.2024.

namen. Die erwachsenen Versuchspersonen (die die Babys nicht kennen) werden dazu aufgefordert, mit den Babys zu spielen. Alleine aufgrund ihres Namens und ihrer Kleidung wählen die Versuchspersonen für die Babys nicht nur bestimmte Spielzeuge aus (Autos für Kinder, die Jungs darstellen und Puppen für Kinder, die Mädchen darstellen), sondern unterstellen diesen auch bestimmte Charaktereigenschaften (stark für die vermeintlichen Jungs, süß für die vermeintlichen Mädchen). Bestimmte geschlechtsspezifische Verhaltensweisen (z.B., dass es cis Jungs angeblich schwerer fällt, sich ruhig zu verhalten), Interessen (z.B. ein männliches Interesse an Fußball und Autos bzw. an Ballett oder Reiten bei cis Mädchen) und Neigungen (wie eine natürliche mathematische Begabung bei cis Jungs und eine sprachliche bei cis Mädchen) sind also nicht biologisch, sondern sozial anerzogen, indem Kinder vermeintliche Unterschiede immer wieder suggeriert bekommen.

> »Niemand fordert, dass Jungen mit Feen und Ponys spielen müssen, doch wir bieten ein Umfeld, das solche Wünsche nur selten entstehen lässt.«[309]

Gerade weil die Geschlechterrollen cis »Mädchen«/cis »Frau« und cis »Junge«/cis »Mann« so starr konzipiert und mit bestimmten Rollen und Erwartungen verbunden sind, zwingen sie Menschen von Geburt an in die eine oder die andere Kategorie und schließen somit automatisch die Existenz von anderen Geschlechtern aus. Gerade nicht-binären Kindern, die als Kinder auch noch Adultismus als Diskriminierungsform ausgesetzt sind, und somit per se unter intersektionaler Diskriminierung leiden, werden kaum Möglichkeiten gelassen, sich außerhalb von Zweigeschlechtlichkeit und Cisnormativität verorten zu können. Immer wieder werden sie durch gesellschaftliche Strukturen in diese Systeme zurückgedrängt oder als ›anders‹ und ›nicht normal‹ pathologisiert. Intersexuellen Kindern wiederum wurde lange Zeit durch Ärtz:innen und Eltern ein Geschlecht zugewiesen und teils mittels geschlechtsangleichender Behandlungen hergestellt. Das Selbstbestimmungsgesetz, dass im April 2024 verabschiedet wurde, soll diese Geschlechtszuweisungen von außen verhindern und die geschlechtliche Selbstbestimmung nicht nur ermöglichen, sondern auch das bisher langwierige, kostspielige

309 Schnerring, Almut/Verlan, Sascha: Die Rosa-Hellblau-Falle, 29%.

und entwürdigende Prozedere vereinfachen und verkürzen. Dennoch bleibt es gerade für Kinder schwieriger, ihre Geschlechtsidentität selbst zu definieren oder Räume und Repräsentationen ihrer Identität jenseits der binären Konzeption von männlich und weiblich zu erleben. Sie haben weniger Möglichkeiten, sich mit Menschen zu vernetzen, die ihre Lebensrealität teilen oder finden ihre Lebensrealität zu wenig oder gar nicht in den Medien repräsentiert. Erwachsene können gezielt Medien rezipieren, die ihre eigene Realität spiegeln und ihre Werte und Einstellungen vertreten. Kinder können das nicht. Kinder bekommen ihre Medien durch Erwachsene zugewiesen und Kindermedien sind immer noch sehr gleichförmig und weisen nicht dieselbe Vielfalt auf wie Medien für Erwachsene. Nicht-binäre Geschlechtsidentitäten kommen in den allermeisten Kindermedien einfach gar nicht vor. Nicht-binäre Kinder können sich somit mit fiktionalen Figuren nicht identifizieren und werden stattdessen immer wieder mit der Zweigeschlechtlichkeit konfrontiert. Ähnlich verhält es sich mit trans Geschlechtlichkeit innerhalb des binären Systems. Auch diese wird in Kindermedien kaum repräsentiert. So berichtet auch Linus Giese, dass seine Transition erst deshalb so spät erfolgen konnte, weil ihm schlichtweg die positiven Identifikationsmöglichkeiten fehlten:

> »Es fiel mir unglaublich schwer herauszufinden, wer ich eigentlich bin, weil ich keine Worte für das hatte, was in mir vorging. Aber auch weil es keine Vorbilder für mich gab. In Filmen, Serien oder Büchern und auch in meinem persönlichen Umfeld sah ich keine Menschen, die so waren wie ich.«[310]

Kindern werden in ihrer Sozialisation somit sehr viele verschiedene Konzepte von Geschlechtsidentität vorenthalten. Dies gilt ebenfalls für die Kunstform des Drag, die im Unterschlecht zu transgender Identitäten nicht an das eigene Geschlechtsbewusstsein gebunden ist und auch nichts mit der eigenen Sexualität zu tun hat. Dem Aktivismus von Einzelpersonen und Gruppen und Initiativen ist es zu verdanken, dass seit einiger Zeit in Deutschland immer wieder Lesungen aus Kinderbüchern durch Dragqueens und Dragkings angeboten werden. Dieses

310 Giese, Linus: unlearn gender, S. 44. In: Lisa Jaspers/Naomi Ryland/Silvie Horch: Unlearn Patriarchy, S. 36–53.

Konzept nennt sich *Dragqueen Story Hour* und stammt aus den USA. Dort ist es inzwischen in 13 Staaten verboten. Auch in Deutschland kommt es bereits im Vorfeld der Veranstaltungen zu Demonstrationen rechter oder konservativer Parteien und Einzelpersonen, zu diskriminierenden Meinungsäußerungen in Medien sowie zu Verbotsforderungen. So hält beispielsweise Hubertus Aiwanger Dragqueen Story Hours für »Kindeswohlgefährdung«.[311] Groß war auch die Aufregung als die *Sendung mit der Maus* im Frühjahr 2022 Transgeschlechtlichkeit in einer Folge thematisierte.[312] Die Begegnung von Kindern mit queeren Identitäten wird von den Gegner:innen als ›Frühsexualisierung‹ und ›Indoktrinierung‹ diskreditiert. Doch andersherum wird ein Schuh draus: »Kinder werden nicht durch die Aufklärung über geschlechtliche Vielfalt ›(früh)sexualisiert‹«, so Lydia Meyer, »sondern durch Gender-Marketing, Gender-Normen und eine starre Einteilung in binäre Geschlechterkategorien«. Die fortwährend wiederholte und als absolute Wahrheit ausgegebene Behauptung, es gäbe cis Mädchen und cis Jungs und sonst nichts, indoktriniert Kinder. Gender-Reveal-Partys, die das angebliche Geschlecht des ungeborenen Babys exponieren und feiern, frühsexualisieren Kinder; Barbie-Puppen mit riesigen Brüsten, hohen Absätzen und knappen Röcken frühsexualisieren Kinder und Bikinis für Vierjährige frühsexualisieren Kinder. Darüber, dass Kinder bereits ab ihrer Geburt frühsexualisiert werden, haben Almut Schnerring und Sascha Verlan ein ganzes Buch geschrieben: *Die Rosa-Hellblau-Falle.* »Was bewegt uns dazu, Begriffe, Kleidung und Symbole von Erotik und Sexualität in die ersten Lebensjahre unserer Kinder vorzuverlegen?«, fragen sie. Zu dem Ergebnis, dass vor allem Mädchen durch (Spiel-)Figuren mit Wespentaillen und überlangen Beinen sexualisiert werden, während männliche Figuren ein viel breiteres und weniger sexualisiertes Spektrum an Körperformen aufweisen, kam auch der Forschungsbericht *Der Körper der global vermarkteten Zeichentrickmädchen* von Margit Herche und Maya Götz des *Internationalen Zentralinstitut für das Jugend- und*

311 Lesung für Kinder mit Dragqueens: Aiwanger besorgt über »Kindswohlgefährdung« (rnd.de), Zugriff am 03.06.2024.

312 Vgl. hierzu auch Meyer, Lydia: Die Zukunft ist nicht binär, S. 103–107.

Bildungsfernsehen (IZI).[313] Bereits sehr jungen Mädchen wird schon mittels sehr vieler gegenderter Produkte beigebracht, welche Erwartungen die patriarchale Gesellschaft in Bezug auf ihre sexuelle Attraktivität als cis Frau hat und wie ideale cis weibliche Körper auszusehen haben: nämlich sexualisiert durch den cis männlichen Blick. Diese Erwartungen sind selbst mittels Schönheitsoperationen nicht zu erreichen.[314] Wir alle sind mit diesen Erwartungen aufgewachsen. Diese Erwartungen an das Aussehen, aber auch an das Verhalten, werden von einer Vielzahl an Kindermedien reproduziert. Das ist es, was Kinder frühsexualisiert; nicht queere Angebote, die diese Erwartungen im Gegenteil ja gezielt aufbrechen und somit eine Vielfalt an Möglichkeiten und Identitäten aufzeigen. Der große Irrglaube besteht darin, dass viele Erwachsene denken, Geschlechtsidentität lasse sich von außen induzieren oder verhindern. Aus diesem Grund maßen sich Erwachsene an, das Geschlecht von Kindern für diese festzulegen (notfalls medizinisch) und vermuten, Dragqueens und -kings würden Kinder in irgendeiner Form sexuell beeinflussen. Doch beides ist falsch. Geschlechtsidentität lässt sich weder durch die eigenen Eltern noch durch vorlesende Dragqueens und -kings beeinflussen oder verändern; ein Kind kann nicht dazu erzogen werden cis- oder transgeschlechtlich zu sein.[315] Zudem scheinen Gegner:innen von *Dragqueen Story Hours* zu vermuten, dass die vorlesenden Dragqueens und -kings mit den Kindern in irgendeiner Form über Sex sprechen würden, so die Dragqueen Candy Licious. Dies sei aber weder der Fall, noch von den Dragqueens und -kings gewünscht.[316] Es geht bei den Lesungen ebenfalls nicht darum, eine Ideologie durch eine andere zu ersetzen; sondern es geht um mehr Freiheit und Möglichkeiten für alle. Dass es legitim und möglich ist, die eigene Identität zu entfalten, soll Kindern durch solche Veranstaltungen gezeigt werden, vor allem vor dem Hintergrund, dass queere Vorbilder noch massiv unterrepräsentiert

313 Vgl. Microsoft Word – MJTV3_Koerper_neu_ar.doc (br.de), Zugriff am 13.04.2024.

314 Vgl. ebd.

315 Zur Situation von trans* Kindern und Jugendlichen – insbesondere in Familie und Schule | Geschlechtliche Vielfalt – trans* | bpb.de, Zugriff am 17.05.2024.

316 Großangelegte Demo und Gegendemo bei Dragqueen-Lesung in Wien – Panorama – derStandard.at › Panorama, Zugriff am 16.05.2024.

sind. Es geht darum, Identität größer und weiter zu denken und es geht darum, allen Identitäten auf Augenhöhe zu begegnen.

Auch Candy Licious berichtet im Interview vom Fehlen positiver Vorbilder in der eigenen Kindheit:

> »Was ich mit gewünscht hätte als Kind, wäre einfach zu zeigen, dass es ok ist, wenn man sich bunt und schrill anzieht, nicht nur zu Fasching [...] ich habe immer Angst gehabt, zu sagen wer ich bin. Das hat etwas gemacht in mir.«[317]

Nicht nur in Kinderbüchern, sondern auch in den allermeisten Filmen gibt es keine (positive) Repräsentation es für queere Charaktere. Dies gilt ebenfalls für Frauen. Um die Marginalisierung von Frauen aufzuzeigen, entwickelte die Autorin Alison Bechdel 1985 (in Form eines Cartoons) den nach ihr benannten Bechdel-Test. Der Bechdel-Test besteht aus drei einfachen Fragen: Gibt es mindestens zwei Frauenrollen? Sprechen sie miteinander? Unterhalten sie sich über etwas anderes als einen Mann? Außerdem kann noch gefragt werden, ob die beiden Frauen im Film einen Namen haben. Aktuell bestehen ca. 50 % der beliebtesten Filme den Test; mir ist allerdings keine Studie bekannt, die gezielt Kinderfilme analysiert. Es gibt allerdings auch sehr berechtigte Kritik an dem Test. So besteht die *Herr der Ringe*-Trilogie, die mehr als neun Stunden dauert, den Test und zwar aufgrund einer zwei Sekunden langen Szene.[318] Ein Bestehen des Tests ist somit noch kein Garant dafür, dass die Geschlechterverhältnisse ausgeglichen sind.

Außerdem ist in Kindermedien oft zu beobachten, dass Gruppen aus männlichen Figuren mit nur einer einzigen weiblichen Figur bestehen. Dieses Phänomen wird als »Schlumpfine-Prinzip«[319] bezeichnet (da Schlumpfine der einzige weibliche Schlumpf ist). Es findet sich bei *Paw Patrol* (Skye ist die einzige Hündin in der Pfoten-Patrouille, die auch noch rosa ist und nur niedliche Häschen rettet, statt Brände zu löschen oder andere gefährliche Einsätze zu übernehmen wie die männlichen Hunde) oder bei *Feuerwehrmann Sam* (lange Zeit ist Penny das einzige

---

317 Ebd.

318 Lord of the Rings Trilogy but it's EVERY scene where two female characters interact (youtube.com), Zugriff am 16.08.2024.

319 Eine Schlumpfine ist nicht genug – Frauenfiguren in Film und Fernsehen – Pinkstinks Germany, Zugriff am 20.04.2024.

weibliche Mitglied der Feuerwache) oder bei *Checker Tobi* (nur Marina) und in Büchern wie in *Emil und die Detektive* (nur Pony Hütchen), *TKKG* (nur Gaby) oder *Der Watson-Club ermittelt* (nur Lily). Bücher oder Filme, in denen lediglich ein Junge Teil einer Mädchengruppe ist, fallen mir hingegen nicht ein.

Auffällig ist jedoch nicht nur das Fehlen von FLINTA und Vorbildern jenseits von Zweigeschlechtlichkeit, Cis- und Heteronormativität, sondern auch die zunehmende Queer- und Transfeindlichkeit in vielen (Kinder-)Filmen, wenn die bösen Gegenspieler:innen, ohne ihre sexuelle Identität offenzulegen, subtil als queere Personen dargestellt werden (queer coding),[320] beispielsweise indem männliche Figuren effeminiert und eitel auftreten: Dies betrifft Filme für Erwachsene wie *Das Schweigen der Lämmer* und viele klassische Disney-Filme wie *Der König der Löwen* (Scar), *101 Dalmatiner* (Cruella de Vil), *Aladdin* (Jafar), *Arielle, die Meerjungfrau* (Ursula), *Pocahontas* (Governor John Ratcliffe) und *Die Schöne und das Biest* (LeFou), aber auch ganz neue Filme wie den Kinderfilm *Der junge Häuptling Winnetou* von 2022. Auf diese Weise wird queere Performance als böse, schlecht, falsch und unmoralisch markiert. Die trans Figuren in den Disney-Filmen wurden teilweise von schwulen Männern kreiert und stellten ihrer Zeit aufgrund des Hays Codes, der die Moral von Filmen gewährleisten sollte, die einzige Möglichkeit dar, trans Figuren in Filmen überhaupt Sichtbarkeit zu verschaffen.[321] Viele dieser Figuren sind von realen Persönlichkeiten wie zum Beispiel der Dragqueen Devine inspiriert und gelten als ikonisch. Obwohl diese Figuren also das Potential besaßen, Menschen mit trans Identitäten zu repräsentieren und zu empowern, sind diese Figuren dennoch durchweg negativ gezeichnet oder überzeichnet, wodurch ein Othering stattfindet und sie bewusst von den guten cis Figuren der Geschichten abgegrenzt werden. Dies trifft ebenso auf die Figur Todd Crow aus dem Film *Der junge Häuptling Winnetou* zu. Todd Crow ist in dem Film der böse Gegenspieler und auf genau dieselbe Art queer gecodet wie die bösen Disney-Figuren: effe-

320 Queer Coding: Warum haben Disney-Böswichte oft »typisch queere« Eigenschaften? | film.at, Zugriff am 06.05.2024.

321 Queercoding im Zeichentrick – Zwischen versteckter Vielfalt und schädlicher Stereotypisierung – Media Bubble (media-bubble.de), Zugriff am 30.08.2024.

miniert in Gestik, Mimik und Stimme, mit langen Haaren und langem Mantel. Inzwischen ist es jedoch möglich, trans Identitäten vielfältig und positiv Sichtbarkeit in Filmen zu verschaffen. Die Figur Todd Crow beruht zudem auf der Figur Tante Droll von Karl May, die als Crossdresser auftritt. Tante Droll ist jedoch durchweg positiv gezeichnet. Gerade im Vergleich zu ihrer literarischen Vorlage, die eben an genau dieser Stelle nicht transfeindlich ist (obwohl das Werk an ganz vielen Stellen misogyn und rassistisch ist), muss der Kinderfilm, in dem die Figur Todd Crow auftritt, als umso transfeindlicher betrachtet werden, da er aus einer positiven Repräsentation für queere Identität eine negative gemacht hat.

Geschlechternormen des Patriarchats

Das Patriarchat basiert also auf dem Zwang zur Zweigeschlechtlichkeit, auf der Hetero- und der Cisnormativität. Geschlechterrollen werden dabei biologistisch begründet und hierarchisiert und sichern heterosexuellen cis Männern somit die dominante Position und viele Privilegien. Damit das funktioniert, sind ganz bestimmte Rollenbilder und Zuschreibungen für cis Männer, cis Frauen und queere Menschen erforderlich. Mit diesen Zuschreibungen werden Menschen von Geburt an konfrontiert und sie werden in allen gesellschaftlichen Bereichen permanent reproduziert:

> »Das Patriarchat bleibt aufrechterhalten, weil wir alle an bestimmte Erzählungen glauben – und sie als Wahrheit betrachten. Es herrscht breiter Konsens, dass Frauen und Männer zwei objektive, feststehende und grundlegend verschiedene Kategorien sind. Sie sind nicht nur ›anders‹, sondern ergänzen sich.«[322]

Cis Männer und cis Frauen sind als Konzepte komplementär konzipiert; sie ergänzen sich, wie Emilia Roig formuliert. Den zwei anerkannten Geschlechtern werden bestimmte Eigenschaften, Verhaltensweisen, Fähigkeiten und Bedürfnisse zugeschrieben, so Ulla Wittenzellner; wobei Männlichkeit und Weiblichkeit als Gegensätze gedacht werden und

322 Vgl. Roig, Emilia: unlearn liebe, S. 55. In: Lisa Jaspers/Naomi Ryland/Sivlie Horch: Unlearn Patriarchy, S. 54–72.

Männlichkeit zentral darüber definiert werde, nicht-weiblich zu sein.[323] Zu den Weiblichkeitsanforderungen gehören Interessen wie Mode und Kochen sowie der Druck, eine Liebesbeziehung zu führen; zu Männlichkeitsanforderungen beispielsweise Stärke, Härte und Durchsetzungsfähigkeit.[324]

Das Patriarchat beschreibt eine Struktur, die cis männliche Dominanz gewährleistet, cis männliche Gewalt ermöglicht und aufgrund der binären Geschlechternormen und ihren Zuschreibungen funktioniert und erhalten bleibt. Diese Zuschreibungen beinhalten (biologistische) Vorstellungen (wie z.B. dass es einen angeborenen Mutterinstinkt geben würde), Verhaltensmuster (z.B. kümmern und sorgen) und Rollenaufteilungen: »Geschlechternormen sind Skripte, die Menschen dazu anweisen, sich auf eine Weise zu verhalten, die mit den Vorstellungen einer Gruppe darüber übereinstimmt, was es bedeutet, eine Frau oder ein Mann zu sein«.[325]

Geschlechternormen besitzen die Eigenschaft, den zugrundeliegenden strukturellen Charakter der cis männlichen Dominanz verschleiern zu können. Wenn also immer wieder subtil vermittelt wird, es gäbe einen natürlichen Mutterinstinkt oder eine natürliche Zuordnung von kleinen Kindern zu ihrer Mutter, zum Beispiel durch Kindermedien, in denen sich ausschließlich die Mutter tagsüber um die Kinder kümmert, und solche medialen Zuordnungen staatlich und institutionell gefördert werden (durch Gesetzte wie das Ehegattensplitting, den gender pay gap und die durchschnittlich schlechtere Bezahlung der Arbeit in von Frauen dominierten Berufen, wie Pflege und Betreuung), dann führen diese Strukturen in vielen Fällen dazu, dass sich Mütter um die anstrengende und unbezahlte Arbeit der Kinderbetreuung kümmern, während Väter ungestört einer bezahlten Arbeit nachgehen können; und zwar ohne dass diese Prozesse reflektiert oder problematisiert werden.

---

323 Männlichkeit(en) – eine Annäherung | Boykott Magazin (boykott-magazin.de), Zugriff am 30.08.2024.

324 Wittenzellner, Ulla: Boy meets Girl – Kritisches Vorwärtsstolpern in Heterobeziehungen, S. 191. In: Blu Doppe/Daniel Holtermann (Hgg.): Vom Scheitern, Zweifeln und Ändern, Münster: Unrast Verlag, 2021, S. 187–204.

325 Ist es wirklich hilfreich, über toxische Weiblichkeit zu sprechen? (greatergood-berkeley-edu.translate.goog), Zugriff am 15.05.2024.

Die Geschlechternormen und vor allem die geschlechtsspezifische Rollenverteilung des Patriachats werden ganz besonders gefördert und verstärkt, wenn cis Frauen Kinder bekommen. So würden die meisten cis Männer es vorziehen, wie bell hooks formuliert, »keine harte [und vor allem unbezahlte] Arbeit in die Kinderbetreuung zu investieren«.[326] Die Elternzeitquote liegt bei Vätern dem statistischen Bundesamt zufolge derzeit nur bei 1,8 bis 3 % (in Abhängigkeit vom Alter des jüngsten Kindes); bei Müttern liegt sie hingegen zwischen 23,9 und 43,9 %.[327] Zudem reagieren Vorgesetze bei Männern eher mit Unverständnis, wenn diese Kinderkrankentage oder Elternzeit in Anspruch nehmen wollen. Wenn Männer allerdings ausnahmsweise Carearbeit (insbesondere im Kontext der Kinderbetreuung) übernehmen, werden diese Leistungen oft besonders hervorgehoben und gelobt. Dieselbe Arbeit wird jedoch dann als selbstverständlich betrachtet und nicht weiter beachtet, wenn sie von Frauen geleistet wird.

Seit einigen Jahren gewinnt das aus den USA kommende Konzept der bedürfnisorientierten Erziehung (Attachment Parenting) in Deutschland an Popularität. Dieses Erziehungskonzept beinhaltet Bonding (also den sofortigen Kontakt zwischen Eltern und Baby nach der Geburt), Stillen, Co-Sleeping sowie den Verzicht auf ›Schlaftraining‹ und wird von vielen Krankenhäusern übernommen und empfohlen. Natürlich bietet die bedürfnisorientierte Erziehung grundsätzlich viele Vorteile für Kinder und kann auch schön für Eltern sein. Allerdings gebe es inzwischen eine Schnittstelle zwischen bedürfnisorientierter Erziehung und rechtem Gedankengut, so die Pädagogin und Autorin Susanne Mierau:

> »Es zeigt sich immer wieder deutlich, dass es eine Überschneidung gibt zwischen bedürfnisorientierten Eltern und den verschiedenen Ideologien von Impfgegnern und Impfgegnerinnen, Verschwörungstheorieanhängern und -anhängerinnen und rechten Inhalten.«[328]

326 bell hooks: Feminismus für alle. Münster: Unrast Verlag, 2021, S. 103.

327 Personen in Elternzeit – Statistisches Bundesamt (destatis.de), Zugriff am 30.08.2024.

328 piqd | Erziehst du noch bedürfnisorientiert oder bist du schon rechts?, Zugriff am 20.04.2024.

Der Kinderarzt und Autor Herbert Renz-Polster, der zu den ersten gehörte, die die bedürfnisorientierte Erziehung in Deutschland bekannt gemacht haben, mahnt daher, dass bedürfnisorientierte Erziehung inzwischen oft bis zur Selbstaufgabe betrieben werde. Wird das Konzept so ausgelegt, dann rutschen Eltern schnell in einseitige und starre Geschlechternormen und Rollenbilder.[329] Gefährlich ist das Propagieren dieser Rollenverteilung also nicht nur in Bezug auf das Verschleiern der von Frauen unbezahlt geleisteten schweren Arbeit, sondern vor allem auch dann, wenn sich hinter dem Mythos der glücklichen Hausfrau und Mutter häufig auch ein Weltbild und eine Ideologie verbergen, die nicht nur antifeministisch, sondern auch politisch rechts sind. Problematisch ist also nicht nur, dass die Carearbeit durch Mütter gesellschaftlich als selbstverständlich betrachtet und oft unsichtbar gemacht wird, sondern auch, dass diese Rollenaufteilungen in Zusammenhang mit rechten Ideologien stehen können oder als Einfallstor für diese dienen können. Ein Paradebeispiel für den Zusammenhang von Antifeminismus und Rechtsextremismus sind die Akteur:innen der Neuen Rechten Götz Kubitschek und Ellen Kositza, die sieben Kinder haben, ihr Leben auf einem ehemaligen Rittergut als ursprünglich und natürlich inszenieren, und politisch rechtsextreme sowie antifeministische Positionen vertreten. Hierzu zählt die Vorstellung von einer völkisch-nationalen Identität und damit verbunden die Ablehnung der deutschen Erinnerungskultur als hinderlich, wobei die Schoa relativiert wird.[330] Frauen gelten in diesem Kontext als ›echte Frauen‹, als ›treusorgende Gattin‹ und ›besorgte Mütter‹,[331] die sich selbst Heim, Herd und die Kinder zuordnen, die sie für das deutsche Volk gebären und dabei selbstbewusst und politisch aktiv sind.[332] Zudem betreiben Götz Kubitschek und Ellen Kositza einen Kleinverlag, der vom Verfassungsschutz als »gesichert

329 Erziehung: Achtsame Eltern können Kinder einengen – Gesellschaft – SZ.de (sueddeutsche.de), Zugriff am 30.08.2024.

330 Die Neue Rechte und der Podcast »Kanal Schnellroda« (deutschlandfunk.de), Zugriff am 30.08.2024.

331 Frauen in der extremen Rechten – Amadeu Antonio Stiftung (amadeu-antonio-stiftung.de), Zugriff am 30.08.2024.

332 Vgl. Klemm, Christina: Gegen Frauenhass, S. 199.

rechtsextrem« eingeordnet wird und pflegen gefestigte Verbindungen zur AfD.[333]

Erziehungskonzepte wie die bedürfnisorientierte Erziehung können somit als Brücke zwischen rechten Ideologien und der gesellschaftlichen Mitte fungieren, wenn sie dementsprechend einseitig ausgelegt werden und männlichen wie weiblichen Elternteilen bestimmte Rollen und Aufgaben zuweisen. Daher wundert es kaum, wenn Inhalte der »Tradwives«-Bewegung ebenfalls auf den offiziellen Kanälen der AfD kommuniziert werden.[334] Im Herbst 2023 teilte die AfD eine Abbildung aus der »Tradwives«-Szene, die die ›traditionelle Frau‹ in Opposition zu einer ›Feministin‹ stellt.[335] Der ›Feministin‹ werden mittels Bildunterschriften auf dieser Abbildung »Promiskuität«, »Abtreibungen« und ein »geringes Selbstbewusstsein« zugeordnet; der ›traditionellen Frau‹ (auf der Abbildung mit Baby im Arm) »Liebe«, »Familie, Kinder und Heimat«, »Gesundheit« und »Sport« und ein »gutes Selbstbewusstsein«. Die AfD (Frauenanteil in der Fraktion 12%) ist übrigens auch gegen die Frauenquote und gegen Gleichstellungsbeauftragte und hat vor allem männliche Wähler (ca. 66%).[336] Dass Frauen zuhause bleiben, den Mann versorgen, das Heim verschönern und viele (*weiße*) Kinder bekommen sollten, entspricht also dem Frauenbild der AfD. Die AfD propagiert somit genau die starren auf der Zweigeschlechtlichkeit basierenden Männer- und Frauenbilder des Patriarchats, bezeichnet Feminismus als »Krebs« und begründet diese Zuordnungen mit »Biologie«.[337]

Der »Klebstoff«[338], der solche konservativen Geschlechternormen und das Patriarchat (nicht nur in der Rhetorik der AfD, sondern ge-

---

333 Antaios-Verlag von Götz Kubitschek: Neurechter Verlag nun rechtsextrem – taz.de, Zugriff am 30.08.2024.

334 AfD Sachsen veröffentlichte Bild über die »traditionelle Frau« (correctiv.org), Zugriff am 12.03.2024.

335 Vgl. heute Journal vom 07.03.2024.

336 Wahlergebnisse und Wählerschaft der AfD | Parteien in Deutschland | bpb.de, Zugriff am 30.08.2024.

337 Zum Frauenbild der AfD vgl. z.B. hier Weltfrauentag: Der Anti-Feminismus der AfD – ZDFheute, Zugriff am 20.04.2024.

338 Vgl. Roig, Emilia: unlearn liebe, S. 56. In: Lisa Jaspers/Naomi Ryland/Sivlie Horch: Unlearn Patriarchy, S. 54–72.

samtgesellschaftlich) zusammenhalten soll, ist Emilia Roig zufolge die romantische (heterosexuelle) Liebe:

> »Narrative und Ideologien über die romantische Liebe sind daher zentrale Instrumente des Patriarchats geworden.«[339]

Der Liebe kommt eine Schlüsselfunktion für das Patriarchat zu:[340] Frauen sollen Dinge aus Liebe zu Männern (und später zu ihren Kindern) tun; das ist in der weiblichen Sozialisation ganz wichtig. Wie viele Geschichten, wie viele Bücher und Filme, die sich an Mädchen und Frauen richten, erzählen von der Suche nach Liebe? Wie viele Filme und Serien gibt es über unglückliche Single-Frauen auf der Suche nach dem perfekten Partner? Märchen gipfeln für die Frauen in der Hochzeit und vielleicht noch in der Mutterschaft. Für Mädchen gedachtes Spielzeug wie (Barbie) Puppen und Kinderküchen erziehen Mädchen zum Sich-schön-Machen für den Partner und zur Vorbereitung auf die Carearbeit. Zu heiraten und Kinder zu bekommen, wird zum ultimativen Lebensziel für Frauen. Frauen, so wird in vielen Erzählungen suggeriert, werden nur durch ihren männlichen Partner (und Kinder) komplett.

bell hooks hebt dabei die gefährliche Seite der heterosexuellen Liebe hervor:

> »Romantische Liebe, wie die meisten in der patriarchalen Kultur, sie verstehen, lässt Menschen ahnungslos, macht sie machtlos und nimmt ihnen die Kontrolle. Feministinnen machen darauf aufmerksam, dass diese Vorstellung von Liebe den Interessen patriarchaler Männer und Frauen dient. Sie stützt die Auffassung, im Namen der Liebe könnte man alles tun: Menschen schlagen, ihre Bewegungsfreiheit einschränken, sie sogar töten und es ›Verbrechen aus Leidenschaft‹ nennen. [...] Im Patriarchat bauen heterosexistische Beziehungen darauf auf, dass Frauen die dem fürsorglichen, emotionalen Geschlecht zugeordnet werden, Männern Liebe geben, und im Gegenzug von Männern, die zu Macht und Aggression neigen, versorgt und beschützt werden.«[341]

339 Ebd., S. 62.

340 Ebd., S. 61.

341 bell hooks: Feminismus für alle, S. 124.

Heterosexuelle Liebe erfüllt als Instrument des Patriarchats somit verschiedene Funktionen: Sie soll FLINTA als Motivation für unbezahlte Arbeit dienen und weitere cis männliche Privilegien rechtfertigen, FLINTA dem häuslichen Bereich zuordnen, wodurch der Bereich der Lohnarbeit cis Männern zufällt, und gleichzeitig patriarchale Gewalt rechtfertigen. Deshalb werden die heterosexuelle Liebe sowie die Liebe zu Kindern immer wieder in der Sozialisation von Mädchen als erstrebenswert dargestellt, oder sogar als notwendig. Emilia Roig führt aus, dass Ehe und Kinder für sie aufgrund ihrer Sozialisation feste Lebensziele waren:

> »Seit meiner Kindheit habe ich verinnerlicht, dass Ehe und Kinderhaben keine Optionen sind, sondern unentbehrliche Etappen im Leben, ohne die eine Frau keine Erfüllung erfahren kann. [...] Das Bild der glücklichen Familie prägt die Entscheidungen und das Selbstbewusstsein von allen Menschen, die als Mädchen sozialisiert wurden.«[342]

Für Frauen besteht aufgrund dieser auf Liebe ausgerichteten Sozialisation ein sozialer Druck, eine (heterosexuelle) Liebesbeziehung zu führen und Frauen messen ihren Selbstwert auch eher daran, ob sie einen Partner und Kinder haben.[343] Doch warum sind die (heterosexuelle) Liebe und die Ehe oder Partnerschaft gerade für Frauen so wichtig? Weil die gesamte patriarchale Ordnung, die Männern die Privilegien in Form von Herrschaft, Freiheiten und Ressourcen, garantiert, und die damit zusammenhängende Wirtschaftsform, der Kapitalismus, darauf beruhen, dass Frauen aus Liebe umsonst Reproduktions- und Carearbeit leisten und ihre eigenen Bedürfnisse und Erwartungen zugunsten von Männern und Kindern zurückstellen. Emilia Roig betont daher:

> »Die Frauen und ihre Sexualität, ihre Körper und Reproduktionsfunktion sowie ihre Arbeitskraft, ihren Besitz und ihr Kapital zu kontrollieren, ist die wichtigste Funktion der Heterosexualität – die durch die Ehe institutionalisiert wird.«[344]

342 Roig, Emilia: Why we matter, S. 51 f.

343 Vgl. Roig, Emilia: unlearn liebe, S. 63. In: Lisa Jaspers/Naomi Ryland/Sivlie Horch: Unlearn Patriarchy, S. 54–72.

344 Ebd., S. 60.

Dass Frauen (zusätzlich zur Erwerbsarbeit) kümmern, versorgen, putzen, kochen, erziehen, ohne dafür Geld zu bekommen, ist ein gesellschaftlicher Grundpfeiler. Das Konzept der romantischen Liebe gewährleistet nicht nur, dass alle diese Aufgaben von Frauen aus einer intrinsischen Motivation heraus erledigt werden; die Verortung von Frauen im Zuhause und von Männern bei der Erwerbsarbeit bewirkt zudem, dass Frauen kein oder weniger Einkommen haben (gender pay gap und gender pension gap) und häufiger (zu 50 %) in Teilzeit arbeiten. Weniger Geld zu haben ist auch verbunden mit weniger Einfluss, weniger Handlungsmacht, weniger Mitbestimmung, weniger Sicherheit, weniger Möglichkeiten, weniger Freiheiten. Carearbeitende Frauen halten ihren Männern also nicht nur beruflich den Rücken frei, sondern müssen zu deren Gunsten auch auf ihr eigenes Einkommen oder einen Teil davon verzichten (ganz abgesehen von eigenem beruflichem Ehrgeiz). Die vorwiegend von Männern geleistete und mit Geld honorierte Arbeit, die gesellschaftlich einen hohen Stellenwert besitzt, ist nur deshalb möglich, weil vorwiegend Frauen die profanen, oft lästigen, anstrengenden und unbezahlten Alltagsarbeiten übernehmen. Um das kapitalistisch organisierte Patriarchat erhalten zu können, ist es daher elementar wichtig, ein allgemeingültiges Frauenbild aufrecht zu halten, das Frauen als Menschen versteht, die ganz selbstverständlich aus Liebe im privaten Umfeld gratis arbeiten. Und damit dieses Konzept aufgeht, sind die Strukturen des Systems darauf ausgerichtet, es zu fördern, durch das Ehegattensplitting, durch den gender pay gap, durch die Medien, die den Stellenwert der Liebe in der weiblichen Sozialisation implementieren. Wie wichtig diese Gratisarbeit von Frauen für das Funktionieren unserer Gesellschaft ist und wie schädlich für sie selbst, wurde zu Zeiten der Corona-Pandemie offenkundig:

> »Nicht zuletzt die Corona-Pandemie hat gezeigt, wie die Sorgeverantwortung, Bildung und Gesundheitsversorgung für Kinder sowie alte, kranke und behinderte Menschen weiter privatisiert und in den Verantwortungsbereich von Frauen ausgelagert wurde, was die ohnehin schon bestehende Care-Krise noch weiter verschärft hat.«[345]

345 Naqshband, Saboura: unlearn klasse, S. 174 f. In: Emilia Roig/Alexandra Zykunov/Silvie Horch (Hgg.): Unlearn Patriarchy 2, S. 168–191.

Die genderfluide Person Gabriel_Nox Koenig reflektiert sehr prägnant, wie ihr:ihm bereits als kleines Kind die Verantwortung für viele verschiedene Dinge alleine aufgrund des ihr:ihm zugeschriebenen Geschlechts antrainiert wurden:

> »Ich beobachte mein Gewicht, seitdem ich fünf Jahre alt war. Meine Bedürfnisse kommen irgendwie immer als Letztes, besonders, wenn jemand anderes gerade welche hat (und wann ist das schon je nicht der Fall?) Ich spüre, wenn jemensch etwas braucht, und kann nur schwer Grenzen setzen. Harmonie und ein positives Gefühl im Kontakt sind immer mein Hauptaugenmerk und wenn ich den Ansprüchen nicht genüge, suche ich den Fehler in und bei mir.«[346]

Gabriel_Nox Koenig hat also schon als Kind internalisiert, dass es Ansprüche an Kinder gibt, die als weiblich betrachtet werden, und versucht, diese zu erfüllen. Diese Ansprüche können sich auf Schönheitsnormen beziehen oder auf Carearbeit, also für Fürsorge um andere beim gleichzeitigen Zurückstellen der eigenen Bedürfnisse.

Das konservative patriarchale Frauenbild beruht ganz explizit auf der Vorstellung, dass das sexistische System mit der vermeintlichen Biologie von Frauen übereinstimmt; dass richtige Frauen also überhaupt keine Karriere machen wollen (»Karrierefrauen« wird immer ein gewisser Egoismus unterstellt), dass sie das häusliche und private Umfeld als ihren Verantwortungs- und Kompetenzbereich betrachten, und dass es quasi in der Natur von Frauen liege, Kinder und Mann zuhause versorgen zu wollen. Doch »Familie als individuelles Projekt zu betrachten, macht es enorm schwer, ihre kollektive Dimension zu begreifen und zu verstehen, dass wir sie vor allem über politische Strategien verändern und freier machen können.«[347]

---

346 Koenig, Gabriel_Nox: Vom Versuch, sich verbündet zu zeigen und die eigene männliche Performance und männliche Privilegien zu sabotieren, S. 45. In: Blu Doppe/Daniel Holtermann (Hgg.): Vom Scheitern, Zweifeln und Ändern, Münster: Unrast Verlag, 2021, S. 43–60.

347 Bücker, Teresa: unlearn familie, S. 126. In: Lisa Jaspers/Naomi Ryland/Sivlie Horch: Unlearn Patriarchy, S. 123–142.

Aus diesen Gründen genügt eine institutionelle Entpatriachalisierung alleine nicht,[348] solange cis Männer und cis Frauen strukturelle patriarchale Unterdrückung aufgrund ihrer internalisierten Geschlechterbilder für individuelle »Beziehungsprobleme« halten.[349]

Gewalt gegen FLINTA ist systemisch; sie ist das Resultat des patriarchalen Systems, das FLINTA als unterlegen und minderwertig versteht. Indem diese Gewalt gegen FLINTA jedoch als »häuslich« bzw. »leidenschaftlich« bezeichnet wird (wenn also von häuslicher Gewalt statt von patriarchaler Gewalt gesprochen wird oder von Verbrechen aus Leidenschaft statt von Femizid), wird sie dem privaten und individuellen Bereich zugeordnet und als strukturelles Problem negiert. Auch wenn FLINTA, insbesondere Mütter, kein oder wenig Geld verdienen, weil sie nicht erwerbstätig sind oder in Teilzeit arbeiten, dann wird die Schuld für ihre Abhängigkeit vom Partner oft bei ihnen selbst gesucht. Wer, wie die Autorin Bascha Mika, Frauen vorwirft, an ihrer Situation selbst schuld zu sein,[350] da sich diese angeblich freiwillig selbst unterordnen, negiert die strukturellen Komponenten. In ihrem 2011 erschienenen Buch *Die Feigheit der Frauen* behauptet die ehemalige *taz*-Chefredakteurin, Frauen hätten es »vermasselt« und würden ihre »Geiselmentalität pflegen«,[351] sie seien feige, faul, bequem und jämmerlich, wenn sie Kinder bekommen würden, statt Karriere zu machen. Natürlich können Frauen mit Kindern Karriere machen. Aber es ist für sie aus vielen Gründen anstrengender und komplizierter. Und sie müssen über die erforderlichen (finanziellen) Ressourcen verfügen (z.B. für Kinderbetreuung, Haushalt oder einfach nur die Möglichkeit, nachts zu schlafen). Und was ist überhaupt Karriere? Was ist mit jenen Frauen, die aufgrund niedriger Einkommen trotz Doppelbelastung finanziell von einem mitverdienenden Partner abhängig sind, oder mit Paaren, die im Niedriglohnsektor arbeiten, und grundsätzlich nicht mit einem Einkom-

348 Vgl. Otto, Friederike: unlearn wissenschaft, S. 107. In: Lisa Jaspers/Naomi Ryland/Sivlie Horch: Unlearn Patriarchy, S. 91–110.

349 Vgl. Roig, Emilia: unlearn liebe, S. 61. In: Lisa Jaspers/Naomi Ryland/Silvie Horch: Unlearn Patriarchy, S. 54–72.

350 Vgl. Mika, Bascha: Die Feigheit der Frauen. Rollenfallen und Geiselmentalität. Eine Streitschrift wider den Selbstbetrug. München, 2012.

351 Vgl. Klappentext.

men zurechtkommen? Was ist mit Alleinerziehenden? Was ist mit Menschen, die sowieso schon marginalisiert sind und auf dem Arbeitsmarkt benachteiligt werden? Mit queeren Personen, mehrgewichtigen oder BIPoC zum Beispiel? Frauen Feigheit oder Faulheit vorzuwerfen, individualisiert Probleme, statt die Ursachen in den Strukturen zu suchen, wie in einer aktuell immer schlechter werdenden Betreuungssituation (deutschlandweit fehlen Erzieher:innen, was natürlich auch mit der verhältnismäßig schlechten Bezahlung dieses wichtigen und anstrengenden Jobs zu tun hat) und dem Ehegattensplitting. Denn die politischen Rahmenbedingungen in Deutschland fördern und schützen die hetero Kleinfamilie[352] und halten Männer und Frauen somit in den ihnen vom Patriarchat zugeschriebenen Rollen. Gerade das Ehegattensplitting, das Familienmodelle belohnt, in denen eine Person sehr viel arbeitet und eine sehr wenig oder gar nicht, macht Frauen von Männern finanziell abhängig und belohnt sie dafür, zuhause (bei den Kindern) zu bleiben. Daher entscheiden sich viele Familien dafür, dass der Partner sehr viel arbeitet und die Partnerin sehr wenig; denn unterm Strich haben die Familien mit dieser Lösung mehr Geld. Fällt das Einkommen des Ehepartners dann weg (egal ob durch Scheidung oder Tod), so muss die Frau mehr Steuern zahlen, statt weniger (obwohl sie weniger Einkommen hat), weil sie (und die Kinder) vor dem Staat nicht mehr als richtige Familie gelten. Das Ehegattensplitting trägt also dazu bei, dass cis Männer sich auf die Karriere konzentrieren können, mehr verdienen und im Alter oder im Fall einer Trennung, bei der sie nicht hauptverantwortlich für die Kinder sind, besser abgesichert sind. Und da sie mehr Karriere machen, sind nicht nur Vermögen, Finanzanlagen und Immobilien in Deutschland zu einem überwiegenden Teil in männlicher Hand; cis Männer sitzen auch mehrheitlich in politischen Entscheidungspositionen (momentan besteht z.B. der Bundestag zu zwei Drittel aus cis Männern; die Grünen haben einen Frauenanteil von 40 %; alle anderen Parteien weniger) und können dafür sorgen, dass alles so bleibt, wie es ist. Denn für sie ist es ja gut. Noch einmal: Wenn Frauen ihre Rollen verlassen würden und keine unbezahlte Familienarbeit mehr leisten würden, dann würde unser

352 Bücker, Teresa: unlearn familie, S. 128. In: Lisa Jaspers/Naomi Ryland/Sivlie Horch: Unlearn Patriarchy, S. 123–142.

Wirtschaftssystem zusammenbrechen. Wäre der Staat auf einmal für die ganze Haushalts-, Pflege- und Erziehungsarbeit verantwortlich, die Frauen umsonst leisten, würden horrende Kosten auf ihn zukommen. Deshalb ist es natürlich im Interesse des Patriarchats und des Kapitalismus, Menschen in Männer und Frauen zu unterscheiden, Frauen die Sorgearbeit zuzuordnen, ihren politischen Einfluss gering zu halten, konservative Familienmodelle, die diese Vorstellungen praktizieren, zu privilegieren und allen anderen Lebensmodellen hohe Hürden in den Weg zu stellen, wie zum Beispiel komplizierte, langwierige und demütigende Stiefkindadoptionen für queere Familien.

Das Private ist also politisch (Familie ist kein individuelles Projekt, sondern wird durch gesellschaftliche Strukturen geformt) und gleichzeitig wirkt das Politische tief in private Situationen hinein (wenn beispielsweise cis Frauen, die zuvor in einer relativ gleichberechtigten Situation gelebt haben (z.B. was die Aufteilung der Carearbeit angeht), durch die Geburt eines Kindes in konservative Rollenmuster gedrängt werden bzw. benachteiligt werden, wenn sie sich gegen diese Aufteilung entscheiden).

Patriarchale Strukturen bewirken eine Benachteiligung und eine Mehr- bzw. Überbelastung von FLINTA. Die Konsequenzen dieser Überbelastung können zu selbstzerstörerischem Verhalten führen, wie beispielsweise einem zunehmenden Alkohol- und Medikamentenmissbrauch durch FLINTA: Während der Alkoholkonsum unter cis Männern seit Jahren beständig zurückgeht, nimmt der von FLINTA, der statistisch immer niedriger gewesen war als bei cis Männern, hingegen zu.[353] Es lässt sich dabei ein Zusammenhang zwischen dem Alkoholkonsum und den gesellschaftlichen Erwartungen an FLINTA nachweisen:

> »Weil Frauen gelernt haben, dass sie die Erwartungen besser nicht enttäuschen sollten, weder die, die von außen an sie herangetragen werden, noch die eigenen. Hat eine Frau Kinder und arbeitet, ist der Druck, alles richtig machen und allen gerecht werden zu wollen, Familie und Arbeitgeber, meist ungleich größer als bei Männern.«

353 Alkoholismus bei Frauen: Ursachen, Risiken & Weg aus der Sucht (dassucht-portal.de); Paula Talk: Frauen und Sucht – die unterschätzte Droge Alkohol | Frauenzentrum Paula Panke (paula-panke.de), Zugriff am 30.08.2024.

Während cis Männer Alkohol eher in Entspannungssituationen oder als Ritual der Hypermaskulinität (siehe unten) konsumieren, konsumieren FLINTA, um die Anforderungen des Alltags bewältigen zu können:

> »Ein Großteil der Alkoholikerinnen konsumiert nicht mal vorgeblich zum Vergnügen, sondern um sich zu betäuben, abzuschalten, gegen Schmerz und gegen den Druck, vermeintlich immer funktionieren zu müssen. Das trifft vor allem auch auf alleinerziehende Mütter zu: Bei ihnen hat der riskante Konsum von Alkohol in der Pandemiezeit drastisch zugenommen.«[354]

Die gesellschaftlich akzeptierte Droge Alkohol wird somit zum Ventil:

> »Als Mutter könnte ich mich nicht in der Öffentlichkeit hinsetzen und kiffen. Aber ein paar Gläser Wein sind für alle anderen völlig in Ordnung, da fragt keiner nach.«[355]

Christina Schadt von der Suchtprävention Berlin beobachtet den Trend schon länger. »Diese Frauen stehen oft unter einer enormen Mehrfachbelastung«, sagt sie. »Sie benötigen Entlastung und die wird dann leider oft in Alkohol gesucht.« Der Druck, alles richtig zu machen, ist bei FLINTA meist höher ausgeprägt als bei cis Männern. Sie wollen eine perfekte Karriere machen und perfekte Frau, Partnerin und Mutter sein. »Sie haben eine sehr hohe Erwartungshaltung an sich selbst«, sagt Schadt. »Aber natürlich kommt die Erwartungshaltung auch von der Gesellschaft.‹ «[356]

Anders als viele cis männliche Trinker sind FLINTA oft funktionierende Alkoholikerinnen; sie trinken heimlich, um ihren anstrengenden Alltag bewältigen zu können.

Einseitige und starre Geschlechterbilder schaden jedoch nicht nur FLINTA. Auch cis Männer leiden unter den Rollenbildern des Patriarchats. Wichtig ist hier jedoch die Unterscheidung zwischen Nachteilen und Diskriminierung: Zwar leiden auch cis Männer unter patriarchalen Zuschreibungen (siehe unten), aber im Gegensatz zu allen anderen

354 Frauen und Alkoholsucht: Trinken gehört zum Alltag | NDR.de – Kultur, Zugriff am 13.03.2024.

355 Alkoholsucht bei Frauen: Warum Frauen mehr Alkohol trinken – SZ Magazin (sueddeutsche.de), Zugriff am 14.03.2024.

356 Jung, erfolgreich – und alkoholabhängig? Warum gerade die Frauen gefährdet sind – FOCUS online, Zugriff am 14.03.2024.

werden sie vom Patriarchat nicht diskriminiert, sondern privilegiert. Die Nachteile von cis Männern bringen FLINTA keine Vorteile.[357] Umgekehrt jedoch schon. Statistisch gesehen haben cis Männer weniger enge Freund:innen, eine kürze Lebenserwartung als FLINTA[358] und sie sterben dreimal häufiger an Suizid.[359] Außerdem gehen sie seltener aus Eigenverantwortung zu Vorsorgekontrollen[360] und neigen eher zu (hoch) riskantem Verhalten, zum Beispiel beim Autofahren.[361] Der Grund, warum cis Männer sich anscheinend nicht gut um sich selbst kümmern, sind einseitige Vorstellungen von Männlichkeiten. Im Patriarchat sind die Vorstellungen von Männlichkeit und Weiblichkeit binär konzipiert: stark vs. schwach; rettend/helfend vs. hilflos und bedürftig; Verstand vs. Gefühl. Auf dieser Basis soll die cis männliche Herrschaft legitimiert werden. Letzten Endes schaden die Zuschreibungen jedoch allen Menschen. Männlichkeit, so Ulla Wittenzeller, definiert sich mittels dieser Dichotomien vor allem durch die Differenz zur Weiblichkeit und zwar bei einer gleichzeitigen Abwertung der Weiblichkeit:

> »Was als weiblich gilt, wird abgewertet. Einerseits, indem Frauen abgewertet werden, ebenso aber, indem Männern, die weiblich markierte Eigenschaften, Verhaltensweisen oder Vorlieben an den Tag legen, ihre Männlichkeit abgesprochen wird […] Alles, was als weiblich gilt, dürfen Männer nicht machen/mögen/sein.«[362]

Vergleiche wie »Du siehst aus/heulst/kletterst wie ein Mädchen« haben eine abwertende Bedeutung. Gleichzeitig erhöht die Abwertung

---

357 Vgl. hierzu Blu Doppe, Daniel Holtermann (Hgg.): Vom Scheitern, Zweifeln und Ändern. Kritische Reflexionen von Männlichkeiten, S. 12.

358 Lebenserwartung von Männern und Frauen in Deutschland – Statistisches Bundesamt (destatis.de), Zugriff am 30.08.2024.

359 Suizide in Deutschland – Statistisches Bundesamt (destatis.de), Zugriff am 30.08.2024.

360 Vorsorgeuntersuchung: Wieso Männer selten hingehen und wie Sie das ändern können – FOCUS online, Zugriff am 30.08.2024.

361 Was uns risikobereit macht – Psychologie Heute (psychologie-heute.de), Zugriff am 30.08.2024.

362 Wittenzeller, Ulla: Boy meets Girl – Kritisches Vorwärtsstolpern in Heterobeziehungen, S. 190. In: Blu Doppe/Daniel Holtermann (Hgg.): Vom Scheitern, Zweifeln und Ändern, S.187–204.

des Weiblichen für (heranwachsende) Männer den Druck, das sozial erwünschte Verhalten zu zeigen. »Die Macht, die Männern in der patriarchalen Gesellschaft gewährt wird, hat einen hohen Preis«, schreibt Emilia Roig. Männer müssten dafür einen Teil ihrer Menschlichkeit ablehnen.[363] Um als ›richtige Männer‹ zu gelten, vermeiden Männer jedoch nicht nur als weibliches markiertes Verhalten, sie überbetonen zudem als männlich verstandenes Verhalten wie Gewalttätigkeit:

> »Gewaltvolles Verhalten von Männern ist gesellschaftlich anerkannt bzw. wird selten sanktioniert und ist sogar positiv besetzt. So wird es Männern einfach(er) gemacht, Macht auszuüben. [...] Ständig werden Männern in ihrer Sozialisation Verhaltensweisen als ›normal‹, ›cool‹ oder ›männlich‹ verkauft.«[364]

Gewalt und gewaltvolles Verhalten sind bereits bei sehr kleinen Kindern, die männlich sozialisiert werden, integraler Bestandteil ihres Alltags. Dies betrifft Bücher und Filme, Kleidung und Spielzeug, das gemeinsame Spiel und die Sprache:

> »Star-Wars-Motive gibt es jedes Jahr auf den Schulranzen für die nächste Erstklässlergeneration, und die Kampfmaschinen des Actionfilms *Transformers* stehen schon bei Fünfjährigen hoch im Kurs. Den Mythos vom harten Mann haben wir also keineswegs hinter uns gelassen: kämpfen, zerstören, auslöschen, vernichten sind durchaus gängige Vokabeln auf einem Kindergeburtstag. Wer von der Spielplatzbank aus manches Kriegsspiel beobachtet, weiß, dass es vonseiten der Eltern kaum Einschränkungen gibt: ›So sind sie eben, die Jungs‹ legitimiert die Sandbombe im Kragen oder die Schaufel auf den Kopf des Gegners.«[365]

Indem Männlichkeit mit Gewalt, (körperlicher) Stärke, Dominanz und emotionaler Distanziertheit verbunden wird, erlenen cis männliche Kinder einerseits, dass es bis zu einem gewissen Grad ok sei, sich dominant, gewalttätig und rücksichtslos zu verhalten. Cis Jungs werden oft

---

363 Roig, Emilia: Why we matter, S. 58.

364 Blu Doppe/Daniel Holtermann (Hgg.): Vom Scheitern, Zweifeln und Ändern, S. 216.

365 Schnerring, Almut/Verlan, Sascha: Die Rosa-Hellblau-Falle, 9%

so sozialisiert, dass sie glauben, sich mehr erlauben zu können: »So sind Jungs eben«, schreibt der Autor, Aktivist und ehemalige Sozialarbeiter JJ Bola, »nimmt der Tat die Schuldhaftigkeit und bringt kleinen Jungs bei, dass es gewisse Verhaltensweisen gibt, mit denen sie davon kommen, nur weil sie männlich sind«.[366] Gleichzeitig birgt diese einseitige patriarchale Vorstellung von cis Männlichkeit viele negative Konsequenzen, Risiken und Einschränkungen für cis Männer. So verüben cis Männer nicht nur mehr Gewalt (an FLINTA), sie sind auch öfter Opfer von Gewalt. Männer sind in ca. 20 % der Fälle nicht nur Täter, sondern auch Opfer von patriarchaler Gewalt, die sie aber nur selten anzeigen.[367] Es sind einseitige Männlichkeitsbilder, die Männer davon abhalten, für ihre eigene Sicherheit einzustehen. JJ Bola schreibt daher:

> »Es ist traurig, dass Männern, die Opfer von Gewalt werden, ein größeres Stigma anhaftet als Männern, die Gewalt ausüben.«[368]

Diese Zuordnungen sind nicht nur gefährlich, sie schränken zudem Identitäten immens ein. Indem Schönheit weiblich konnotiert ist, werden Jungs, wie Candy Licious es beschreibt, eher daran gehindert, farbenfrohe Kleidung zu tragen und Make-up oder Nagellack zu benutzen. Von meinen eigenen Söhnen und auch aus dem gesamten Bekanntenkreis kenne ich diese Wünsche von (kleinen) Jungs. Normalerweise lassen die negativen oder zurechtweisenden Kommentare von (fremden) Erwachsenen oder älteren Kindern nicht lange auf sich warten, wenn Jungs mit lackierten Nägeln, langen Haaren oder als *Elsa* verkleidet in den Kindergarten oder die Grundschule gehen. Ihnen wird sehr schnell vermittelt, dass dieses Verhalten für sie nicht adäquat sei. Indem ein solches angeblich weibliches Verhalten bei Jungs nicht respektiert und als selbstverständlich betrachtet wird, wird ihre Identität beschränkt und eingegrenzt. Auch in Kindermedien werden cis männlich sozialisierte Kinder kaum ermutigt, sich mit schöner bunter Kleidung, Frisuren und Make-up zu beschäftigen, obwohl dieser Wunsch bei vielen Kindern vorhanden ist; und zwar ganz

366 Bola, JJ: Sei kein Mann. Warum Männlichkeit ein Albtraum für Jungs ist. München: Hanser Verlag, 2022, S. 31.

367 Mann: Täter, Frau: Opfer? – Wie Geschlechterrollen unser Verhalten bestimmen (deutschlandfunkkultur.de), Zugriff am 30.08.2024.

368 Bola, JJ: Sei kein Mann, S. 39.

unabhängig von dem ihnen zugeschriebenen Geschlecht. Eine der ganz wenigen Ausnahmen ist das Buch *Julian ist eine Meerjungfrau* von Jessica Love, in dem der Titelprotagonist sich mit Hilfe seiner Großmutter als Meerjungfrau verkleidet und so auch das Haus verlässt, wo er auf viele weitere Menschen trifft, die als Meerjungfrauen verkleidet sind.

Weitere Beispiele für Mängel durch eine cis männliche Sozialisation wären, wenn junge cis Männer nach dem Verlassen ihres Elternhauses nicht in der Lage sind, sich selbst zu versorgen, weil das Erlernen von Kochen und Putzen kein selbstverständlicher Teil ihrer Sozialisation war, da diese Dinge als trivial und weiblich abgewertet werden. Dabei haben sehr viele junge Kinder Spaß und Interesse daran, im Haushalt und in der Küche mit einbezogen zu werden. Während noch vor einiger Zeit davon ausgegangen wurde, dass nach der Mutter nahtlos die Ehefrau die Versorgung übernimmt, ist es heute hingegen oft der Fall, dass (junge) cis Männer alleine oder in (studentischen) Wohngemeinschaften leben; männlichen Rollenbildern zum Trotz sind sie darauf angewiesen, sich selbst versorgen zu können. Die Folge davon ist, dass alleinlebende Männer sich schlechter ernähren.[369] Und natürlich sollten sie auch in Beziehungen die Hälfte der Koch- und Putzarbeit erledigen.

Einseitige Geschlechtsanforderungen bewirken zudem, dass Männer körperliche Symptome für Krankheiten ignorieren, Vorsorgetermine verpassen und keine Hilfsangebote für psychische Probleme annehmen, weil sie sich nicht als verletzlich erleben wollen und keine externe Hilfe in Anspruch nehmen wollen.[370] Dies beinhaltet auch, dass Männer gegen sie verübte (sexualisierte) Gewalt nicht anzeigen oder offenlegen und somit auch keinen Beistand erfahren können.[371] Die Reproduktion von einseitigen Vorstellungen von Männlichkeit veranlasst Männer dazu, (hoch)riskantes Verhalten an den Tag zulegen, etwa beim Alkoholkonsum, beim Autofahren oder beim Sport. Es bringt sie dazu, zu Tätern zu werden, die sich FLINTA gegenüber abwertend verhalten und auch ge-

369 Vgl. Schnerring, Almut/Verlan, Sascha: Die Rosa-Hellblau-Falle, 35%.

370 Vgl. Eggemann, Ricci: Depression, who cares? – Depression und Männlichkeit zusammendenken, S. 142 f. In: Blu Doppe/Daniel Holtermann (Hgg.): Vom Scheitern, Zweifeln und Ändern, S. 131–147.

371 Vgl. Bola, JJ: Sei kein Mann, S. 59.

genüber anderen Männern, die männliche Vorstellungen des Patriarchats nicht im selben Maße erfüllen. Männlichkeitsvorstellungen, die Männern Emotionen (interessanterweise gelten Wut und Aggressionen dabei nicht als Gefühle; sie sind legitim), Fürsorglichkeit und Zärtlichkeit verwehrt, treibt Männer in Depressionen und manchmal in den Suizid.[372] Außerdem bewirken solche Männlichkeitsvorstellungen, die Schwäche als weiblich imaginieren, dass cis Männer die eigene Hilflosigkeit externalisieren und auf andere übertragen: Statt sich also eigene Fehler und Schwächen einzugestehen, suchen cis Männer, die solche Vorstellungen internalisiert haben, die Schuld bei anderen, die auf diese Weise die Funktion von Sündenböcken einnehmen.[373] Dies sind in der Regel marginalisierte Gruppen, wie FLINTA und Kinder (in Form von patriarchaler Gewalt), aber auch Jüdinnen:Juden oder Migrant:innen und geflüchtete Menschen. Auf diese Weise erlernen cis Männer im Patriarchat, keine Verantwortung für ihr Handeln zu übernehmen: nicht gegenüber anderen, nicht gegenüber ihren Kindern und auch nicht gegenüber ihrer eigenen Gesundheit und Sicherheit. Das cis männliche Verhaltensrepertoire des Patriarchats beinhalte statt emotionalen und kommunikativen Lösungen nur die Optionen Aktion, Handeln, Kontrolle und Gewalt, so die Autor:innen Almut Schnerring und Sascha Verlan.[374] Einseitige Männlichkeit schränkt somit nicht nur Identitäten ein, indem sie Männer auf einige wenige Kriterien reduziert, sondern sie gefährdet gleichzeitig auch andere, indem sie Männer zu Tätern werden lässt.

JJ Bola stellt die These auf, dass pubertierende Jungs, die die prä-pubertären Zärtlichkeiten ihrer frühen Kindheit vermissen, gerade deshalb viel miteinander raufen, weil sie auf diese Weise körperliche Nähe erleben können; und zwar ohne dem Verdacht der Homosexualität ausgesetzt zu sein. Denn während Liebe in der cis weiblichen Sozialisation eine bedeutende Rolle spielt, so wird sie in der cis männlichen Sozialisation eher mit Sexualität gleichgesetzt. JJ Bola schreibt dazu:

---

372 Vgl. hierzu Eggemann, Ricci: Depression, who cares? – Depression und Männlichkeit zusammendenken. In: Blu Doppe/Daniel Holtermann (Hgg.): Vom Scheitern, Zweifeln und Ändern, S. 131–147.

373 https://docplayer.org/76571938-Maennlichkeit-im-wandel.html, Zugriff am 12.05.2024.

374 Vgl. Schnerring, Almut/Verlan, Sascha: Die Rosa-Hellblau-Falle, 41 %.

»[A]ls heterosexuelle Männer wurden wir geradezu von der Liebe wegsozialisiert, während Frauen zur Liebe hinsozialisiert wurden.«[375]

Bei FLINTA hingegen sind intime Gesten nicht problematisch und werden nicht per se sexuell gedeutet: Sie können sich zur Begrüßung küssen, untergehakt laufen, sich in die Haare fassen und über ihre gegenseitige Zuneigung sprechen. Männer, die sich beispielsweise beim Spazierengehen an der Hand halten (in vielen Ländern wie u.a. der Türkei absolut üblich), werden in westlichen Gesellschaftlichen als homosexuell gelesen. Während das Patriarchat romantische Liebe zudem als Dominanzverhältnis versteht, bei dem der:die ein:e Parner:in liebt und der:die andere im Gegenzug schützt, beschreibt bell hooks Liebe mit den Begriffen Anerkennung, Akzeptanz, Wertschätzung, Fürsorge, Verantwortung, Hingabe und Verständnis.[376] Das Bedürfnis nach Fürsorge wird bei Männern also unterdrückt, da diese weiblich konnotiert ist; das Bedürfnis nach Zärtlichkeit wird paradoxerweise nicht durch körperliche Berührungen wie das Halten der Hand, sondern durch Gewalt befriedigt, wodurch jedoch der Mythos, cis Männer müssten stark und aggressiv sein, bestätigt wird und sich verfestigt.[377] Es ist daher umso wichtiger, diesen Mythos erst gar nicht zu reproduzieren – und zwar von Anfang an. Denn wenn prä-pubertäre Jungs immer wieder mit der Vorstellung konfrontiert werden, Aggressivität sei etwas Geduldetes und Stärke etwas Gewünschtes, werden sie diese Gewalt auch als Erwachsene reproduzieren, so JJ Bola:

»Die Gewalt, die von erwachsenen Männern ausgeht, hat ihre Wurzeln oft in diesen jugendlichen Raufereien. Es geht darum, ein gewisses Männerbild zu erfüllen, das einem über Jahre hinweg eingetrichtert wurde.«[378]

Neben solchen Raufereien gibt es natürlich zahlreiche Kindermedien, die cis männliche Kinder zur Gewalt erziehen. Neben Computerspielen, die auf (Waffen-)Gewalt basieren, sind dies gewaltvolle Comics, Spielzeugwaffen, wie Nerfs oder Wasserpistolen; Playmobil in Form von Rittern und Polizisten. Gerade Kindermedien und -spielzeuge sind sehr

375 Bola, JJ: Sei kein Mann, S. 56.

376 bell hooks: Feminismus für alle, S. 127.

377 Vgl. Bola, JJ: Sei kein Mann, S. 56.

378 Ebd., S. 42.

oft ausschließlich in Bezug auf konservative und cisnormative Rollenzuschreibungen konzipiert. Der Pädagogikprofessor Sebastian Schädler spricht daher nicht von einer »männlichen Sozialisation«, sondern von einer »Sozialisation zur Männlichkeit«.[379] Kindern, die von ihren Bezugspersonen als cis männlich identifiziert werden, werden daher bestimmte Spielzeuge, Bücher und Filme zugewiesen und von anderen werden sie ferngehalten. Auffällig ist, dass es wenige Medien gibt, die keinem Geschlecht zugeordnet sind. Diejenigen Medien, die cis männlichen Kindern zugewiesen werden, haben oft einen Bezug zu Gewalt. Wie viele Filme, die sich an Jugendliche und Erwachsene richten, erzählen von einem heterosexuellen cis Mann, der seine Ziele mittels Körperkraft und Gewalt erreicht, selbst scheinbar unverletzbar ist und nebenbei auch noch Schwächere und Frauen (oder gleich die ganze Welt) rettet?

In ihrer vielbeachteten Kolumne *Ist es radikal, Jungen beizubringen, nicht zu vergewaltigen?* geht Teresa Bücker auf die Ursachen von gewaltvoller cis Männlichkeit in der Erziehung von cis Jungs ein. Sie zitiert in diesem Kontext eine Plan-International-Studie von 2018,[380] der zufolge sieben von zehn Jungs Druck vonseiten ihrer Eltern, Lehrer:innen und Freund:innen wahrnahmen, körperlich stark zu sein, emotional tough und ihre Gefühle zu verstecken, wenn sie sich traurig oder wütend fühlten. Mehr als 40 Prozent meinten, bei Wut sei es die normale Reaktion, sich aggressiv oder gewalttätig zu verhalten. 44 Prozent beschrieben, dass sie jemanden schlagen würden, der sie provoziert. Einer von drei Jungs empfand den Druck, sich dominant zu verhalten – eine Angabe, die unter anderem damit korrelierte, in Jungengruppen sexuelle Witze und Bemerkungen über Mädchen zu machen. Nahezu die Hälfte der Jungs hatte zudem zugehört, als ihr Vater oder ein anderes männliches Familienmitglied sexuell anzüglich über Frauen redeten. Außerdem berichteten Jungs darüber, dass sie mit Mädchen schlafen und damit prahlen müssten, um von ihrem männlichen Freundeskreis akzeptiert

379 Vgl. Schädler, Sebastian: n(ich)t ... oder vom Versuch, sich als »Mann« nicht »vermännlichen« zu lassen, S. 64. In: Blu Doppe/Daniel Holtermann (Hgg.): Vom Scheitern, Zweifeln und Ändern, S. 61–75.

380 Umfrage von Plan International: So wird Männlichkeit in Deutschland gelebt, Zugriff am 30.08.2024.

zu werden. Hierbei ginge es weniger um die Mädchen, sondern vor allem um Gruppenzugehörigkeit und Status. Teresa Bücker schreibt:

> »Im Kontext eines Männlichkeitsbilds, in dem körperliche Stärke und Aggression als Werte gelten, versprechen also auch die Eroberungsgeschichten, die diese Elemente enthalten, die beste Resonanz aus der Gruppe. Jungen mögen Zärtlichkeit ebenso schätzen und sich vertrauensvolle Beziehungen zu Mädchen wünschen – für ihren sozialen Status sind diese Bedürfnisse wertlos und daher eher etwas, das sie für sich behalten, als es mit ihren Freunden zu teilen. In einer Welt, in der Jungen sie selbst sein können, sollten sie sich nicht entscheiden müssen zwischen ihren echten Gefühlen und der Akzeptanz ihrer Peer-Group. «[381]

(Sexualisierte) Gewalt und damit verbundenes soziales Ansehen (zumindest innerhalb der Peer-Group) sind integrale Bestandteile in der Sozialisation zur cis Männlichkeit. Dies schadet Jungs in vielerlei Hinsicht. Noch mehr schadet es allerdings denjenigen, die durch die cis männliche Sozialisation diskriminiert werden: FLINTA. Sie sind die Opfer dieser Sozialisation, die der Gewalt letztendlich ausgesetzt sind. Der Autor Fikri Anıl Altıntaş schildert, wie er in seiner Jugend unreflektiert Gewalt ausgeübt hat, da er kein Unrechtbewusstsein für diese Gewalt hatte:

> »Mit 14 Jahren […] genoss ich es zum ersten Mal, in den Clubs auf die ›Jagd‹ nach Mädchen zu gehen. […] Die Jagd auf Mädels war ein Teamsport […] damals war ich fest im Glauben daran, dass ich nichts falsch mache, weil ich etwas tat, das akzeptiert war, und somit keine Grenzen überschritt.«

Die in vielen unterschiedlichen Formen gewaltbeinhaltende und gewaltverherrlichende patriarchale Sozialisation gipfelt somit in der Gewalt gegen FLINTA und lässt diese Gewalt als etwas Alltägliches und Normales erscheinen. Margarte Stokowski zitiert in diesem Zusammenhang die Ergebnisse einer britischen Studie, die die Äußerungen verurteilter Vergewaltiger mit Auszügen aus »Männerzeitschriften« verglich.[382] Die Versuchspersonen sollten hierfür die Zitate entweder dem Verge-

381 Vergewaltigungen: Damit Jungen nicht zu Tätern werden – SZ Magazin (sueddeutsche.de), Zugriff am 15.04.2024.

382 »Lights on at the end of the party«: are lads‹ mags mainstreaming dangerous sexism? – PubMed (nih.gov), Zugriff am 26.04.2024.

waltiger oder der Zeitschrift zuordnen und waren dazu nicht in der Lage. Teilweise wurden die sexistischen Aussagen aus den Zeitschriften sogar als extremer empfunden als die Ansichten in Bezug auf Frauen durch die Vergewaltiger. Gewaltvolle sexistische Sprache ist Teil unserer Alltagskultur. Die *Leipziger Autoritarismus Studie* von 2020 belegt, dass jeder vierte Mann in Deutschland noch immer ein »geschlossenes, antifeministisches Weltbild« aufweist. Um das zu ändern, müssen laut dem Sozialpsychologen Rolf Pohl schon in der Jugend andere Bilder von Männlichkeit und Weiblichkeit vermittelt werden.[383]

bell hooks weist darauf hin, dass sich nicht unbedingt alle Männer mit einseitigen patriarchalen Männlichkeitsbildern, die Gewalt (gegen Frauen) inkludieren, identifizieren könnten. Insbesondere Männer, die sich bereits in gesellschaftlichen Machtpositionen befinden, haben es gar nicht nötig, sich gewaltvoll zu verhalten, betont auch Ute Wittenzeller: »Männer, die auf Grund ihres sozialen Status und ihrer finanziellen Ressourcen (und weiterer Marker wie Weißsein, Heterosexualität, Cisgeschlechtlichkeit, Körpernormen usw.) ohnehin große Verfügungsmacht über Ressourcen und andere Menschen haben, müssen nicht durch physische Gewalt ihre Dominanz und Souveränität bestätigen.« Diese Form der Dominanz sei oft weniger offensichtlich, an der Stabilisierung und Reproduktion eines gewaltvollen, hierarchischen Geschlechterverhältnisses aber gleichermaßen beteiligt.[384] Daher lehnen sich Männern meistens nicht gegen das Patriarchat auf, wodurch sie den Verlust von Privilegien in Kauf nehmen müssten, sondern unterstützen das Patriarchat wenn nicht aktiv und gewaltvoll, so zumindest passiv.[385]

Um Jungs nicht zur Gewalt hinzusozialisieren, sind Medien nötig, die ihnen andere Rollenbilder und Möglichkeiten aufzeigen. Allerdings bemängelt bell hooks das Fehlen von feministischer Literatur, die sich an Jungs und an erwachsene Männer richtet. Auch aktuelle Kinderbücher bieten kaum (positive) diverse Konzepte von Männlichkeit an, sondern

383 Incel-Community – Wie weit der Hass gegen Frauen geht (deutschlandfunkkultur.de), Zugriff am 18.03.2024.

384 Toxische Männlichkeit – ein problematisches Konzept? | Boykott Magazin (boykott-magazin.de), Zugriff am 16.05.2024.

385 bell hooks: Feminismus für alle, S. 13.

fast immer nur ein auf patriarchalen Prinzipien und Gewalt basierendes Konzept, in dem cis Jungs als abenteuerlustige, mutige Kämpfer präsentiert werden. bell hooks betont, dass eine feministische Bildung auch mittels der Medien bereits in der frühen Kindheit ansetzen muss, um den engstirnigen Ansichten über das Geschlecht durch das patriarchale System entgegenzuwirken:

> »Kinderliteratur ist eine der wichtigsten Plattformen für die feministische Herausbildung eines kritischen Bewusstseins, gerade weil Überzeugungen und Identitäten dann noch in der Entwicklung sind.«[386]

Kleine Kinder sind so beeinflussbar und wenn ihnen kämpfende Actionfiguren zum Spielen in die Hand gedrückt werden, Filme über kämpfende Dinosaurier oder Monstertrucks gezeigt werden und Bücher über kämpfende Ritter vorgelesen werden, wenn sie Star Wars auf ihren Brotboxen haben und Batman auf ihrem T-Shirt, dann ist das eine Sozialisation hin zu einer Gewalt, die sich letzten Endes gegen FLINTA richtet.

JJ Bola kritisiert diese Einseitigkeit und den Mangel an Optionen in der Sozialisation zur Männlichkeit:

> »Schon von früh an wird dir alles im Zusammenhang mit Männlichkeit, Mann- und Jungsein so dargelegt, als wäre es einfach normal, als wäre es ganz natürlich, als wäre es absolut. Uns wird gesagt, so ist es, und kein anderer Weg wird möglich sein. Wenn wir dann erwachsen werden, fangen wir an zu lesen [...]«[387]

Doch was wäre, wenn Kinder nicht erst erwachsen werden müssten, um Bücher lesen zu können, die verschiedene Modelle von Geschlecht anbieten? Was wäre, wenn Kindern Bücher zur Verfügung stünden, die sich an alle Kinder richten und nicht nur an cis Mädchen oder an cis Jungs, sondern auch an genderqueere Kinder? Die keine gesellschaftliche Rollenaufteilung zwischen (erwachsenen) cis Männern und cis Frauen propagieren würden? Die Jungs nicht nur sportlich und abenteuerlustig, sondern auch empathisch, nachdenklich, verletzlich und fürsorgend

386 Ebd., S. 39.

387 Bola, JJ: Sei kein Mann, S. 135.

darstellen würden und Mädchen einen großen Bewegungsradius und viel Handlungsmacht zugestehen würden?

Sexismus im Kinderbuch

»Kinder richten ihre Geschlechtsidentität und ihr Verhalten an den ihnen zur Verfügung stehenden Vorbildern aus, sie suchen aktiv nach Rollenmodellen und konstruieren dadurch ihr Wissen über die Geschlechter«, so die Literaturprofessorin Weertje Willms.[388]

Im Jahr 2019 hat die *Süddeutsche Zeitung* eine Datenrecherche durchgeführt, die ermitteln sollte, wie Geschlechterbilder in Kinderbüchern repräsentiert werden.[389] Hierfür untersuchten die Autorinnen der Studie, Katharina Brunner, Sabrina Ebitsch, Kathleen Hildebrand und Martina Schories, anhand der Verschlagwortung der Bibliothek für Jugendforschung der Goethe-Uni Frankfurt 50000 Kinderbücher, die in einem Zeitraum von 70 Jahren erschienen waren. Dabei zeigte sich sehr deutlich, dass das binäre Geschlechterverhältnis inzwischen zwar schon fast ausgeglichen ist, cis Mädchen und cis Jungs jedoch sehr unterschiedliche Bereiche in Kinderbüchern zugeordnet werden. Bei cis Mädchen sind dies eher einseitig das häusliche Umfeld (z.B. sehr ausgeprägt bei *Conni*), Pferde und Ponys, Feen und Prinzessinnen. Ganz grundsätzlich verharren cis weibliche Protagonistinnen eher im Alltag, während cis männliche Protagonisten mehr Abenteuer erleben. Cis Jungs machen in ihren Büchern somit tendenziell mehr außergewöhnliche, spannende und gefährliche Erfahrungen. Diese einseitigen Darstellungen sind »insbesondere deswegen gefährlich, weil Bücher nicht nur Unterhaltung sind; sie helfen Kindern, sich die Welt zu erschließen – auch wenn es um Geschlechtervorstellungen geht. Dabei liegt ebenso nachweislich in Spielzeugen und Büchern jenseits der konservativen Darstellungen die Chance, Klischees aufzubrechen«, so die Autorinnen der Studie.[390] Außerdem stellen die

388 Stereotype in Kindermedien? Was tun? (deutschlandfunkkultur.de), Zugriff am 25.04.2024.

389 Gender: Wie gleichberechtigt sind Kinderbücher? (sueddeutsche.de), Zugriff am 13.04.2024.

390 Ebd.

Autorinnen fest, dass heute erneut eine stärkere Ausrichtung von Kinderbüchern nach Geschlechtern stattfindet. Nachdem Kinderbücher in den 70er und 80er Jahren eher als heute sowohl auf cis Mädchen als auch auf cis Jungs ausgerichtet waren, findet nun eine Rückentwicklung statt. Dies ist den Autorinnen zufolge auf das sogenannte Gendermarketing und somit auf Profitinteressen zurückzuführen, also auf das Zusammenwirken von Patriarchat und Kapitalismus:

> »Es lassen sich eben mehr Waren verkaufen, wenn Spielsachen, Zimmereinrichtungen, Bücher und andere Medien, wenn Kleidung, Schulbedarf und auch Freizeitinteressen unserer Töchter nicht gut, zumindest nicht gut genug sind für unsere Söhne und umgekehrt.«[391]

Kinderliteratur unterteilt somit häufig in Bücher für cis Jungs und Bücher für cis Mädchen. Außerdem weisen sehr viele Kinderbücher cis Mädchen und cis Jungs sexistische Zuschreibungen zu: »Wovon konservative Politiker kaum noch laut zu träumen wagen, in diesen Büchern wird es immer wieder von neuem wahr.«[392] In Wimmelbüchern ist teilweise zu beobachten, dass Fahrzeuge öfter von Männern gesteuert werden, während Einkäufe öfter von Frauen getätigt werden. Außerdem gibt es durchschnittlich mehr männliche als weibliche Figuren in solchen Büchern. Erwachsene weibliche Figuren treten hauptsächlich in der Rolle der Mutter auf, während für erwachsene Männer ein größeres Spektrum vorgesehen ist. Das zeigt sich darin, dass männliche Charaktere sowohl die Helden als auch die bösen Gegenspieler sein können, dass sie sowohl erwerbstätig arbeiten, als auch Zeit mit Kindern verbringen oder dass sie alle möglichen Berufe ausüben können. Außerdem sind männliche Charaktere oft komplexer konzipiert als weibliche Charaktere. Bei nichtmenschlichen Figuren sind die männlichen Charaktere meist als große Tiere verkörpert und die weiblichen Charaktere als kleine Tiere.[393] Pferde wiederum haben einen kompletten Imagewandel durchlaufen:

---

391 Schnerring, Almut/Verlan, Sascha: Die Rosa Hellblau-Falle, PoS. 50.

392 Sexismus in Kinderbüchern: starke Frauen nicht gefragt (e-periodica.ch), Zugriff am 25.04.2024.

393 Sexismus in Kindermedien – IfaK – Institut für angewandte Kindermedienforschung (ifak-kindermedien.de), Zugriff am 25.04.2024.

»Warum ein Tier, das in der Geschichte der Menschheit als Transportmittel, als Arbeitstier, beim Militär und der Repräsentation von Herrschern eine bedeutende Rolle gespielt hat, neuerdings zum weiblichen Geschlecht besser passen sollte als zum männlichen, lässt sich mit dem Tier alleine nicht erklären.«[394]

Kinder werten somit Tiere als männlich oder weiblich, die kulturell als männlich oder weiblich etikettiert und bewertet werden.

Bücher, die sowohl cis männliche als auch cis weibliche Protagonist:innen aufweisen, beinhalten oftmals das »Schlumpfine-Prinzip«, beinhalten also nur eine weibliche Figur. Darüber hinaus teilt die Journalistin Meredith Haaf die Beobachtung, dass viele solcher Bücher cis Mädchen nur in Nebenrollen verorten und sie mit weniger Handlungsmacht ausstatten, und außerdem dadurch systematisch abwerten, dass ihnen negative Eigenschaften zugesprochen werden, während die Jungs positive Eigenschaften verkörpern:

»Subtile Misogynie ist ein anderes, ungleich schwerer darstellbares [Problem]: Dass eine Frau meistens ein Problem ist, oder im besten Fall zu der Lösung eines Problems kaum etwas beizutragen hat, gehört zu den Geschichten, die sich die Menschheit offenbar nicht oft genug erzählen kann. Der narrative Urstoff der westlichen Zivilisation (Mythen, Bibel) kennt vor allem Frauen, die Männer entweder zu Dummheiten oder Gewalt anstiften, wehrlose Opfer sind oder klammernde, Grenzen setzende Mütter«.[395]

Außerdem weist Meredith Haaf darauf hin, dass starke Mädchen in Kinderbüchern zur Abmilderung der weiblichen Stärke oft besonders brave cis Mädchen gegenübergestellt werden. Beispiele hierfür wären die Figurenpaare Pippi Langstrumpf und Annika (Astrid Lindgren) oder Georg[396] und Anne (Enid Blyton, *Die fünf Freunde*).

---

394 Schnerring, Almut/Verlan, Sascha: Die Rosa-Hellblau-Falle, 29%.

395 Geschlechterklischees in Kinderbüchern – Wilde Mädchen – Kultur – SZ.de (sueddeutsche.de), Zugriff am 25.04.2024.

396 George ist eines der sehr wenigen mir bekannten trans Kinder in Kinderbüchern. In allen Bänden der Serie wird kurz erklärt, dass George ein Mädchen sei, aber lieber ein Junge sein würde und sich daher wie ein Junge verhält, frisiert und kleidet. Es wird dabei deutlich, dass die von George bestimmte Geschlechtszugehörigkeit nicht akzeptiert wird. George wird immer wieder als Mädchen

Geschlechtsspezifische Zuordnungen: Die drei ???, die Kickerbande

Die einseitige Zuordnung von Geschlechterrollen findet sich nicht nur in Kinderbüchern, die cis weibliche Figuren im Kontext von Prinzessinnen, Feen, Einhörnern und Pferden verorten, und cis männliche Figuren im Kontext von Piraten, Rittern und Abenteuern. Sie findet sich auch in sehr vielen weiteren Kinderbüchern und Kinderbuchserien, zum Beispiel bei *Conni*, *Leo Lausemaus*, in den immer noch populären Serien *TKKG*, *Die drei ???* und *Die drei ??? Kids*, die breit vermarktet wird und die es auch für Erstleser:innen gibt.

Um nachzuvollziehen, wie konservative und einseitige Vorstellungen von cis Männlichkeit und cis Weiblichkeit sich in Kinderbüchern äußern, sollen im Folgenden einige populäre Kinderbücher und Kinderbuchreihen genauer betrachtet werden.

In der Serie *Die drei ???* (seit 1968) gibt es fast ausschließlich cis männliche Protagonisten. Die drei Titelprotagonisten sind cis männlich und erleben die tollsten Abenteuer und auch die meisten Figuren, mit denen sie zu tun haben, sind cis männlich. Zur Seite stehen den drei Jungs vor allem Kommissar Reynolds und Justus' Onkel Titus. Die einzige Frauenfigur, die immer dabei ist, ist Tante Mathilda. Diese backt nicht nur einen legendären Kirschkuchen, sondern macht sich auch ständig Sorgen um die Kinder und besteht immer wieder darauf, dass aufgeräumt wird. Der einzigen in der Buchreihe fest etablierten weiblichen Figur werden somit die Eigenschaften backen, sorgen und aufräumen zugeordnet und sie erfüllt so die Rolle der oben erwähnten klammernden Mutter. Neben Tante Mathilda erscheint Onkel Titus umso spannender: Gerade weil Tante Mathilda den drei ??? in ihrer Carefunktion so manche gefährliche Unternehmung verbietet, steht der coole Onkel Titus den Jungs immer wieder zur Seite, allerdings unter der Voraussetzung, dass Tante Mathilda davon nichts erfährt, weil sie sich sonst aufregen würde. Cis Weiblichkeit wird hier als etwas konzipiert, das im Gegensatz zu cis Männlichkeit steht und das Potential besitzt, diese einzuschränken und an sinnvollen und

bezeichnet und soll weibliche Tätigkeiten ausüben; außerdem werden in Bezug auf die Figur durchweg weibliche Pronomen verwendet.

wichtigen Unternehmungen zu hindern. Ginge es nach Tante Mathilda, so würde die Hälfte der Kriminellen in Rocky Beach noch frei rumlaufen. Damit die Jungs die Welt in Ordnung bringen können, muss die ängstliche Tante Mathilda also immer wieder angelogen und besänftigt werden. Somit wird ziemlich direkt klargemacht, dass es gut ist, dass nicht sie es ist, sondern Kommissar Reynolds und Onkel Titus, die in Rocky Beach mit den drei ??? für Ordnung sorgen. Tante Mathilda ist am besten in der Küche aufgehoben. Doch Tante Mathilda ist nicht nur eine besorgte Spaßbremse, sie auch noch ziemlich naiv, leichtgläubig und beeinflussbar. Sobald wieder irgendein Betrüger in Rocky Beach unterwegs ist, ist Tante Mathilda garantiert die erste, die ihm auf den Leim geht. Obwohl die Figur als gut konzipiert ist, werden ihr dennoch abwertende Eigenschaften zugeordnet und den cis männlichen Figuren analog positive: Onkel Titus und die drei ??? sind viel skeptischer und lassen sich nicht so schnell hinters Licht führen. Außerdem fällt auf, dass Tante Mathilda kaum einmal das Haus verlässt. Während Onkel Titus hin und her fährt und Gott und die Welt kennt, ist Tante Mathilda stets zuhause und hat anscheinend auch nicht viele soziale Kontakte. Der einzigen cis Frau der Serie wird somit der häusliche, private und sorgende Platz zugewiesen; den cis Männern/Jungs die große weite Welt, spannende Begegnungen und viele Abenteuer.

Nicht unerwähnt bleiben darf natürlich das cis weibliche Pendant zu den drei ???: *Die drei !!!*. Diese Reihe hätte nun das Potenzial geboten, weibliche Figuren als handlungsmächtig darzustellen, aber leider passiert exakt das Gegenteil: Im Vordergrund der Reihe stehen neben dem Aussehen der Heldinnen Mode, Lifestyle, Schmink-Influencerinnen, Abnehmen und cis Jungs. Es geht um Pferde, Aerobic und Styling und im Hintergrund stehen cis männliche Helfer bereit, die gerne für die Mädels einspringen, wenn diese es wieder nicht alleine schaffen.

In dem Buch *Die Kickerbande. Ein starker Spieler für das Team* (2020) geht es darum, dass ein Abwehrspieler des titelgebenden Fußballteams mit seiner Familie wegzieht und das cis männliche Fußballteam dringend Ersatz für ihn braucht. Das Team findet schnell einen überragend guten Spieler, der Leo heißt, und einspringen kann. Der Clou ist: Leo entpuppt sich als Mädchen. Das passt dem cis männlichen Hauptprotagonisten Finn überhaupt nicht, weil er keine Mädchen in seiner Mannschaft haben will. Erst als sich Leo der gegnerischen Mannschaft anschließen will, rauft Finn sich zusammen und akzeptiert sie in seinem Team, das daraufhin mit Leo ein wichtiges Spiel gewinnen kann. Leo ist also als Mädchen für die Jungsmannschaft so lange inakzeptabel, bis sie zur potenziellen Bedrohung für diese wird. Sie wird aufgrund ihres Geschlechts trotz ihrer überragenden Leistung ausgeschlossen und erst dann von Finn akzeptiert, als dieser quasi mit dem Rücken an der Wand steht.

Das Kinderbuch suggeriert erstens, dass es nachvollziehbar sei, ein Mädchen auszuschließen, eben weil es ein Mädchen ist, denn Fußball ist für cis Jungs; Mädchen haben da nichts verloren (»Mädchen sollten besser zum Ballett gehen und das Fußballspielen anderen überlassen. Denen, die es wirklich können«).[397] Zweitens suggeriert das Kinderbuch, dass Mädchen nur dann und nur ausnahmsweise bei den cis Jungs mitmachen dürfen, wenn sie ganz besonders gut sind (»Diese Leonie ist bestimmt keine lahme Ente«).[398] Cis Jungs müssen diese Extraleistung nicht erbringen; es reicht, dass sie cis Jungs sind. Drittens suggeriert das Buch, dass Leo kein ›richtiges‹ Mädchen sei, da sie Leo statt Leonie genannt werden will, kurze Haare hat und sich nicht so verhält, wie die cis männlichen Protagonisten es von einem cis Mädchen erwarten: Leo mag Fußball und hasst rosa Ponys. Sexistische Annahmen in Bezug auf cis Mädchen treffen auf sie nicht zu: »Mädchen stehen auf Entschuldigungen«;[399] »Mädchen sind ganz verrückt nach Ponys«;[400] »Mädchen machen so etwas [heulen und petzen] ja ständig«.[401] Auf Finns kleine Schwester hingegen treffen genau diese Annahmen zu; sie ist die von Meredith Haaf beschriebene cis weibliche Gegenfigur zum »starken Mädchen« Leo. Richtige Mädchen zeichnen sich dem Buch zufolge dadurch aus, dass sie zum Ballett gehen, Ponys und Entschuldigungen mögen, heulen und petzen und nicht Fußball spielen können. Das ist ein sehr einseitiges und auch teils abwertendes Frauenbild. Dabei greift das Buch das von

397 Nahrgang, Frauke: Die Kickerbande. Ein starker Spieler für das Team. Würzburg: Arena Verlag, S. 27.

398 Ebd., S. 42.

399 Ebd., S. 44.

400 Ebd. S. 46.

401 Ebd., S. 30.

Meredith Haaf beschriebene Prinzip auf, dass cis Mädchen durch cis männliche Eigenschaften aufgewertet werden;[402] während Finns kleine Schwester als lieb, aber nervig dargestellt wird, ist Leo ziemlich cool. Geschlechter sind in dem Kinderbuch als zwei starre Pole konzipiert; cis Jungs werden bestimmte Eigenschaften zugeordnet und cis Mädchen wiederum andere Eigenschaften.

Was auf den ersten Blick integrativ erscheinen mag, ist im Grunde genommen exakt das Gegenteil und ermutigt die Kinder, die dieses Buch rezipieren, dass es richtig sei, die cis männliche Dominanz in gewissen Räumen zu verteidigen und auch cis Männer darüber entscheiden zu lassen, ob FLINTA mitmachen dürfen oder nicht. Das Buch ist übrigens auf der Antolin-App zur Leseförderung gelistet und somit wird seine Rezeption von der Schule institutionell gefördert.

Gewaltvolle Männlichkeit und hilflose, kümmernde Weiblichkeit: TKKG

»Oftmals wird männliche Gewalt als etwas Natürliches beschrieben, sogar als wäre sie die zweite Natur von Männern«, schreibt JJ Bola.[403] Ich würde sogar noch weiter gehen: Oftmals wird cis männliche Gewalt von Kinderbuchautor:innen als etwas Positives dargestellt.

Dies ist definitiv der Fall in der Buchserie *TKKG*, die Geschlechterbilder sehr einseitig darstellt. Der männliche Hauptprotagonist Tim (ehemals Tarzan) ist nicht nur groß, breit und unglaublich sportlich und mutig; er ist auch der »geborene Abenteurer«[404] und fällt immer wieder durch Aggressivität auf. Die Figur ist Kampfsportler und prügelt sich durch die über 100 Bände (und Hörspiele) der Serie. Tim schlägt in fast jedem Band der Reihe zu (gerne auch mal präventiv) oder droht Gewalt an und schüchtert andere Figuren ein. Tims Gewalt richtet sich dabei gegen die bösen männlichen, meist erwachsenen Gegenspieler, gegen männliche Figuren, die Tim einfach nicht mag (unbeliebte Mitschüler

402 Geschlechterklischees in Kinderbüchern – Wilde Mädchen – Kultur – SZ.de (sueddeutsche.de), Zugriff am 25.04.2024.

403 Bola, JJ: Sei kein Mann, S. 36.

404 Beschreibung im Steckbrief am Anfang von jedem Band der Serie.

oder sogar Lehrer) sowie gegen (oft alkoholisierte) männliche Figuren, von denen er Informationen braucht (z.B. wohnungslose Menschen):

> »Er krachte gegen sein Fahrzeug, fiel auf den Hintern und stieß sich hart an der Bordsteinkante. [...] ›Klar? Und spiel nicht noch mal den starken Mann. Sonst mache ich Kleinholz aus dir.‹ Rotgesicht zog sich am Wagen hoch. Mit schmerzverzerrter Miene.«[405]

> »Hast du schon mal den Boden geküßt im Bistro Paris? Nein? Du machst es aber gleich.«[406]

> »Tims Seitwärtstritt, blitzschnell und mit voller Wucht, traf den Kerl auf die Gürtelschnalle. Er klappte zusammen wie ein Taschenmesser, ließ aber den Totschläger nicht los. Tim landete zwei Fauststöße rechts und links am Kiefer. Bewusstlos rollte der Mann in ein Feld welker Disteln.«[407]

Tim kann sich dabei im Prinzip alles erlauben, er erfährt nie Sanktionen für seine Gewalttätigkeit und diese wird auch gar nicht problematisiert, sondern vielmehr als cis männliche Kompetenz dargestellt. Tims Sportlichkeit wird bereits in seinem Steckbrief, der in allen Bänden zu Beginn abgedruckt ist, betont. In den Steckbriefen der beiden anderen cis männlichen Figuren, Willi und Karl, wird hingegen der Mangel an Sportlichkeit betont. So habe Karl, der lang und dünn sei, »ein tolles Gedächtnis«, das ihm aber »bei Prügeleien wenig nütze«. Willi wiederum werde »immer dicker und unsportlicher«, würde sich aber »heimlich wünschen, so schlank und sportlich« wie Tim zu sein.[408] Tim hingegen kann nicht nur austeilen; er kann auch gut einstecken. Verletzt er sich mal (der einzige, der Tim jemals im Kampf besiegen konnte, entpuppte sich übrigens als ferngesteuerter Roboter aus Stahl), so reißt er sich zusammen, wischt Gabys Sorge beiseite und macht einfach weiter. Die von ihm zusammengeschlagenen Gegner bleiben hingegen regelmäßig bewusstlos auf dem Boden liegen.

---

405 Wolf, Stefan: Die Schatzsucher-Mafia schlägt zu. Hannover: Pelikan, 1992, S. 128.

406 Ebd., S. 94.

407 Ebd., S. 171.

408 Vgl. hier im Kapitel zu Lookismus.

Sportlichkeit wird dabei zum Schlüssel für körperliche Überlegenheit und diese zum Schlüssel für (Handlungs)Macht. Dass es vor allem die Körperkraft ist, die Macht codiert, wird daran deutlich, dass Tim auch seinen männlichen Lehrern körperlich überlegen ist. Es gibt Situationen, in denen er Lehrer verletzt, und es gibt Situationen, in denen er Lehrer durch die Androhung von Gewalt einschüchtert. Übliche gesellschaftliche Hierarchien (wie die zwischen Lehrer:innen und Schüler:innen; zwischen Erwachsenen und Kindern) sind in der fiktionalen Welt von *TKKG* somit außer Kraft gesetzt und es gilt im Prinzip das Recht des Stärkeren und das ist stets Tim. In manchen Bändern schüchtert Tim sogar männliche Polizeibeamte ein.

JJ Bola bestätigt die Bedeutung, die Kindermedien, die gewaltvolle Vorstellungen von Männlichkeit propagieren, in seiner eigenen Sozialisation eingenommen haben:

> »Wenn ich mich an die Spielsachen aus meiner Kindheit zurückerinnere, denke ich an meine Spielzeugpistole, meine Action-Figuren und Superhelden. Außerdem fallen mir die Cartoons, die Fernsehsendungen, die Musik und Filme ein, die ich als Kind geguckt und gehört habe. Sie haben aggressives Verhalten als Norm verstärkt und normalisiert.«[409]

Die Figur Gaby ist analog zu Tim konzipiert: Tims Gewalt dient auch dazu, Gaby (vor konkurrierenden cis Männern) zu beschützen. Gaby muss nicht nur ständig (durch Gewalt) beschützt werden; wenn es gefährlich wird, wird sie auch dazu verdonnert nach Hause zu gehen oder direkt dort zu bleiben, oder sie soll zumindest in einem anderen Zimmer oder einer Ecke warten, während die cis Jungs alles regeln. Außerdem ist Gaby extrem tierlieb, will immer gerne helfen und sich kümmern. Gaby ist jedoch nicht nur die Figur mit viel Hilfsbereitschaft und Empathie; sie ist auch diejenige, die sich tendenziell ums Essen und Putzen kümmert. Zwar helfen die Jungs ihr immer mal, aber es ist klar, dass sie für diese Bereiche verantwortlich ist. Gaby ist das einzige Mädchen der TKKG-Bande (Schlumpfine-Prinzip). Sie hat außerdem kaum individuelle Eigenschaften, weniger Redeanteil und Rezipierende erfahren wenig über ihre Gedanken und ihr Innenleben. Sie ist somit weniger ein eigen-

409 Bola, JJ: Sei kein Mann, S. 40.

ständiger Charakter, vielmehr ist ihre Rolle abgestimmt als die perfekte Partnerin für Tims cis Männlichkeit. Außerdem fällt auf, dass Tim sich regelmäßig über ihre Wünsche hinwegsetzt: Wenn sie ihn darum bittet, dass er ihren Hund nicht vom Tisch füttert, tut er es heimlich dennoch (und die anderen beiden Jungs auch). Wenn Gaby argumentiert, warum sie bei einer nächtlichen Unternehmung dabei sein will; schickt Tim sie kurzerhand ins Bett. Wenn Gaby darauf hinweist, dass es besser sei, auf Gewalt zu verzichten, erwidert Tim bedauernd, dass es nicht seine Schuld sei, wenn die Gegner sich wehren würden. Tim versteht sich als Gabys »Beschützer«,[410] der auf sie aufpassen muss und immer um sie besorgt ist, wenn es gefährlich wird (Steckbrief Gaby). Tim verhält sich jedoch nicht nur gegenüber Gaby dominant, sondern auch gegenüber allen anderen cis weiblichen, meist erwachsenen Figuren, die in den einzelnen Bänden vorkommen. Er weiß es in der Regel besser und belehrt ältere cis Frauen, beschützt sie, rettet sie und tröstet sie. Dass Tim, der in den Bänden ca. 13 oder 14 Jahre alt ist, also ein Kind, eine Beschützerhaltung gegenüber cis Frauen in den 30ern einnimmt, ist absurd und unrealistisch.

Diese Rollenverteilung spiegelt sich auffällig in den Rollen der einzigen Erwachsenen, die in der Serie regelmäßig vorkommen: Gabys Eltern, Kommissar Glöckner und seine Frau. Gabys Vater ist Polizist; er steht den Kindern regelmäßig bei, arbeitet mit ihnen zusammen, dient als Informationsquelle, kommt ihnen zur Hilfe und tauscht sich mit ihnen aus. Über Gabys Mutter wird lediglich berichtet, dass sie schön ist (wie Gaby, obwohl sie natürlich viel älter ist, wie die Bücher nicht müde werden zu betonen) und dass sie die Kinder und ihren Mann bewirtet. Außerdem führt sie ein kleines Feinkostgeschäft (wo sie ebenfalls regelmäßig Tim bewirtet). Ansonsten erfahren Rezipierende überhaupt nichts von ihr. Handelnde, denkende und charakterisierte Figuren sind somit fast immer cis männlich, wie der Autor der Serie.

Wenn sich die Vorstellungen, dass cis Jungs mutig sind, auch mal zuschlagen dürfen und gefährliche Abenteuer erleben, während cis Mädchen zuhause bleiben, schön sind und reiten, im Laufe der Kindheit permanent wiederholen, dann übertragen sich diese Zuschreibungen auf die Identität von Kindern und formen deren Vorstellungen, wie cis Jungs/

410 Beschreibung im Steckbrief am Anfang von jedem Band der Serie.

Männer und cis Mädchen/Frauen zu sein haben. Weertje Willms erklärt, dass die Geschlechtszugehörigkeit für Kinder die zentralste Form der sozialen Identität darstelle und dass die in Medien, insbesondere in Kinderbüchern, dargestellten Vorbilder ganz elementaren Einfluss auf Kinder haben.[411] Neben einseitigen und teils abwertenden Geschlechtsidentitäten für cis Jungs und cis Mädchen in Kinderbüchern fällt der Mangel von Büchern auf, in denen nicht-binäre und trans Kinder repräsentiert werden, oder Kinder, die nicht geschlechtlich markiert sind. Dabei wäre die Repräsentation gerade in Kindermedien extrem wichtig, da trans Kinder eine ganz besonders vulnerable Gruppe darstellen. Dabei geht es zum einen um die Möglichkeit für trans Kinder, ihre eigene Identität positiv gespiegelt zu sehen, aber ebenso darum, dass cis Kinder trans Kinder in ihren Medien in der Normalität verortet erleben können. Das Institut für den Situationsansatz, ein Projektträger für den Situationsansatz,[412] stellt daher online eine Liste an feministischen Kinderbüchern zur Verfügung, die Diversität repräsentieren, auf konservative Geschlechterbilder und den Zwang zur Zweigeschlechtlichkeit verzichten und auch Familien jenseits der Heteronormativität darstellen.[413]

411 Stereotype in Kindermedien? Was tun? (deutschlandfunkkultur.de), Zugriff am 25.04.2024.

412 Der Situationsansatz ist ein sozialpädagogisches Konzept, das u.a. auf Diversität fokussiert und darauf abzielt, Kinder unterschiedlicher sozialer und kultureller Herkunft zu unterstützen.

413 Microsoft Word – Feministisch_Kinderbücher_2021.docx (situationsansatz.de).

Lookismus

Lookismus beschreibt die Diskriminierung aufgrund des Aussehens. Beim Lookismus handelt es sich um eine komplexe und vielschichtige Diskriminierungsform, die viele verschiedene Lebensrealitäten umfasst und sehr oft intersektional mit anderen Diskriminierungsformen zusammenwirkt. Mit Sexismus wirkt Lookismus beispielsweise dann zusammen, wenn das cis weibliche Schönheitsideal durch den cis männlichen Blick determiniert wird oder wenn queere Menschen aufgrund ihres Aussehen misgendert werden; mit Ageismus, wenn Jugendlichkeit als Ideal gilt; mit Rassismus wenn Weißsein und Blondsein Schönheitsnormen sind, mit Ableismus, wenn körperliche Unversehrtheit die Voraussetzung für Normschönheit ist und mit Klassismus, wenn wohlhabende Menschen mehr Geld in ihren Lifestyle, in Ernährung, Sport, Frisur, Kosmetik, Mode oder Schönheitsoperationen investieren können und das Aussehen somit zum Mittel der sozialen Distinktion wird. Lookismus umfasst veränderbare Körpermerkmale (z.B. Körperbehaarung, graue Haare), aber auch unveränderbare Merkmale (z.B. Körpergröße, Körperbau). Zum Lookismus gehören die gewichtsbezogene Diskriminierung (Fatshaming) und der Hightismus, also die Diskriminierung aufgrund der Körpergröße. Neben der Körperform/Figur und der Körpergröße sind noch viele weitere körperliche Bereiche von Bedeutung, wie die Haut, die Haare, die Zähne, die Körperproportionen, die Körperbehaarung und die Gesichtsform. Lookismus befasst sich dabei nicht nur mit der Diskriminierung aufgrund des Aussehens (Bodyshaming), sondern auch mit der Privilegierung von normschönen Menschen (Pretty Privilege).

Lookismus regelt den Zugang zu Ressourcen, Partizipation und Privilegien, die normschönen Menschen gewährt werden und Menschen, die die Normen für das Aussehen nicht erfüllen, verwehrt werden. Das Aussehen wird dabei höher gewertet als Faktoren wie die Menschlichkeit, die Leistung, die Sportlichkeit oder die Gesundheit. Lookismus erweist sich somit als Herrschaftssystem, das eng mit anderen Diskriminierungsformen (u.a. Rassismus, Sexismus, Ableismus, Klassismus) verzahnt ist.

Obwohl Lookismus gesellschaftlich sehr weit verbreitet ist und die Lebensrealitäten sehr vieler Menschen beeinflusst, ist die Auseinandersetzung mit dieser Diskriminierungsform bisher eher unbekannt. Diskriminierungen aufgrund des Aussehens und insbesondere des Gewichts gelten in weiten Teilen der Gesellschaft als akzeptabel. Die Gründe dafür liegen gerade in der Verwobenheit des Lookismus mit vielen anderen Diskriminierungsformen. Wenn FLINTA patriarchalen Körperbildern nicht entsprechen, werden sie dafür diskriminiert. Eine weitere Verwobenheit des Lookismus besteht mit dem Kapitalismus. Das Aussehen zu verändern, kostet in der Regel Geld. Deshalb ist es natürlich im Interesse des Kapitalismus, wenn Menschen ihrem Äußeren eine hohe Bedeutung zumessen, bereit sind, für ihr Äußeres Geld zu zahlen und Menschen diskriminieren, die lookistischen Idealen nicht gerecht werden.

Lookismus ist somit für sehr viele Menschen Alltag und wird dennoch bisher nicht ausreichend problematisiert. Auch rechtlich sind der Lookismus und seine vielen Ausprägungen (noch) nicht als Diskriminierungsform(en) anerkannt. Das hat den negativen Effekt, dass aktivistische Arbeit gegen Lookismus nicht durch öffentliche Gelder subventioniert wird. In Deutschland kämpfen Interessensvertretungen daher beispielsweise darum, dass die Gewichtsdiskriminierung in das Allgemeine Gleichbehandlungsgesetz aufgenommen wird.[414]

Maren Conrad, Professorin für Kinder- und Jugendliteratur und ihre Didaktik bezeichnet gerade die Diskriminierung aufgrund des Gewichts als »letzte Bastion der Diskriminierung«; vor allem in der Kinderliteratur.[415] Während das Wissen um Rassismus und Sexismus beispielsweise verbreitet ist, ist vielen Menschen vermutlich nicht bewusst, dass es sich bei der Abwertung von Mehrgewicht ebenfalls um Diskriminierung handelt.

---

414 Politik Archive – Gesellschaft gegen Gewichtsdiskriminierung, Zugriff am 02.05.2024.

415 Fies und fett: Dicke Kinder kommen in Jugendbüchern nicht gut weg (nzz.ch), Zugriff am 28.04.2024.

Auch die psychologische Psychotherapeutin Julia Tanck, die in ihrem Buch *Unfiltered. Social Media und unser Körperbild* die Ursachen für die Unzufriedenheit mit dem eigenen Körper untersucht, betont den Einfluss von in der Kindheit erlernten Körperbildern auf die spätere Entwicklung einer Essstörung entwickeln:

> »Bei vielen Menschen ist die Ursache für Essstörungen in der Kindheit zu finden und in der Kultur, in der wir leben, die eben sehr gewichtszentriert ist. Es gibt eine regelrechte Diätkultur. Leider ist ein bestimmtes Körperbild sehr weit verbreitet in unserer Gesellschaft. Wir wissen, dass eine gute Beziehung zum Körper die Lebensqualität für uns alle signifikant verbessert.«[416]

Die in der Kindheit vermittelten Körperbilder beeinflussen jedoch nicht nur die eigene Körperzufriedenheit und die damit verbundene Wahrscheinlichkeit für Essstörungen, sondern noch viele weitere gesellschaftliche Bereiche. Menschen erlernen in der Kindheit beispielsweise, wie eine Frau oder ein Mann auszusehen hat und sprechen Jungs mit langen Haaren ihre männliche Identität ab. Sie erlernen, welche Körperform erwünscht ist, welche Körper als unsportlich und ungesund gelten, und lachen über mehrgewichtige Kinder, schließen sie beim Spiel aus oder wählen sie nicht in ihre Mannschaft. Es ist also besonders wichtig, wie wir Erwachsene uns (vor allem im Umgang mit Kindern) in Bezug auf Körper verhalten und welche Körper in Kindermedien als normal und selbstverständlich repräsentiert werden. Denn Kinder lernen durch Beobachtung und bekommen es mit, wenn erwachsene Bezugspersonen und die Medien dem Gewicht und dem Aussehen im Alltag permanent Bedeutung zumessen; sei es in Form von Kritik oder in Form von Lob.

Im Folgenden soll auf die Hintergründe, die Struktur und die Erscheinungsformen von Lookismus eingegangen werden, und erläutert werden, warum er in allen gesellschaftlichen Bereichen zur strukturellen Diskriminierung führt. Anschließend soll untersucht werden, wie Kindermedien sich in Bezug auf das Aussehen verhalten und welche Botschaften sie unseren Kindern über Körper vermitteln; welche Körperformen auf welche Weise und mit welcher Funktion repräsentiert werden und

---

416 KöRperbild- Und EssstöRungen: Frau Dr. Tanck, warum ist es falsch, Essen in gut und schlecht aufzuteilen? (mz.de), Zugriff am 04.06.2024.

welche Vorstellung von Schönheit propagiert wird. Dabei soll deutlich werden, dass Kindern durch ihre Medien systematisch beigebracht wird, Menschen nach dem Aussehen zu beurteilen und zu verurteilen – nicht zuletzt auch sich selbst.

Körperunzufriedenheit: Zahlen und Fakten zu Lookismus

Margarete Stokowski schreibt: »Wir sind nur an wenigen Orten sicher davor, auf unser Aussehen angesprochen zu werden, und wir sind nicht immer gewappnet.«[417] Angesprochen (oder angestarrt) werden alle, die als von der Norm abweichend betrachtet werden: unreine oder fleckige Haut, eine über- oder unterdurchschnittliche Körpergröße, Mehrgewicht, sehr kurze Haare auf dem Kopf bei Frauen, lange Haare an den Beinen bei Frauen, lange Haare auf dem Kopf bei Männern, alle sichtbaren Behinderungen. Julia Tanck verweist auf die bedeutende Rolle, die Körper in unserer Sozialisation spielen: Wir werden »körpersensibel sozialisiert«.[418] Uns wird beigebracht, von dem Aussehen des Körpers auf das vermeintliche Geschlecht zu schließen, auf die vermeintliche Gesundheit, auf die vermeintliche Sportlichkeit, auf den vermeintlichen sozialen Status und sogar auf vermeintliche kognitive Fähigkeiten und Kompetenzen. Uns wird beigebracht, wie männliche oder weibliche Körper auszusehen haben, wie gesunde oder kranke, wie von Reichtum oder von Armut geprägte. Hierbei handelt es sich immer um Projektionen, also um Zuschreibungen auf Körper. Indem Kindern beigebracht wird, dass Frauen lange Haare haben, identifizieren Kinder Menschen mit langen Haaren als weiblich und zwar vollkommen unabhängig davon, wie sich die langhaarigen Menschen selbst identifizieren.

Die Erwartungen bezüglich eines normschönen Aussehens betreffen den ganzen Körper. Es gilt als normschön, eine reine (Gesichts)Haut zu haben und Unreinheiten mit Make-up abzudecken; die Zähne zu pflegen und verlorene Zähne durch Implantate zu ersetzen; sich zu frisieren und

417 Stokowski, Margarethe: Untenrum frei. Hamburg: Rowohlt Verlag, 2021, S. 203.

418 Vgl. Tanck, Julia: Unfiltered. Social Media und unser Körperbild. Wie wir zu Körperakzeptanz und einer gesunden Selbstwahrnehmung finden. München: Penguin Random House, 2024, S. 15.

zu rasieren. Gerade von Frauen wird gesellschaftlich erwartet, sich um ein jugendliches Aussehen zu bemühen, und sich an bestimmten Körperstellen die Haare zu entfernen. Menschen, die deutlich größer oder kleiner sind als die Norm, fallen auf und erfahren teilweise Diskriminierung. Ganz besondere gesellschaftliche Aufmerksamkeit kommt auch dem Gewicht zu: Mehrgewichtige Menschen werden strukturell diskriminiert.

Die Attraktivitätsforschung[419] konnte nachweisen, dass Lookismus bereits Babys und Kleinkinder betrifft und sich über alle gesellschaftlichen Bereiche erstreckt. Der Attraktivitätsforscher Ulrich Rosar weist darauf hin, dass attraktive (Klein)Kinder in der Kita und Schule von Gleichaltrigen bevorzugt werden und durch Erzieher:innen und Lehrer:innen besser gefördert werden und bessere Noten erhalten.[420] Was als attraktiv gilt, liegt Rosar zufolge dabei nicht »im Auge des Betrachters [der Betrachterin]«, sondern beruht auf kulturellen Übereinkünften. Umgekehrt werden weniger normschöne Menschen bereits als Kinder benachteiligt und Mobbing findet gerade an Schulen oft in Form von Bodyshaming statt. Die Professorin für Verhaltensmedizin Anja Hilbert gibt an, dass bereits Kinder im Vorschulalter Mehrgewichtigkeit abwerten würden. Werden Kindern Bilder von normgewichtigen, mehrgewichtigen und Kindern mit Behinderungen gezeigt, so Anja Hilbert, dann seien mehrgewichtige Kinder diejenigen, die am wenigsten gerne zum Spielen ausgewählt werden würden.[421] In ganz vielen alltäglichen Situationen spielen Aussehen/Gewicht eine Rolle; etwa wenn vor allem kleine Mädchen für ihr Aussehen gelobt werden oder erwachsene (meist weibliche) Bezugspersonen Kalorien zählen, mit ihrem Essverhalten hadern, hungern, an Unternehmungen wie Schwimmen nicht teilnehmen, da sie sich in Bezug auf ihren Körper unwohl fühlen, und das eigene Aussehen/Körpergewicht problematisieren und im schlimmsten Fall auch das Gewicht von Kindern. Die Abwertung von Mehrgewichtigkeit und die Betonung der Wichtigkeit von Attraktivität finden sich in vielen

419 Vgl. z.B. Johannes Krause/Joel Binckli/Ulrich Rosar: Soziale Wirkung physischer Attraktivität. Eine Einführung. Cham: Springer, 2022.

420 Ugly Truth (fluter.de), Zugriff am 30.04.2024.

421 Fat-Shaming: »Man denkt, erst wenn man dünn ist, fängt das Leben an« | MDR.DE, Zugriff am 30.04.2024.

kulturellen Produkten, mit denen Kinder im Alltag konfrontiert sind; nicht zuletzt in ihren eigenen Medien: in Büchern, Filmen, Serien und Spielzeugen wie (Barbie)Puppen.

Auch Medien, mit denen Jugendliche, junge Erwachsene oder Erwachsene sich beschäftigen, thematisieren sehr oft das Aussehen. Es gibt eine große Auswahl an Zeitschriften, in denen es im Prinzip um nichts Anderes geht als die Verbesserung des Aussehens. Gerade (aber nicht nur) Zeitschriften, die ein weibliches Zielpublikum haben, beschäftigen sich mit dem Thema Abnehmen in Form von Sport- und Diättipps, mit Make-up und mit Kleidung. Eine Studie aus dem Jahr 2012 konnte nachweisen, dass Frauen nach dem Lesen von Zeitschriften, die sich mit dem Aussehen beschäftigen und dabei ein unrealistisches Körperideal propagieren, signifikant unzufriedener mit ihrem eigenen Körper waren.[422] Viele verschiedene populäre Fernsehformate wiederum basieren entweder komplett auf Bodyshaming, indem mehrgewichtige Menschen buchstäblich vorgeführt werden (*The Biggest Loser*, *Extrem Schwer*, *Mein Leben mit 300 Kilo*), oder propagieren unerreichbare Schönheitsideale. Ganz beträchtlich nimmt natürlich auch Social Media (TikTok, Instagram) seit einigen Jahren Einfluss auf das Körperbild von Heranwachsenden und natürlich auch von Erwachsenen. Allen diesen medialen Formaten ist gemeinsam, dass Schönsein und Norm- bzw. Niedriggewichtigsein mit Glücklichsein gleichgesetzt und als Lebensziele verkauft werden, während Mehrgewichtigkeit pauschal als inakzeptabel dargestellt wird.

Vor allem um Fitness und Ernährung gibt es einen Hype, der zum Ziel hat, den Körper im Sinne der gesellschaftlichen Idealvorstellung zu formen: niedriggewichtig, gesund und durchtrainiert. Die Autorin Melodie Michelberger macht darauf aufmerksam, dass diese Idealvorstellung zum einen schwammig und zum anderen unerreichbar ist:

> »Wann ist eine Person denn schlank? […] In der Diätkultur ist es superwichtig, dass wir nie damit fertig sind, uns ›verbessern‹ zu wollen. […] Wie absurd

---

422 GMS | 3. Wissenschaftlicher Kongress der Deutschen Gesellschaft für Essstörungen e. V. (DGESS) | Einfluss von Medienexposition auf das Körperbild bei jungen Frauen und Männern – Die Rolle von kognitiven Faktoren (Thought-Shape-Fusion, TSF) (egms.de), Zugriff am 09.06.2024.

> dieses Konzept ist, erkennen wir daran, dass das, was ›dick‹ und ›dünn‹ ist, sich am laufenden Band ändert.«[423]

Vorstellungen von ›schlank‹ und ›sportlich‹ sind somit keine bestimmbaren körperlichen Zustände, sondern imaginäre Konstrukte, die darauf abzielen, dass Körper immer verbesserungswürdig seien.

Margarethe Stokowski weist darauf hin, dass zu dieser Schwierigkeit der Uneindeutigkeit von erstrebenswerten Zuständen gerade für Frauen eine weitere Erschwernis in Bezug auf Schönheitsarbeit hinzukomme, da Frauen obendrein mit gegensätzlichen, sich widersprechenden Erwartungen konfrontiert seien:

> »Sei schön – aber nicht zu schön. Kümmere dich um dein Äußeres – aber nicht so, dass man sieht, wie viel Arbeit du da reingesteckt hast. Sei sexuell attraktiv – aber pass auf, dass du nicht so wirkst, als wärst du ›leicht zu haben‹.«[424]

All diese Anforderungen machen ein Erreichen der Normen für die gesellschaftliche Mehrheit äußerst unwahrscheinlich und sorgen dafür, dass das Streben nach Körperidealen und die damit verbundene Schönheitsarbeit niemals aufhören. Dieses Streben nach der normativen Schönheit kostet viele Menschen nicht nur viel Zeit und viel Geld, sondern auch viel Lebensqualität, beispielsweise, wenn Menschen sich permanent als unzureichend empfinden, sich beim Essen immer einschränken oder sich nicht trauen, bestimmte Kleidungsstücke zu tragen. Wenn schier unerreichbare Schönheitsnormen im Alltag omnipräsent sind, kann das für Menschen, die mit diesen Normen nicht identifiziert werden, demotivierend wirken und dauerhaften Stress verursachen: Menschen, die den vermeintlichen Idealen nicht entsprechen, erleben im Alltag häufig Abwertung und werden strukturell benachteiligt.

Menschen wiederum, die mit den normativen Kriterien für Schönheit identifiziert werden, haben es in vielerlei Hinsicht einfacher, fühlen sich bestätigt, haben eine höhere Körperzufriedenheit und werden in fast allen gesellschaftlichen Bereichen bevorzugt. Dabei darf jedoch nicht

---

423 Michelberger, Melodie: Body Politics, S. 69.

424 Stokowski, Margarethe: Untenrum frei, S. 53 f.

übersehen werden, dass auch das Aufrechterhalten der eigenen Normschönheit Kraft und (finanzielle, zeitliche) Ressourcen kostet.

Welchen immensen Einfluss das durch Medien verbreitete Körperideal auf die eigene Körperzufriedenheit ausübt, konnte eine kanadische Studie im Frühjahr 2024 belegen. Demnach kann bereits eine Woche ohne Social Media das Selbstwertgefühl und die Einstellung zum eigenen Körper verbessern, da die ständigen Vergleiche mit den vermeintlich idealen Körpern im Internet wegfallen. Die Psychologinnen der York University Olivia E. Schmied, Jennifer S. Mühlen und Lindsay Samson konnten in ihrer Untersuchung *Out oft he Loop* nachweisen, dass die Effekte der Social Media-Pause besonders hoch waren bei jungen Frauen, die körperliche Idealvorstellungen stark verinnerlicht hatten.[425] Die Forscherinnen schlussfolgerten aus ihrer Untersuchung außerdem, dass ein hoher Social-Media-Konsum insbesondere in Form von TikTok und Instagram (bei jungen Frauen) zuverlässig mit einem negativen Körperbild und infolgedessen mit einem verminderten Selbstwertgefühl verbunden ist. Die Studie hatte ausschließlich junge Frauen als Probandinnen. Es kann jedoch davon ausgegangen werden, dass die Ergebnisse der Studie zumindest in gewissem Maße auch auf Männer, nicht-binäre Personen, Kinder und ältere Erwachsene übertragbar sind. Sich ständig mit dem idealisierten Aussehen zu beschäftigen, macht uns also auf Dauer unglücklich oder sogar krank: Julia Tanck betont, dass die Hauptursache für Essstörungen ein negatives Körperbild und körperliche Unzufriedenheit sei.[426]

Dass ein Erreichen der vermeintlichen Ideale so schwierig und für die meisten Menschen somit sehr unwahrscheinlich ist, liegt auch daran, dass diese Ideale so eng konzipiert sind: *weiß*, jung, niedriggewichtig, cisgeschlechtlich, nicht-behindert und sportlich-muskulös. Es sei dabei offensichtlich, so Melodie Michelberger, dass Schönheit nicht subjektiv, sondern kulturell konstruiert sei, eben da die gesamte Gesellschaft an genau demselben Schönheitsideal partizipiert:

425 Out of the Loop: Eine einwöchige Pause von Social Media führt zu einem besseren Selbstwertgefühl und Körperbild bei jungen Frauen – ScienceDirect, Zugriff am 06.05.2024.

426 Tanck, Julia: Unfiltered. Social Media und unser Körperbild, S. 6.

»Was wir gemeinhin als schön empfinden, wurde jahrzehntelang in unsere Gehirne gepresst. Ist es wirklich Zufall, dass wir alle einen schlanken Körper, haarfreie Beine, ein faltenfreies Gesicht und einen fettfreien Körper wollen sollen?«[427]

Statt viele verschiedene Formen von Schönheit gibt es also mehr oder weniger eine einzige Form, die immer wieder als erstrebenswert verkauft wird: schlank, glatt, ohne Falten, ohne Fett. Diese Vorstellung von Schönheit ist nicht willkürlich, sondern das Ergebnis von kulturellen Prozessen. Die Autorinnen des Sammelbandes *Lookismus* kommen daher zu folgender Schlussfolgerung:

»Wie wir Körper sehen, lesen, betrachten, beschreiben, bewerten und letztendlich hierarchisieren, geschieht nicht im luftleeren Raum, sondern entlang historisch gewachsener, kulturell erzeugter gesellschaftlich gesetzter und verhandelbarer Normen.«[428]

Doch woher kommen diese Normen? Warum haben sich genau diese Vorstellungen von Schönheit herausgebildet?

Die Entwicklung moderner lookistischer Vorstellungen ist eng mit der Entwicklung westlicher Gesellschaften zu Konsum- und Leistungsgesellschaften verbunden. Vermeintliche Verbesserungen des Aussehens gehen in der Regel damit einher, etwas kaufen zu sollen und/oder Leistung zu erbringen oder sich zu disziplinieren, zum Beispiel in Form von Sport oder (Nahrungs)Verzicht.

Parallel zur Konsum- und Leistungsgesellschaft hat sich die Schönheitsbranche als riesiger Industriezweig entwickelt. Auch Plattformen wie Instagram und TikTok, deren Akteur:innen die lookistischen Ideale propagieren und verbreiten, generieren damit einen immensen Umsatz und fördern die Schönheitsindustrie weiter. »Ein schlanker, physisch fitter Körper gilt heute unangefochten als Ideal«, schreibt die Kulturwissenschaftlerin Elisabeth Lechner, und das sei genau der Körpertyp, »der sich leicht vermarkten und konsumieren lässt, mit dem man Geschäfte machen kann«.[429] Aus dem Kapitalismus und der potenziellen

427 Michelberger, Melodie: Body Politics, S. 75.

428 Darla Diamond/Petra Pflaster/Lea Schmid (Hgg.): Lookismus, S. 9.

429 Lechner, Elisabeth: Riot, don't diet!, S. 65.

Vermarktbarkeit rührt der ideelle Wert norm- und niedriggewichtiger Körper und ebenso die Abwertung mehrgewichtiger Körper, die sich im Kapitalismus nicht gut vermarkten lassen.

Diese Körperbilder des Kapitalismus wirken sich vor allem auf mehrgewichtige Menschen fatal aus. Denn die Annahme, dass Leistung und Disziplin sportliche und schlanke Körper formen würde, unterstellt mehrgewichtigen Menschen, nicht leistungsfähig zu sein und somit in der kapitalistischen Leistungsgesellschaft keinen Nutzen zu haben. Auf diese Weise werden mehrgewichtige Menschen nicht nur stigmatisiert, ihnen kann außerdem Schuld zugesprochen werden, zum Beispiel an hohen Krankenkassenbeiträgen. Elisabeth Lechner weist darauf hin, dass immer wieder behauptet werde, mehrgewichtige Menschen würden das Gesundheitssystem belasten, also Kosten verursachen.[430] Der Kapitalismus erwartet von Menschen, produktiv zu sein und Kapital zu schaffen, statt etwas zu kosten und Geld zu verbrauchen.

Gleichzeitig sollen Menschen ihr Kapital in ihre Körper investieren und diese fortwährend verbessern. Unterm Strich gibt es somit einen ganz großen Gewinner beim Lookismus und das ist der Kapitalismus. Die universelle Gültigkeit des westlichen Körperideals spiegelt sich in dem immensen globalen Markt für Produkte, die darauf ausgerichtet sind, sich dem normschönen Ideal anzunähern. Dies betont auch Melodie Michelberger:

> »Es gibt einen großen Motivator, uns immer wieder glauben zu lassen, dass die Arbeit an unserem Körper nie beendet ist, weil es immer etwas zu verbessern gibt: Geld. [...] Von diesem Muster profitieren die Kosmetikindustrie, die Abnehmindustrie, die Modeindustrie, die Wellnessindustrie, die Healthfood-Industrie, die Schönheitsoperationsindustrie, die Medien und die Werbung. All jene, die dich immer wieder überzeugen wollen, dass dein Körper nicht richtig ist, verdienen mit deinem niedrigen Selbstbewusstsein Geld.«[431]

Der Kapitalismus ist somit darauf angewiesen, dass Menschen erstens dem Aussehen ihrer Körper Bedeutung beimessen und zweitens ihre Körper stets als verbesserungswürdig empfinden. Umgekehrt: Aus Sicht

---

430 Lechner, Elisabeth: Riot, don't diet!, S. 77.

431 Michelberger, Melodie: Body Politics, S. 72–74.

der Schönheitsindustrie dürfen Menschen auf gar keinen Fall mit ihrem Aussehen zufrieden sein und sich in ihren Körpern wohl fühlen:

> »Würden die Menschen sich auf einmal mit ihren Körpern wohl fühlen, dann hieße das für diese Branchen Einnahmeverluste oder sogar Bankrott.«[432]

Damit das Geld immer weiter fließen kann, entdeckt das kapitalistische System immer wieder neue Trends, die es nicht zu verpassen gilt, oder neue angebliche Problemzonen, die es zu beheben gilt, und hat auch direkt die dafür notwendigen Produkte parat.

Zusätzlich zum Kapitalismus übt das Patriarchat auf cis Frauen lookistischen Druck aus. Julia Tanck schreibt, dass weibliche Körpernormen im Patriarchat »zu einem Mittel der sozialen Kontrolle [werden], mit dem Ziel, das bestehende Machtgefälle innerhalb patriarchaler Strukturen aufrechtzuhalten«.[433] Die gesellschaftlichen Anforderungen, idealisierten Körpernormen zu entsprechen, sind für cis Frauen also höher als für cis Männer: Von cis Frauen wird gesellschaftlich erwartet, ein gewisses Maß an Schönheitsarbeit zu leisten. Die Anforderungen an cis Frauen weichen dabei deutlich von den Anforderungen an cis Männer ab. So wird von cis Frauen beispielsweise stärker erwartet, auf ihr Gewicht zu achten, es wird erwartet, dass sie Make-up verwenden, die Nägel lackieren, sich Körperhaare entfernen oder graue Kopfhaare überfärben, ihre Kleidung bewusst oder figurbetont auswählen, auch wenn diese weder bequem noch gesund ist (z.B. enge Kleidung, hohe Absätze). Auf cis Männer treffen diese Punkte nicht zu. Diese Anforderungen an cis Frauen beruhen letzten Endes darauf, sie für den cis männlichen Blick attraktiv zu machen und sie außerdem damit zu beschäftigen, sich um ihr Aussehen zu kümmern, statt um ihre Rechte und ihre politischen Möglichkeiten.[434] Gerade die gesellschaftliche Konstruktion, cis Frauen seien schwach und auf die Hilfe von cis Männern angewiesen, spiegelt sich in der lookistischen Idealvorstellung, cis Frauen müssten ein niedriges Körpergewicht

432 Rothblum, E.D. (2017): Fat Studies, S. 18. In: Rose, L., Schorb, F. (Hgg.): Fat Studies in Deutschland. Hohes Körpergewicht zwischen Diskriminierung und Anerkennung. Weinheim: Beltz Juventa, 2017, S. 16–30.

433 Tanck, Julia: Unfiltered. Social Media und unser Körperbild, S. 86.

434 Lechner, Elisabeth: Riot, don't diet!, S. 73.

haben. Kleine, zarte, niedriggewichtige cis Frauen werden dem cis männlichen Blick daher eher gerecht als große, schwere, muskulöse Frauen.

Plattformen wie TikTok oder Instagram vereinen dabei Kapitalismus und Patriachat miteinander, indem hier unrealistische, aber vermeintlich erstrebenswerte Körperideale vorgeführt und zugleich die passenden Produkte dargeboten werden.

Schönheitsideale und Halo-Effekt

In der Lookismus-Forschung spielt der sogenannte Halo-Effekt (Heiligenschein-Effekt) eine wichtige Rolle. Diese Bezeichnung beschreibt das Phänomen, dass Menschen eine Kongruenz von Leib und Seele vermuten: Das schöne Äußere soll auf das gute Innere schließen lassen, oder umgekehrt: Innere Qualitäten sollen sich angeblich im normschönen Aussehen einer Person spiegeln. Dieses Phänomen wirkt in beide Richtungen: So werden gesellschaftlich-kulturell als attraktiv empfundenen Menschen positive Qualitäten (Kompetenz, Sportlichkeit, Disziplin, Gesundheit, Erfolg, Selbstbewusstsein) zugeschrieben, während als unattraktiv empfundenen und insbesondere mehrgewichtigen Menschen negative Qualitäten (Faulheit, Bequemlichkeit, Unsportlichkeit, Inkompetenz) unterstellt werden.[435] Aufgrund des Halo-Effekts und des Look-Downwards-Prinzips, demzufolge mittels der Abwertung anderer Menschen eine Selbstaufwertung erfolgt, ist die Abwertung mehrgewichtiger Menschen kulturell fest etabliert und findet sich in vielen unterschiedlichen Bereichen, zum Beispiel wenn mehrgewichtige Menschen im Job oder im Gesundheitswesen diskriminiert werden.

Studien zeigen beispielsweise, dass mehrgewichtige Menschen in Bewerbungssituationen strukturell benachteiligt werden. »Das Foto im Lebenslauf senkt die Chancen dicker Bewerber:innen signifikant«, schreibt die *Gesellschaft gegen Gewichtsdiskriminierung e.V.* auf ihrer Homepage und bezieht sich dabei auf eine Studie der Universität Tübingen.[436] Diese belegte bereits 2012, dass Personalentscheider:innen mehrgewichtigen

435 Halo-Effekt: Ein schönes Leben für schöne Menschen – SWR Kultur, Zugriff am 30.08.2024.

436 12-08-23Adipositas_und_Beruf.pdf (uni-tuebingen.de), Zugriff am 22.07.2024.

Bewerber:innen nicht zutrauten, Führungspositionen zu bekleiden und somit faktisch keine Chancengleichheit vorhanden sei.

Der Halo-Effekt zeigt sich jedoch auch ganz ausgeprägt in Kinderbüchern und -filmen, wenn die schönen und normgewichtigen Figuren immer gut sind und die hässlichen und mehrgewichtigen Figuren böse oder wenn sich mehrgewichtige Figuren tollpatschig verhalten und über sie gelacht werden kann. Genau diese bereits in der Kindheit vermittelten Zuschreibungen und die damit verbundene Abwertung bewirken, dass Menschen versuchen, den Idealen gerecht zu werden.

Der Autorin und Englischprofessorin Roxane Gay zufolge werden der Halo-Effekt oder zumindest seine Auswirkungen, also die systematische schlechtere Behandlung mehrgewichtiger Menschen und die negativen Zuschreibungen, von Individuen reflektiert und dienen als Motivatoren, lookistischen Anforderungen gerecht zu werden:

> »Man weiß ja, wie man selbst dicke Menschen sieht und behandelt und beurteilt, und will nicht, dass einen selbst ein solches Schicksal ereilt.«[437]

Es gibt somit ein kollektives Wissen um die Abwertung mehrgewichtiger Menschen. Aus diesem Grund betont Elisabeth Lechner, dass Schönheitsarbeit alles andere als oberflächlich sei:

> »Wer keinen normschönen Körper vorweisen kann, das heißt, wer als zu dick, zu haarig, zu dunkel, zu groß/klein, zu alt, behindert, zu queer oder unrein/krank (etwa wegen Narben/Akne) wahrgenommen wird (insbesondere dann, wenn mehrere dieser Identitätsmarker zutreffen), wird in vielen Lebensbereichen benachteiligt, abgewertet, verlacht, unsichtbar gemacht und im schlimmsten Fall entmenschlicht, objektifiziert (also buchstäblich zum Objekt gemacht) und oft sogar mit Gewalt konfrontiert. Vor diesem Hintergrund erscheint es nicht mehr oberflächlich, den (bewussten oder unbewussten) Wunsch zu hegen, sein Äußeres möglichst dem Ideal anpassen zu wollen.«[438]

Schönheitsarbeit zu leisten und Mehrgewicht möglichst zu vermeiden, ist bei entsprechenden Ressourcen somit eine logische Konsequenz in einer

437 Gay, Roxane: Hunger. Die Geschichte meines Körpers. München: btb Verlag, 2019, S. 132.

438 Lechner, Elisabeth: Riot, don't diet!, S. 25.

lookistischen Gesellschaft. Sich den lookistischen Idealen bewusst zu widersetzen, ist eine Form von feministischem und antikapitalistischem Widerstand.

Natürlich gibt es Menschen, die den lookistischen Anforderungen entsprechen, und die aufgrund ihres Aussehens in vielen gesellschaftlichen Bereichen privilegiert werden. Dieses Phänomen der Bevorzugung normschöner Menschen wird Pretty Privilege genannt. Vom Pretty Privilege strukturell zu profitieren, ist allerdings nicht gleichbedeutend damit, vom lookistischen System nicht betroffen zu sein – »denn wer ist schon schön, dünn, jung und fit genug«?[439] Gerade jene Menschen, die den Idealvorstellungen gerecht werden, investieren dafür wahrscheinlich auch viel (Geld, Zeit, Kraft). In manchen Berufen sind ein gutes Aussehen und Normgewicht nicht nur förderlich für die Einstellung, sondern sogar Voraussetzung (Modeverkäufer:in, Flugbegleiter:in). Eine mehrgewichtige Freundin, die im Hotel arbeitet, berichtete kürzlich, dass ihr Arbeitgeber sie aufgrund ihres Gewichts nicht am Empfang einsetzen würde, sondern ausschließlich im Büro, obwohl sie in beiden Bereichen kompetent ist und gerne am Empfang arbeiten würde. In ihrem Betrieb wird sie somit aufgrund ihres Gewichts diskriminiert, indem sie für die Kund:innen unsichtbar gemacht wird. Es existieren jedoch auch kulturelle Kontexte, in denen ein normschönes Aussehen abgewertet wird und normschöne Menschen, insbesondere cis Frauen, auf ihr Äußeres reduziert werden, ihnen Oberflächlichkeit unterstellt wird oder ihnen Kompetenzen abgesprochen werden. So werden als attraktiv empfundene cis Frauen in gehobenen Positionen beruflich benachteiligt, als attraktiv empfundene cis Männer hingegen nicht. Zu diesem Ergebnis kam eine Studie der Wissenschaftlerinnen Leah D. Sheppard (Washington State University) und Stefanie K. Johnson (University of Colorado Boulder) 2019.[440] Auch bei dieser Form von Diskriminierung greifen Lookismus und Sexismus ineinander: Wenn berufliche Kompetenz männlich gedacht wird, wird sie cis Frauen, die dem cis männlichen Blick besonders gut gerecht werden, abgesprochen.

---

439 Ebd., S. 70.

440 For Women in Business, Beauty Is a Liability (hbr.org), Zugriff am 22.07.2024.

Das Pretty Privilege ist grundsätzlich nicht für alle Menschen erreichbar, vor allem nicht für ohnehin schon marginalisierte Menschen, wie BIPoC, genderqueere Menschen, einkommensschwache Menschen oder behinderte Menschen. Angehörige dieser Gruppen haben kaum eine Chance, von den Vorteilen von Schönheit zu profitieren, streben aber gleichzeitig oft danach, den Normen so gut wie möglich zu entsprechen, um keine zusätzliche Abwertung zu erfahren. Grundsätzlich spielen die finanziellen Ressourcen eine große Rolle. Je größer diese sind, umso höher sind die Chancen, sich der Normschönheit anzunähern und von ihren Vorteilen zu profitieren.

Mehrgewicht und Diätkultur

In unserer Kultur gilt vor allem Mehrgewichtigkeit als großes Defizit, das gemäß des Halo-Effektes mit einer Reihe negativer Zuschreibungen assoziiert wird (u.a. Mangel an Gesundheit und/oder Hygiene, an körperlicher und/oder kognitiver Leistungsfähigkeit). Mehrgewichtige Menschen werden dabei auf ihren Körper reduziert, der als Problem verstanden wird. Aus diesem Menschenbild ergibt sich eine strukturelle Benachteiligung in allen gesellschaftlichen Bereichen. Betroffene Menschen werden dabei nicht nur abgewertet und marginalisiert, sondern aus der Mitte der Gesellschaft gedrängt und je nach Kontext unsichtbar oder übersichtbar gemacht.

Einen Eindruck über die Diskriminierungserfahrungen von mehrgewichtigen Menschen vermittelt der Instagram-Account *wenigstenseinhuebschesgesicht*. Die dort gesammelten Zitate zeigen, dass sich unmittelbare lookistische Diskriminierungen oft im privaten Umfeld, in der Familie und im Freund:innenkreis abspielen, etwa wenn Eltern oder der:die eigene Partner:in das Gewicht kritisieren.

> »Nach anderthalb Jahren Beziehung kam heraus, warum mein Freund in der Öffentlichkeit kein Händchen halten wollte. Er schämte sich für mich. Später sagte er, er würde mich nur heiraten, wenn ich 20 kg abnehme.«

Auch die Personen, die ihnen am nächsten stehen, akzeptieren das Mehrgewicht von Menschen oft nicht, problematisieren es immer wieder oder reduzieren ihre Angehörigen und Partner:innen sogar auf ihr Gewicht.

Von dieser Erfahrung berichtet auch Roxane Gay in ihrem Buch *Hunger*. Sie habe es als übergriffig und unangenehm erlebt, wie ihre Familie jahrzehntelang mit ihrem Gewicht umgegangen sei, indem ihre Eltern ihr Gewicht immer als Problem betrachtet haben, sich ständig gesorgt haben, sie zu allen möglichen Ärzt:innen gebracht haben und ihr Tipps zu Sport und Ernährung gegeben haben. Roxane Gay betont daher, wie wichtig es für sie sei, sich abzugrenzen, gerade der eigenen Familie gegenüber:

> »Erst jetzt, mit Anfang vierzig, fange ich an, mich querzustellen und sage, wenn sie das Thema anschneiden: ›Nein. Ich werde nicht mit euch über meinen Körper reden. Nein. Mein Körper, wie ich mich darin bewege, wie ich ihn ernähre, das geht euch nichts an.‹«[441]

Gewichtsdiskriminierung wirkt somit tief in das Privatleben und in den häuslichen Bereich von betroffenen Personen hinein.

Im öffentlichen Raum wiederum erleben mehrgewichtige Menschen durchschnittlich dreimal pro Tag Beleidigungen:

> »Heute so ein random Typ in der Stadt zu mir: ›Dicke Frauen wie Sie sollten kein weiß tragen, das kaschiert NULL. Gern geschehen.‹«[442]

> »Ich habe mich letzten Sommer endlich getraut im Badeanzug an den Strand zu gehen. Jeder Schritt war für mich wie ein Spießrutenlauf. Als ich endlich Richtung Wasser ging, weil mir so heiß war, sagte ein Mann: ›Das Walross rollt ins Wasser‹ und starrte mich an.«[443]

> »In der Stadt mit Freunden über Hosengrößen geredet. Da sprach mich unvermittelt eine Frau an, dass ich mit meinem Hintern wohl nicht in die normalen Größen hineinpasse.«[444]

Nicht nur im privaten und häuslichen Kontext, sondern auch wenn sie nach draußen gehen, müssen mehrgewichtige Menschen also immer und an jedem Ort damit rechnen, öffentlich beleidigt und herabgewürdigt zu werden. Hinzu kommen nonverbale Gesten in Form von Blicken.

---

441 Gay, Roxane: Hunger, S. 125.

442 @wenigstenseinhuebschesgesicht • Instagram-Fotos und -Videos, Zugriff am 10.05.2024.

443 Ebd.

444 Ebd.

Selbst wenn es Menschen gelingt, sich selbst von lookistischen Vorstellungen und Erwartungen zu befreien und dies im eigenen Umfeld auch klar zu kommunizieren, wie im Fall von Roxane Gay, oder Diskriminierungen in der Öffentlichkeit zu ignorieren, oder nicht an sich heranzulassen, ändert dies noch nichts an der strukturellen Diskriminierung und den dahinterstehenden Menschenbildern, die davon unabhängig weiterhin existieren. Lookistische Diskriminierung aufgrund des Körpergewichts findet in allen gesellschaftlichen und kulturellen Bereichen, wie im Bildungsbereich, auf dem Wohnungs- und Arbeitsmarkt, sehr oft im Gesundheitsbereich und im Sport, bei der Partner:innensuche, bei der Gestaltung öffentlicher Räume oder in den Medien statt. Der gesamte öffentliche Raum ist nicht konzipiert für mehrgewichtige Menschen. Dies betrifft zu kleine und zu enge Stühle, die oft auch noch durch Armlehnen begrenzt werden. In Restaurants und Cafés, in Theatern und Kinos, in öffentlichen Toiletten und sogar in medizinischen Einrichtungen und Praxen werden mehrgewichtige Körper bei der Gestaltung von Sitzmöglichkeiten nicht mitgedacht. Roxane Gay berichtet von Problemen, auf die hohe Bühne ohne Treppenstufen zu gelangen, von der aus sie eine Rede halten sollte.[445] Offenkundig wurde diese Bühne nicht für mehrgewichtige Menschen konzipiert und anscheinend haben sich auch die Veranstalter:innen im Vorfeld keine Gedanken darüber gemacht, wie oder ob Frau Gay als mehrgewichtige Person auf diese Bühne gelangen kann. Solche öffentlichen Räume sind offenbar nicht für mehrgewichtige Menschen bestimmt. In vielen Geschäften gibt es keine Kleidung, die ihnen passt, sie werden medial meistens gar nicht repräsentiert und wenn doch, dann werden sie auf ihre Körper reduziert und negativ dargestellt.

Die systematische Benachteiligung lässt sich auch für den Arbeitsmarkt nachweisen, wenn mehrgewichtige Menschen bei Vorstellungsgesprächen und Beförderungen unabhängig von ihrer Kompetenz benachteiligt werden (und als attraktiv wahrgenommene normgewichtige Menschen bevorzugt).

> »Ich habe nach meiner Ausbildung vor fünf Jahren eine Anstellung in der Apotheke gefunden. Nach Unterschreiben des Jahresvertrags sagte mir der

445 Gay, Roxane: Hunger, S. 273 f.

> Chef, dass ich auf dem Bewerbungsfoto schlanker aussähe. Ich sollte ›das in den Griff bekommen‹ dann könnte man auch über eine Verlängerung des Vertrages sprechen.«[446]

Deutlich wird dabei, dass die Gewichtsreduktion als Selbstzweck betrachtet wird und eben nicht in irgendeinem Verhältnis zur Leistung steht, die in dem Job erwartet wird.

Im Gesundheitsbereich wiederum wirkt sich Lookismus so aus, dass mehrgewichtige Menschen von Ärzt:innen auf ihr Gewicht reduziert werden und ihre Beschwerden nicht ernstgenommen werden:

> »Ich bin ins Zimmer der Ärztin gegangen und noch bevor ich die Tür hinter mir schließen konnte, fragte sie mich: ›Sie sind wegen ihrem Übergewicht hier, oder?‹ Dabei war ich erkältet und brauchte eine Krankschreibung.«[447]

Oft sind medizinische Einrichtungen zudem nicht auf schwere Körper eingestellt: Waagen können nicht mehr als 160 kg anzeigen, Blutdruckmanschetten sind zu eng, OP-Hemden ebenfalls, Untersuchungsstühle zu instabil oder schwer zu erreichen und Ärzt:innen auf das Gewicht fokussiert, was die Gefahr birgt, (ernstzunehmende) Krankheiten zu übersehen. Wenn Menschen bereits gewichtsbezogene Diskriminierungserfahrungen durch medizinisches Personal erlebt haben, kann diese Erfahrung sie unter Umständen davon abhalten, bei Beschwerden ärztliche Hilfe zu suchen. Dies wiederum kann bestehende medizinische Probleme verschlimmern oder im Ernstfall gefährlich oder sogar tödlich sein.

Mehrgewichtigkeit hält Ärzt:innen jedoch nicht nur davon ab, gefährliche Erkrankungen zu übersehen; Mehrgewichtigkeit wird selbst mit Krankheit gleichgesetzt. Hinter dem medizinischen Begriff »Adipositas« verbirgt sich jedoch zunächst einmal nur eine Zahl, nämlich der BMI. Zum einen gibt es an dem BMI die berechtigte Kritik, dass die Festlegung der Obergrenze für Normgewicht auf 25 vollkommen willkürlich ist,[448] zum anderen sind Menschen mit einem hohen BMI

---

446 @wenigstenseinhuebschesgesicht • Instagram-Fotos und -Videos, Zugriff am 10.05.2024.

447 Fat-Shaming: »Man denkt, erst wenn man dünn ist, fängt das Leben an« | MDR.DE, Zugriff am 30.04.2024.

448 Vgl. Lechner, Elisabeth: Riot, don't diet!, S. 77.

auch nicht automatisch krank. Das Körpergewicht ist eine komplexe Angelegenheit, in die ganz viele Faktoren hineinspielen. Julia Tanck, die in ihrem Buch auch den Zusammenhang von Mehrgewicht, Gesundheit und Körperzufriedenheit untersucht, weist darauf hin, dass erwiesenermaßen nicht das Gewicht der entscheidende Faktor für die Gesundheit sei, sondern der Lebensstil: gesunde Ernährung, Bewegung, ausreichend Schlaf, der Verzicht auf Suchtmittel wie Alkohol, Tabak und Drogen, ein gutes soziales Netzwerk. Sie zitiert hierfür Studien, die gezeigt haben, dass das Gewicht bei Versuchspersonen, die einen gesunden Lebensstil pflegen, keinen Einfluss auf die Gesundheit hat. Andersherum: Wenn eine Person gesund lebt, ist es egal, wie viel sie wiegt. Entscheidend für die Gesundheit sind außerdem die sozioökonomische Situation und der Zugang zum Gesundheitssystem. Doch deren Akteur:innen werten das Aussehen oft höher als die Gesundheit, indem sie, wie oben beschrieben, Patient:innen mit hohem Gewicht systematisch nicht ernst nehmen und benachteiligen. Lookismus ist somit der Grund, dass mehrgewichtige Menschen systematisch medizinisch diskriminiert werden und aufgrund dieser Diskriminierung der Gefahr einer schlechteren gesundheitlichen Versorgung ausgesetzt sind. Die Rechnung normgewichtig = gesund und mehrgewichtig = krank geht also nicht auf. Vielmehr verbirgt sich hinter genau dieser Rechnung Bodyshaming in Form von Normsetzung.

Ein weiteres Beispiel für Lookismus im Gesundheitssystem ist die Gewichtskontrolle während der Schwangerschaft. Gerade in Deutschland wird das Gewicht von werdenden Müttern bei den regelmäßigen Vorsorgeuntersuchungen permanent durch die Ärzt:innen, die die Schwangerschaft begleiten, kontrolliert und teilweise problematisiert:

> »Bin aktuell in der 19 SSW und hatte heute wieder eine Vorsorgeuntersuchung. Dachte mir schon dass das Thema Gewichtszunahme kommen wird, weil ich schon 8 kg zugenommen hatte. Startgewicht war 72 kg. Zudem muss ich sagen habe ich eine tolle symptomlose Schwangerschaft und habe auch nicht allzu viel Appetit. Also esse wirklich normal und in Maßen. Jedoch hat mein FA [Frauenarzt] geschimpft und hat mich gefragt wo ich denn noch hin möchte mit dem Gewicht. Dass viele die ganze Schwangerschaft nur 8 kg zunehmen. Hatte schon als er mir das gesagt hat Tränen in den Augen, weil

ich selbst Angst habe immer mehr zu wiegen. Obwohl ich wirklich nicht viel zu mir nehme. […] Jetzt hab ich Angst zu essen und noch mehr Angst vor dem nächsten Termin.«[449]

Obwohl die Schwangerschaft also offenbar intakt ist und Mutter und Fetus gesund und wohlauf sind, wird das Gewicht der Mutter kritisiert, da die Zahl in den Augen des (männlichen) Arztes nicht stimmt. Das Resultat ist eine verunsicherte Schwangere, die sich nicht mehr traut, sich satt zu essen und der weiteren medizinischen Überwachung ihres Ungeborenen mit der Angst vor erneuter lookistischer Abwertung entgegenblickt. Solche Geschichten sind keine Einzelfälle, sondern werden von vielen Müttern erzählt.

Die lookistischen Werte des Kapitalismus und des Patriarchats sind in unserer Gesellschaft offenbar so tief verinnerlicht, dass sie sogar von Mediziner:innen höher gewertet werden als die tatsächliche Gesundheit. Dies veranlasst Mediziner:innen dazu, das Gewicht zu problematisieren und in den Fokus zu stellen, und zwar völlig unabhängig vom tatsächlichen gesundheitlichen Status einer Person, ohne objektive Parameter (Blutbild, Blutdruck etc.) zu erheben oder zu berücksichtigen und auf die Gefahr hin, dass Patient:innen den Praxisbesuch zukünftig aufgrund dieser Diskriminierungserfahrung meiden könnten. Auch die *Deutsche Adipositas Gesellschaft* kritisiert, dass Menschen mit hohem Gewicht im Gesundheitsbereich strukturell benachteiligt würden. Eine Möglichkeit, dem entgegenzuwirken sei, dass Ärzt:innen Patient:innen zuvor fragen, ob diese überhaupt über ihr Gewicht reden möchten.[450]

Deutlich wird die Absurdität der Normsetzung von normgewichtig als gesund verstanden und mehrgewichtig als krank auch dadurch, so Melodie Michelberger, dass ihr Körper während der Zeit ihrer Magersucht, als sie also wirklich krank war, nicht problematisiert wurde, sondern ganz im Gegenteil gelobt.[451] Auch die Befragten im Rahmen der Studie von Elisabeth Lechner berichten von sehr ähnlichen Erfahrungen:

449 Zunahme in der Schwangerschaft | Forum Schwangerschaft – urbia.de, Zugriff am 25.07.2024.

450 Gewichtsdiskriminierung: Mehr Sensibilität für eine bessere Gesundheit (aerzteblatt.de), Zugriff am 22.07.2024.

451 Michelberger, Melodie: Body Politics, S. 101.

»Gewicht verloren habe ich durch eine Erkrankung und kurz darauf durch eine psychische Krise. Während es mir mit Abstand am schlechtesten ging, bekam ich laufend Komplimente für mein Aussehen.«[452]

Deutlich wird hier die tatsächliche Divergenz von Aussehen und Gesundheit. Das als normschön und erstrebenswert gehypte Körperideal scheint vor allem im Zustand physischer und psychischer Erkrankung wie Magersucht erreicht zu werden.

Für die schwerwiegende und meist sehr langwierige Krankheit Magersucht sei charakteristisch, dass Erkrankte (stark) an Gewicht verlieren, sich selbst jedoch nicht so wahrnehmen würden und stattdessen immer ein Zuviel an Gewicht empfinden, schreibt die *Bundeszentrale für gesundheitliche Aufklärung* (*BZgA*) auf ihrer Homepage.[453] Konkrete Auslöser für diese Essstörung können der *BZgA* zufolge belastende Ereignisse und der Eintritt in die Pubertät sein. (Ältere) Kinder und Jugendliche sind somit per se eine vulnerable Gruppe. Als Ursachen für Magersucht nennt die *BZgA* gesellschaftliche Einflüsse wie das vorherrschende Schönheitsideal, das Schlankheit propagiert, und ein niedriges Selbstwertgefühl in Verbindung mit hohen Ansprüchen an Aussehen, Figur und Gewicht. Außerdem hebt die *BZgA* den Einfluss sozialer Medien hervor:

»Auf Facebook, YouTube, TikTok, Instagram & Co. sind Themen wie Aussehen, Schönheit, Fitness oder Körpergewicht ständig präsent. Viele Nutzerinnen und Nutzer folgen täglich Influencerinnen und Influencern, die in ihren Beiträgen, Posts und Fotos vermeintlich erstrebenswerte Schlankheits- und Schönheitsideale darstellen. Diese Selbstinszenierung erfolgt kaum noch ohne ›Aufhübschen‹: Inzwischen reicht es nicht mehr, auf den richtigen Kamerawinkel zu achten. Software-Programme oder Filter optimieren das eigene Aussehen auf verblüffende Art. Eine Gefahr darin liegt, die digitale Welt als real anzusehen und sich selbst ›ungeschminkt‹ als nicht der Norm entsprechend, unattraktiv und minderwertig zu betrachten. Der Wunsch, einen ›perfekten‹ Körper zu besitzen, führt nicht automatisch in eine Essstörung. Doch Menschen, die mit ihrer Figur unzufrieden sind, ein geringes Selbstwertgefühl haben und über die sozialen Medien in dieser Ansicht

452 Lechner, Elisabeth: Riot, don't diet!, S. 68.

453 Magersucht – eine Essstörung: BZgA Essstörungen (bzga-essstoerungen.de), Zugriff am 23.07.2024.

bestärkt werden, können gefährdet sein. Wenn die Selbstoptimierung zum Zwang wird, kann sich eine Essstörung entwickeln.«[454]

Gerade die sozialen Medien sind also eine Plattform für Schönheitsideale und eine zu häufige Beschäftigung mit den Idealvorstellungen von Schönheit ist für (ältere) Kinder potenziell gefährlich. Sicherlich gilt dabei für die sozialen Medien das gleiche wie für alle anderen Medien (Bücher, Filme, Serien): Nicht das Medium selbst ist problematisch, sondern ganz bestimmte Inhalte. Selbstverständlich gibt es auch empfehlenswerte soziale Medien.

Grundsätzlich sind cis Frauen und cis Mädchen stärker gefährdet, an einer Essstörung (Magersucht, Bulimie, Binge Eating) zu erkranken als cis Männer und cis Jungs,[455] da das Patriarchat an cis Frauen die Erwartung heranträgt, dem cis männlichen Blick zu entsprechen. Essstörungen haben in den letzten 20 Jahren immer weiter zugenommen. Die globale Datenbank Statista verzeichnet einen Anstieg von Magersucht in Deutschland von über 50 % zwischen den Jahren 2000 und 2015.[456] Außerdem haben Essstörungen noch einmal seit der Corona-Pandemie deutlich zugenommen. 2022 wurden ca. 10.000 Fälle von Magersucht in deutschen Krankenhäusern diagnostiziert. Dies sind allerdings nur die Fälle, die im Krankenhaus gelandet sind. Die Dunkelziffer für Essstörungen dürfte sehr viel höher liegen, zumal viele betroffene Menschen ihre Essstörung vor der Umwelt verbergen. Eine Erklärung für die Zunahme an Essstörungen könnte die stärkere Beschäftigung mit problematischen Inhalten in Form von idealisierten Körperbildern in (sozialen) Medien während der Pandemie sein.

Das Körpergewicht und der Gesundheitszustand bedingen sich somit nicht gegenseitig. Elisabeth Lechner weist darauf hin, dass eine Korrelation von bestimmten Krankheitsbildern (Diabetes, Bluthochdruck) und Mehrgewicht nicht mit einer Kausalität verwechselt werden darf und

454 Ursachen und Auslöser von Essstörungen: BZgA Essstörungen (bzga-essstoerungen.de), Zugriff am 23.07.2024.

455 Esstörungen – BPtK, Zugriff am 30.08.2024.

456 Infografik: Fälle von Magersucht nehmen zu in Deutschland | Statista, Zugriff am 23.07.2024.

dass wissenschaftliche Studien, die diese Korrelation belegen, oft von der Diätindustrie gesponsert werden.[457]

Mehrgewicht ist nicht per se gesundheitsgefährdend. Was allerdings wirklich ganz grundsätzlich gefährlich für die Gesundheit ist und sogar lebensbedrohend sein kann, sind Diäten und andere Maßnahmen, wie Operationen zur Gewichtsreduktion. Diäten bewirken nach einem anfänglichen Gewichtsverlust oft eine langfristige Gewichtszunahme und beruhen darüber hinaus oft auf einer einseitigen Ernährungsweise, was die Gefahr des Nährstoffmangels birgt. Roxane Gay beschreibt beispielsweise, dass eine Flüssigdiät, die sie in ihrer Jugend auf Anregung von Ärzt:innen und ihren Eltern machen musste, zu Gallensteinen geführt hat, wegen denen sie schließlich notoperiert werden musste.[458] Ganz grundsätzlich bergen Reduktionsdiäten, also wenn weniger Kalorien aufgenommen werden, als der Körper braucht, das Risiko der Bildung von Gallensteinen.[459]

Neben einseitiger oder unzureichender Ernährung als Methode zur Gewichtsverringerung existieren Mittel, die zusätzlich oder statt Lebensmitteln eingenommen werden sollen, um eine Gewichtsreduzierung herbeizuführen, und die oft ganz besonders gesundheitsgefährdend sind. Hier sind u.a. Pillen, Tees oder Lutscher zu nennen, die mitunter von Influencer:innen auf Social Media-Plattformen beworben werden. Über das Internet können auch Wirkstoffe beworben und verkauft werden, die in der EU gar nicht zugelassen sind, da sie gesundheitsgefährdend sein können.[460] Ein Beispiel ist Sibutramin, das appetithemmend wirkt, aber gravierende Nebenwirkungen aufweist.[461]

Einem Körper ist somit nicht von außen anzusehen, ob er gesund oder krank ist: Ein norm- oder niedriggewichtiger Körper kann krank sein und ein mehrgewichtiger Körper kann gesund sein. Gewiss ist jedoch,

---

457 Lechner, Elisabeth: Riot, don't diet!, S. 78.

458 Vgl. Gay, Roxane: Hunger, S. 76.

459 Gallensteine nach Diät – wie kommt es dazu? (medpertise.de), Zugriff am 30.08.2024.

460 Influencer-Marketing – Sie machen Werbung für Pharmakonzerne und Abnehmtees – WELT, Zugriff am 30.08.2024.

461 Gefährlicher Aufguss: Schlankmacher »Trex Tea« | APOTHEKE ADHOC (apotheke-adhoc.de), Zugriff am 30.08.2024.

dass sehr viele Methoden, die eine Gewichtsabnahme versprechen, nicht gesund sind. Das ist vielen Menschen sicherlich bewusst. Auch in diesem Kontext ist es absurd, die gesellschaftliche oder medizinische Aufforderung zur Gewichtsabnahme mit der Gesundheit zu begründen. Deutlich zeigt sich hier, dass der Wunsch nach einem niedrigeren Gewicht höher gewertet wird als die Gesundheit.

Dass das Aussehen höher gewertet wird als die Gesundheit beweisen viele Methoden, die das Aussehen verbessern sollen, für die Gesundheit aber eher schädlich sind: Viele Mittel zur Haarfärbung schädigen Haare und Kopfhaut, die Haarglättung schädigt die Haarstruktur und auch Mittel, die Einfluss auf die Hautfarbe nehmen sollen (Sonnenstudio, Mittel zur Hautbleichung) sind teils extrem gesundheitsschädigend. Methoden zur Entfernung der Körperbehaarung können die Haut reizen, zur Austrocknung und Entzündungen führen oder das Einwachsen von Haaren begünstigen. Von hohen Absätzen und engen baucheinschnürenden Kleidungsstücken oder Korsetts über einseitige Diäten bis hin zu plastischen Operationen sind Methoden zur Verbesserung des Aussehens oft gesundheitsbedrohend bis gesundheitsschädlich oder gar potenziell tödlich.

Beim Thema Gesundheit geht es also oft in Wirklichkeit um das Thema Lookismus. Lookismus wiederum kann tatsächlich krank machen, indem das Bedürfnis, Schönheitsnormen zu erfüllen, Menschen in die Essstörung oder in die Depression treiben kann und zu gesundheitsschädigen Maßnahmen veranlasst, die das Aussehen verbessern sollen.

Last but not least weist Melodie Michelberger außerdem darauf hin, dass der Fokus auf die Gesundheit auch deshalb problematisch ist, weil er immer schon impliziert, dass nur ein gesunder Körper auch ein wertvoller Körper ist.[462]

Zwei wichtige Faktoren in dem lookistischen Konzept der Abwertung und Aufwertung aufgrund von Aussehen und Gewicht sind die Leistung und die Gesundheit. Im Sport werden diese beiden Faktoren vereint. Sport sei daher ein elementarer Bestandteil der Leistungsgesellschaft und der Diätkultur, so Melodie Michelberger:

462 Vgl. Michelberger, Melodie: Body Politics, S. 102.

»In der Diätkultur gehört zu einem gesunden Lifestyle, regelmäßig zu sporteln und das zu zeigen. [...] Wir verstehen unter Unsportlichkeit so viel mehr als ›keinen Sport machen‹, es signalisiert wortwörtliche und metaphorische Unflexibilität, Faulheit, mangelnde Selbstliebe und gar Sturheit.«[463]

Auf diese Weise wird körperliche Attraktivität mit Normgewichtigkeit, Gesundheit, Leistungsfähigkeit und Sportlichkeit zusammengedacht. Unattraktivität wird analog mit Mehrgewichtigkeit, Unsportlichkeit, einem Mangel an Gesundheit (Adipositas) und einem Mangel an Leistungsfähigkeit oder mit Faulheit verbunden. Mehrgewichtigen Menschen werden somit Sportlichkeit, Leistungsfähigkeit (in ganz vielen verschiedenen gesellschaftlichen Bereichen und auch auf dem Arbeitsmarkt) und Gesundheit abgesprochen und normgewichtigen Menschen werden diese Dinge pauschal zugesprochen. Da das einfach falsch ist, bedarf es aktiver Prozesse der Sichtbarmachung und Unsichtbarmachung, um diese Menschenbilder aufrechtzuhalten.

Die Aktivistin BodyMary schildert im Interview, dass sie absurderweise auch im Sportbereich Diskriminierung erfährt, obwohl sie gesellschaftlich gleichzeitig zum Sporttreiben aufgefordert wird:

»Ich liebe Schwimmen. Sport soll ich ja machen, denn ich bin dick. Aber gleichzeitig bekomme ich die Information, dass man mich nicht im Badeanzug sehen will. Obwohl mir alle sagen, dass ich Sport machen soll, erlebe ich im Schwimmbad und auch im Fitnessstudio Diskriminierung.«[464]

Dass der Anblick mehrgewichtiger Menschen beim Sport nicht erwünscht ist, bestätigt auch die Forschung von Elisabeth Lechner. So seien Lookismus und Bodyshaming gerade in Sportstätten besonders verbreitet. Ständige Blicke und Kommentare würden mehrgewichtige Menschen beispielsweise aus Fitnessstudios regelrecht »wegekeln«, so Elisabeth Lechner.[465]

An mehrgewichtige Menschen werden also gesellschaftlich sehr widersprüchliche Erwartungen herangetragen, denen die betroffenen Menschen gar nicht gerecht werden können: Sie sollen unbedingt Sport

463 Ebd., S. 94.

464 Ebd., S. 143.

465 Lechner, Elisabeth: Riot, don't diet!, S. 66.

machen, aber bitte nicht an öffentlichen Orten, wo sie gesehen werden können. Letztendlich zielen diese Anforderungen darauf ab, mehrgewichtige Menschen gleichzeitig herabzuwürdigen und in der Öffentlichkeit unsichtbar zu machen.

Doch mehrgewichtige Körper werden nicht nur diskriminiert, indem sie im Sport marginalisiert werden und ihnen von der Normgesellschaft die Sportlichkeit abgesprochen wird und ihnen auch in anderen gesellschaftlichen Bereichen eine geringere kognitive Leistungsfähigkeit unterstellt wird. Darüber hinaus wird oft ein Zusammenhang zwischen Armut und Mehrgewicht behauptet. In diesem lookistischen Weltbild scheinen dann eine geringe Leistungsfähigkeit, Unsportlichkeit, Mehrgewicht und Armut zusammenzuhängen und sich sogar gegenseitig zu bedingen. Das *Robert Koch Institut* ermittelte beispielsweise 2020 ein erhöhtes Adipositas-Risiko für Kinder und Jugendliche, die in Armut aufwachsen und begründete dies mit dem fehlenden Zugang zu gesunden Lebensmitteln und körperlich aktiven Freizeitbeschäftigungen.[466] Doch der Zusammenhang ist nicht (nur) so zu erklären, dass Armut zu Mehrgewicht führt; sondern vielmehr auch so, dass Mehrgewicht das Armutsrisiko erhöht, und zwar aufgrund der strukturellen Diskriminierung mehrgewichtiger Menschen. Strukturelle lookistische Benachteiligung drängt mehrgewichtige Menschen an den Rand der Gesellschaft und verwehrt ihnen die Zugänge und die gleichen Möglichkeiten zur Partizipation wie normgewichtigen Menschen. Mehrgewichtige Menschen werden bereits als Kinder bei der Notenvergabe diskriminiert und erleben somit keine Chancengleichheit im Bildungssystem, sie werden bei Bewerbungen um Führungspositionen, die mit einem höheren Einkommen verbunden sind, systematisch benachteiligt und ihnen werden im Alltag immer wieder Chancen und Möglichkeiten verwehrt. Hinzu kommt der alltägliche Stress durch lookistische Mikroaggressionen, den es zu ertragen gilt. Dadurch ist grundsätzlich die Lebensqualität verschlechtert und das Risiko für Krankheiten wie Essstörungen und Depressionen erhöht. All dies zusammen erhöht auch das Armutsrisiko für mehrgewichtige Menschen. Indem ihnen berufliche Ausbildungs- und Aufstiegschancen verwehrt werden, werden mehrgewichtige Menschen stattdessen eher in

466 RKI – Kontext – Themenblatt: Armut, Zugriff am 28.07.2024.

Jobs in den Bereichen Pflege und Dienstleistung gedrängt, die mehr körperliche Arbeit umfassen und schlechter bezahlt sind. Normgewichtige und normschöne Menschen werden in Bewerbungsverfahren um besser bezahlte Jobs mit mehr Verantwortung hingegen bevorzugt. Gerade in großen Städten, so der Lookismusforscher Friedrich Schorb, sei ein niedriges Körpergewicht die Voraussetzung für gesellschaftlichen Aufstieg.[467] Das Körpergewicht ist somit ein Mittel der sozialen Distinktion, dass dazu dient, den Status quo der Klassengesellschaft zu erhalten.

Melodie Michelberger bezeichnet den niedriggewichtigen Körper daher als »ultimatives Statussymbol«, das Menschen gesellschaftliche Vorteile verschafft, während Mehrgewicht immer abgewertet wird:

> »Diätkultur beschreibt eine Gesellschaft, auf der ein unsichtbares Netz aus Definitionen und Gegensätzen liegt, das den Wert eines Menschen anhand seines Äußeren definiert. Schlank und dick sind so nicht etwa gleichwertige Varianten, sondern zwei eindeutige Gegensätze. Schlankheit ist dabei das Ideal, das ultimative Statussymbol, nach dem wir alle streben (sollten). Wer als schlank gelesen wird, gilt als schön, gesund und diszipliniert und muss das gar nicht mehr anders unter Beweis stellen, bekommt also eine Pole-Position zugewiesen. Damit das funktioniert, muss Dicksein immer das Gegenteil davon sein: Wer als dick_fett gelesen wird, gilt als hässlich, ungesund und faul. Körperfett ist der sichtliche Beweis für Willensschwäche.«[468]

Der Zugang zu gesellschaftlichen Ressourcen und Privilegien wird somit auch über das Gewicht von Körpern geregelt. Damit das funktioniert, müssen die Zuschreibungen für norm- bzw. mehrgewichtige Körper permanent wiederholt werden. Die Folge davon ist, dass mehrgewichtige Menschen im Alltag fortwährend an die Zuschreibungen ihrer Körper erinnert werden, so Roxane Gay:

> »Es wird mir nie erlaubt, die Realität meines Körpers zu vergessen, zu vergessen, dass mein Körper die Empfindungen von anderen verletzt, dass mein Körper es wagt, Raum einzunehmen. Man nimmt es mir übel, dass ich es wage, selbstbewusst zu sein, dass ich es wage, meine Stimme zu erheben,

467 Medizin Archive – Gesellschaft gegen Gewichtsdiskriminierung, Zugriff am 02.05.2024.

468 Michelberger, Melodie: Body Politics, S. 67.

dass ich es wage, an den Wert meiner Stimme zu glauben, trotz und wegen meines Körpers. […] Egal, was ich leiste, zuallererst werde ich immer dick sein.«[469]

Roxane Gays Lebensrealität als erfolgreiche Autorin, Professorin und mehrgewichtige Person widerspricht der Behauptung der Diätkultur, die Erfolg dem Normgewicht zuschreibt und Mehrgewicht mit negativen Attributen belegt. Roxane Gay erlebt es daher fortwährend, dass die Gesellschaft sie an die Realität ihres Körpers erinnert und an dessen gesellschaftliche Stellung und Bedeutung. Außerdem berichtet Roxane Gay, dass Menschen geschockt von ihr seien, da ihre Person die vermeintlichen lookistischen Gegensätze von Mehrgewicht und Erfolg vereint:

»Die Leute erwarten nicht, dass die Autorin, die auf ihrer Veranstaltung die große Rede hält, so aussieht wie ich. Sie wissen nicht, wie sie den Schock verbergen sollen, wenn sie erkennen, dass eine verhältnismäßig erfolgreiche Autorin so übergewichtig ist.«[470]

Erfolg und Mehrgewicht in einer Person vereint zu sehen, erschüttert offenbar das auf Lookismus basierende Weltbild von Roxane Gays Publikum. Um Lookismus entgegenzuwirken, müssten somit mehrgewichtige Menschen viel öfter in positiven Kontexten präsentiert werden, in denen sie ja existieren, als erfolgreiche Wissenschaftler:innen, Schriftsteller:innen, Sportler:innen oder Politiker:innen, und zwar ohne dass das Gewicht dabei immer im Vordergrund steht. Denn sehr oft ist es so, dass vor allem bei erfolgreichen mehrgewichtigen Frauen nicht (nur) ihre Leistungen medial thematisiert werden, sondern immer wieder ihr Gewicht. Ein Beispiel hierfür ist die Grünen-Politikerin Ricarda Lang, die sich seit Beginn ihrer politischen Karriere immer wieder mit Fatshaming auseinandersetzen muss.

»Es hat damit angefangen, dass ich zur Bundessprecherin der Grünen Jugend gewählt wurde. Egal zu welchem Thema ich mich öffentlich geäußert habe –

469 Gay, Roxane: Hunger, S. 277.

470 Ebd., S. 273.

von Kohleausstieg über die Bildung – ich habe immer wieder Kommentare bekommen, die sich auf meinen Körper bezogen haben.«[471]

Lookismus ist somit immer wieder wichtiger als alles andere; seien es politische Inhalte, persönliche Qualifikationen, medizinische Zustände oder schriftstellerische Erfolge.

(Unterhaltungs)Medien tragen zu der Stigmatisierung von Mehrgewicht und seinen abwertenden Konnotationen bei, indem sie diese Zuschreibungen immer wieder explizit machen. Roxane Gay beschreibt beispielsweise, wie die Ideologie der Diätkultur medial durch Reality-TV umgesetzt wird:

> »*The Biggest Loser* ist eine Sendung über Fett als Feind, der zerstört, eine Infektion, die ausgemerzt werden muss. Es ist eine Sendung über widerspenstige Körper, die mit allen Mittel diszipliniert werden müssen, damit der adipöse Mensch durch seine Disziplin wieder ein akzeptables Mitglied der Gesellschaft wird. Der adipöse Mensch kann glücklich werden – aber Glück ist, laut Sendung und laut der kulturellen Norm, nur möglich, wenn man dünn ist.«[472]

Letzten Endes versucht die Diätkultur, mehrgewichtige Menschen aus der Öffentlichkeit zu verdrängen oder wenigstens so unsichtbar wie möglich zu machen, zum Beispiel durch zeltartige Kleidung in neutralen Farben. Eine mehrgewichtige Freundin, die als Plus-Size-Model gearbeitet hat, erzählte mir einmal, sie sei sehr froh, dass sie die Kleidung, die sie bei dieser Arbeit vorführe, für ihren Privatgebrauch behalten dürfe, da es schwer sei, schicke Kleidung in ihrer Größe zu finden. Ab einer bestimmten Größe gebe es nur bequeme Kleidung im Schlabber-Look. Meine Freundin meinte, die Hersteller würden diejenigen Menschen, die diese Kleidung letztlich tragen sollen, offenbar in Jobs ohne Dresscode oder gleich in der Arbeitslosigkeit vermuten.

Auch Melodie Michelberger schreibt, dass sie Schwierigkeiten habe, farbenfrohe und schöne Kleidung in ihrer Größe zu finden, und vermutet, dass die Hersteller wohl davon ausgehen würden, dass Menschen ab einer

471 Ricarda Lang zum Kampf gegen Bodyshaming: »Ich wollte ihnen zeigen, dass sie mich nicht kleinkriegen werden« (fr.de), Zugriff am 24.07.2024.

472 Gay, Roxane: Hunger, S. 136.

bestimmten Konfektionsgröße die Kleidung hauptsächlich nach dem Kriterium auswählen würden, ob sie kaschiert[473]. Dass mehrgewichtige Menschen sich Kleidung wünschen, die die Blicke auf sie zieht, kommt vielen Herstellern offenbar nicht in den Sinn. Ob Kleidung schlicht, einfarbig und sehr weit geschnitten ist oder ihre Träger:innen durch hautenge Schnitte und bunte Farben exponiert, ist aber keine Frage der Konfektionsgröße, sondern eine Frage individueller Vorlieben und Wünsche. Große Konfektionsgrößen nur in dunklen oder gedeckten Farben zu produzieren, sendet die Botschaft, dass mehrgewichtige Menschen ihr Erscheinungsbild verstecken sollten und die Blicke von sich weglenken sollten; also in der Öffentlichkeit möglichst unsichtbar sein sollten, so Melodie Michelberger:

> »Ich habe keine dieser trostlosen Sondergrößen gekauft. Ich sah da nicht einfach Hosen in meiner Größe hängen, sondern die produktgewordene Aufforderung, mich mit meiner Konfektionsgröße besser bedeckt zu halten.«[474]

Roxane Gay hingegen beschreibt das Kaufen von Kleidung als »Qual« und »Demütigung« und kritisiert ebenfalls die äußerst geringe Auswahl an Kleidung ab Größe 52. Auf diese Weise werde mehrgewichtigen Menschen die Möglichkeit verwehrt, sich mithilfe von Mode schön zu fühlen und mit dem eigenen Aussehen zufrieden zu sein.[475]

Die Diätkultur schließt mehrgewichtige Menschen jedoch nicht nur strukturell aus, sondern lässt sie gleichzeitig auch glauben, dass sie selbst das Problem seien. Die Verantwortung dafür, dass sie diskriminiert werden, kann auf diese Weise den Opfern zugeschoben werden: Diese seien selbst schuld an ihrem Gewicht und somit auch an all den Nachteilen, die mit dem Gewicht verbunden sind. Diese Perspektive sucht die Verantwortung bei den Diskriminierten statt bei dem diskriminierenden System.[476] Die Aktivistin Christelle Nkwendja-Ngnoubamdjum schildert den Perspektivenwechsel auf die lookistische Gesellschaft, den sie selbst

473 Michelberger, Melodie: Body Politics, S. 83.

474 Ebd., S. 79.

475 Gay, Roxane: Hunger, S. 187.

476 Lechner, Elisabeth: Riot, don't diet!, S. 65.

dank ihrer Auseinandersetzung mit intersektionalen Theorien vollziehen konnte, im Interview folgendermaßen:

> »Früher hätte ich versucht, heimlich einen passenden Stuhl [im Café] zu finden, hätte mein Leid versteckt. Heute habe ich die Stärke zu sagen, dass ich im Auto lieber hinten sitze oder dass ich Angst habe, mit Flugzeugen zu reisen, weil die verdammt fettfeindlich sind. Ich muss nicht diejenige sein, die blaue Flecken hat, weil ich mich in den Stuhl klemme. Oder Muskelkater in den Oberschenkeln, weil ich auf einem blöden Klappstuhl sitze und versuche, mein Gewicht so zu balancieren, dass ich nicht runterkrache. Ich möchte die Menschen in meinem unmittelbaren und mittelbaren Umfeld dazu herausfordern, Fettfeindlichkeit und intersektionale Diskriminierungserfahrungen zu verurteilen und diese Form von struktureller Diskriminierung sichtbar zu machen. [...] Ich stelle Fragen: Für wen ist dieser Raum eigentlich gemacht? Wer kann an dieser Art des öffentlichen Lebens teilhaben?«[477]

Der gesamte öffentliche Raum schließt mehrgewichtige Menschen aus. Deutlich wird dabei, dass der öffentliche Raum (vermutlich von normgewichtigen Menschen) für normgewichtige Menschen konzipiert ist. Gewichtsdiskriminierung durchzieht somit alle gesellschaftlichen Bereiche und verweigert mehrgewichtigen Menschen die gleiche Teilhabe und die gleichen Chancen wie normgewichtigen Menschen.

Mehrgewichtige cis Frauen werden aufgrund der intersektionalen Überschneidung von Lookismus und Sexismus noch einmal anders und stärker diskriminiert als mehrgewichtige cis Männer.[478] Die Diskriminierung nimmt noch einmal zu und verändert sich wieder, wenn weitere Intersektionen wie Rassismus oder Queerfeindlichkeit hinzukommen. Die:der Schwarze Aktivist:in, Autor:in und Forscher:in SchwarzRund erklärt, was die Intersektionalität von mehrgewichtig und Schwarz in Bezug auf ihre:seine Identitätskonzeption bedeutet:

> »Das schwarze Dicksein ist in der rassistischen Logik etwas anderes als das weiße Dicksein. Weiße, dicke Menschen gelten als fast perfekt, wäre da nicht

477 Michelberger, Melodie: Body Politics, S. 138 f.

478 Männer werden dafür stärker aufgrund der Körpergröße diskriminiert; vgl. Kleine Männer und dicke Frauen werden häufiger benachteiligt – DER SPIEGEL, Zugriff am 30.08.2024.

ihr großer Körper. Ich dagegen bin darin so weit weg vom Idealbild eines Menschen, ich habe gar keinen Zugang zu einem Normkörper. […] Für mich ist also die Frage, wann ich mich in meinem Dicksein politisiert habe, untrennbar von der, wann ich mich mit Rassismus beschäftigt habe.«[479]

Dass Schönheit immer in Abhängigkeit zu dem eurozentrischen Ideal (*weiß*, blond, schlank) gedacht wird, an dem BIPoC nur scheitern können, bezeichnet Elisabeth Lechner daher als Fortsetzung kolonialer Gewalt.[480]

Neben dem Körpergewicht sind die Körperhaare ein wichtiger Bereich, der lookistischen gesellschaftlichen Vorstellungen unterliegt. So gelten volle und vor allem bei Frauen lange Haare als normschön und erstrebenswert und das kapitalistische System stellt eine Vielzahl an Produkten bereit, die erworben werden sollen, um diese Anforderungen erfüllen zu können. Auch in Bezug auf Haare gelten für Frauen andere und striktere lookistische Erwartungen als für Männer. Während es bei Männern gesellschaftlich vollkommen akzeptabel ist, eine pflegeleichte Kurzhaarfrisur zu tragen oder gar eine Glatze zu haben und trotzdem als attraktiv zu gelten, wird von Frauen sehr viel mehr Schönheitsarbeit erwartet, die natürlich auch sehr viel mehr kostet. So ist der Damenschnitt beim Friseur in den meisten Salons aus Prinzip teurer als der Herrenschnitt, selbst im Falle eines Buzz Cut. Von Frauen wird im Gegensatz zu Männern gemeinhin erwartet, dass sie graue Haare überfärben, ihre Haare lang wachsen lassen und dann in irgendeiner Form frisieren. All das ist anstrengend, zeitaufwändig und oft teuer.

Außerdem werden Frauen grundsätzlich als ungepflegt und unhygienisch abgewertet, wenn sie ihre Körperhaare wachsen lassen, und stehen somit unter gesellschaftlichem Druck, sich die Haare zu entfernen. Frauen, die das nicht tun, wie das Model Canel Ataman, erleben Anfeindungen. Canel Ataman berichtet darüber hinaus, dass sie sich im Kontext ihrer Arbeit aufgrund ihrer nicht-normativen Körperbehaarung in der Regel in der Rolle eines Tokens fühlt.[481] Da ihre Körperbehaarung nicht als normal wahrgenommen wird, erfüllt Canel Atamans Anwesenheit

479 Michelberger, Melodie: Body Politics, S. 154 f.

480 Vgl. Lechner, Elisabeth: Riot, don't diet!, S. 13.

481 Canel Ataman über Körperbehaarung und die Haarmony-Challenge – WELT, Zugriff am 05.05.2024.

also vor allem die Funktion, Diversität zu behaupten. Außerdem wird auch sie regelmäßig mit Abwertung konfrontiert und als unhygienisch diskreditiert. Doch Körperbehaarung ist weder unhygienisch noch ungesund; vielmehr ist das Gegenteil der Fall, da viele Mittel zur Haarentfernung die Haut irritieren und auch bewirken können, dass Haare einwachsen, was zu Entzündungen führen kann.

Kommt zum Lookismus neben dem Weiblichsein eine weitere Intersektion hinzu, wie Schwarzsein oder eine trans sein, so gestaltet sich die Diskriminierung aufgrund nicht-normativer Körperhaare erneut anders. Schwarze Haare und traditionelle Schwarze Frisuren gelten in der *weißen* Gesellschaft oft als unordentlich und ungepflegt, mit der Auswirkung, dass Schwarze Menschen für das Tragen ihrer natürlichen Haare beispielweise auf dem Arbeitsmarkt benachteiligt werden. Viele Schwarze Menschen, insbesondere Frauen, nutzen daher verschiedene Methoden zur Haarglättung durch Hitze oder durch Chemikalien, sogenannte Relaxer, um ihre Haare an das glatte *weiße* Ideal anzunähern. Relaxer rufen jedoch nicht nur Hautverbrennungen und Haarausfall hervor, sondern können auch lebensbedrohliche Beschwerden, wie Fortpflanzungsstörungen, Herzerkrankungen, verschiedene Formen von Krebs, Myome, eine früher eintretende Pubertät sowie psychische Erkrankungen verursachen.[482]

Das dunkelhaarige Model Canel Ataman macht außerdem darauf aufmerksam, dass Menschen mit sehr dunklen Haaren, also vor allem nicht-*weiße* Menschen bei der Haarentfernung noch viel mehr Arbeit haben, da sie auch die Arme und das Gesicht enthaaren müssen und dabei einem noch höheren Druck ausgesetzt sind, da die dunklen Haare mehr auffallen als helle.[483] Feministinnen widersetzen sich diesem diskriminierenden System daher teilweise durch das Abrasieren der Kopfhaare und das Nicht-Rasieren der Körperbehaarung. Doch auch hier kann es zu intersektionalen Ausschlüssen kommen; zum Beispiel in Bezug auf die Körperbehaarung von trans Frauen. Wenn eine cis Frau behaarte Beine habe, so die Autorin und Rapperin FaulenzA, dann

482 Die harte Wahrheit über Relaxer: So ungesund ist die chemische Glättung | RosaMag (rosa-mag.de), Zugriff am 04.06.2024.

483 Canel Ataman über Körperbehaarung und die Haarmony-Challenge – WELT, Zugriff am 05.05.2024.

gelte sie als feministische Vorkämpferin. Doch wenn sie selbst als trans Frau behaarte Beine habe, dann würde sie sogar von Feministinnen als Mann bezeichnet.[484] Wenn das normschöne niedriggewichtige Model Canel Ataman sich die Körperbehaarung nicht rasiert, wird sie dennoch (wenn auch vor allem als Token) gebucht. Plus-Size-Models könnten sich hingegen nicht erlauben, auf die Enthaarung zu verzichten, so Elisabeth Lechner; denn die Mehrheitsgesellschaft toleriere maximal eine Form der Normabweichung. Mehrgewichtig und haarig oder schwul und mehrgewichtig seien also »zu viel des Guten«.[485] Dem Druck (abzunehmen oder sich die Körperhaare zu entfernen) entziehen, können sich somit eher ohnehin schon privilegierte Menschen. (Mehrfach) Marginalisierte Menschen werden hingegen versuchen, lookistischen Vorstellungen gerecht zu werden, um ihre gesellschaftlichen Chancen zu verbessern und keine zusätzliche Abwertung zu erfahren.[486] Wenn sich jedoch privilegierte Personen, wie reiche oder prominente Menschen, lookistischen Normen widersetzen, dann kann dies sogar als Trend gesellschaftliche Anerkennung erfahren. Wenn Lady Gaga sich also ihre Achselhaare wachsen lässt und türkis färbt, erfährt sie dadurch keine gesellschaftliche Benachteiligung. Lässt sich eine *weiße* normgewichtige Frau die Haare an den Beinen wachsen, wird sie dafür nicht im selben Maß diskriminiert wie eine Schwarze mehrgewichtige Frau mit Haaren an den Beinen.

Ein weiteres Beispiel dafür, dass Styles und Körperperformances vollkommen unterschiedlich bewertet werden, je nachdem, von wem sie umgesetzt werden, sind *weiße* heterosexuelle cis Männer, wie der britische Sänger Harry Styles, der australische Schauspieler Jacob Elordi oder der amerikanisch-französische Schauspieler Tymothée Chalamet, die sich queer inszenieren (Glitzerkleidung, Handtasche, Nagellack, Regenbogenfahne; was als Queerbaiting zu werten ist) und dafür gefeiert

484 FaulenzA: Lookismus und die Diskriminierung von trans*Frauen, S. 69. In: Darla Diamond/Petra Pflaster/Lea Schmid (Hgg.): Lookismus. Normierte Körper. Diskriminierende Mechanismen. (Self)Empowerment, S. 63–70.

485 Lechner, Elisabeth: Riot, don't diet!, S. 21.

486 Body Positivity, Schönheitsideale und bestimmende Machtstrukturen (deutschlandfunkkultur.de), Zugriff am 21.05.2024.

werden.[487] Der:die britische Sänger:in Sam Smith hingegen erfährt für deren queere Performances regelmäßig Abwertung und Diskriminierung.[488] Kommt zur Queersein noch eine weitere Intersektion hinzu, wie Schwarzsein, nimmt die Abwertung weiter zu und andere Züge an:

> »Dass er [Harry Styles] mit seinem Stil so viel Aufmerksamkeit erregt, ist auch White Privilege, denn weder Billy Porter noch Lil Nas X, beide schwule Schwarze Entertainer mit auffälliger Kleidung, sind medial so präsent.«

Wenn Personen sich queer inszenieren, wird dies also gefeiert, wenn sie *weiße* und cis Männer sind, öffentlich diskutiert und abgewertet, wenn die Personen marginalisiert sind; wenn sie queer oder nicht-binär sind, wenn sie schwul und Schwarz sind.

Von mehrgewichtigen Menschen, BIPoC, trans Menschen oder sozial schwachen Menschen wird also ein gewisses Maß an Schönheitsarbeit im Sinne von Normkonformität erwartet. Elisabeth Lechner weist zudem darauf hin, dass es oft Women of Color und migrantisierte Frauen seien, die *weißen* Frauen ermöglichen würden, gesellschaftlichen Idealen und dem cis männlichen Blick gerecht zu werden, indem sie in Enthaarungs-, Waxing- und Nagelstudios für wenig Geld und unter dem täglichen Einfluss gesundheitsschädlicher Chemikalien arbeiten.[489]

Sich als cis Frau den Körper zu enthaaren, lange Kopfhaare zu tragen, sich zu blondieren oder graue Haare zu überfärben oder gar die Haare zu glätten, sind Dinge, die als alltäglich und selbstverständlich erscheinen. Aber es sind auch Dinge, die immer wieder das Patriarchat, den Kapitalismus und ein kolonial geprägtes Schönheitsideal bestätigen und verstärken. Insofern ist Körperbehaarung keine reine Privatangelegenheit, sondern immer auch eine Entscheidung, die auf weniger privilegierte Menschen zusätzlichen Druck ausübt und die eine Industrie unterstützt, die davon lebt, dass Menschen sich als unzureichend und mangelhaft empfinden.

---

487 Queerbaiting von Sänger Harry Styles: Keine queere Ikone – taz.de, Zugriff am 17.08.2024.

488 7 times Sam Smith riled up bigots and became a queer icon in 2023 (thepinknews.com), Zugriff am 17.08.2024.

489 Vgl. Lechner, Elisabeth: Riot, don't diet!, S. 116.

Fat Acceptance, Body Positivity, Body Neutrality und Body Diversity

Bereits in den 1960ern Jahren haben sich Aktivist:innen im Fat Acceptance Movement zusammengeschlossen, um gegen das einseitige Körperideal der Diätkultur und die Diskriminierung mehrgewichtiger Menschen zu rebellieren. Die zeitgenössische Body-Positivity-Bewegung ist aus diesem Fat Acceptance Movement entstanden und versteht sich ebenfalls als notwendige Gegenbewegung zur Diätkultur und dem dahinterstehenden lookistischen (kapitalistischen, patriarchalen und rassistischen) System.

Der elementare Unterschied zwischen der Body-Positivity-Bewegung und dem Fat Acceptance Movement besteht darin, dass sie nicht nur mehrgewichtige Menschen anspricht, sondern alle Menschen, die von lookistischen Idealen abweichen. Ziel der Body-Positivity-Bewegung ist es, dass alle Menschen ihre Körper wertschätzen sollen und sich schön, wohl und selbstbewusst fühlen, so wie sie sind. Der Fokus liegt dabei auf der Diversität. Damit ist einerseits die Diversität von Körpern gemeint; es geht also nicht mehr nur um mehrgewichtige Körper, sondern wirklich um alle Körper. Zum anderen ist die Diversität von Schönheit gemeint; also, dass es nicht nur eine Art von Schönheit gibt (*weiß*, blond, fit und normgewichtig), sondern dass Körper auf sehr viele Arten schön sein können.

Die zeitgenössische Body-Positivity-Bewegung ist vor allem durch Social Media zu einem internationalen Phänomen geworden, das Elisabeth Lechner folgendermaßen erklärt:

> »Aus den frühen Online-Selbsthilfegruppen der Fat Acceptance wurde dadurch das, was ich Popfeministische Body Positivity nenne – eine diverse Bewegung aus Aktivist*innen, Blogger*innen, Vlogger*innen, YouTuber*innen und Instagramer*innen, die exklusive Vorstellungen von Schönheit kritisieren und gemeinsam gegen unrealistische, neoliberale Körperideale vorgehen.«[490]

Aktivist:innen wie Judith Schreier, die zum Thema »Fat Activism and Fat Life Writing« forscht, kritisieren an der zeitgenössischen Body-Positivity-Bewegung allerdings, dass sie an Radikalität verloren habe:

490 Ebd., S. 33.

»Ich finde, es [das Konzept der Body Positivity] hat nach wie vor Power, weil man so viele Dinge einschließen könnte: Pickel, Akne, Cellulite und so weiter. Aber momentan wird es halt individualistisch ausgelegt und verliert dabei an Radikalität. Es geht nur noch um Darstellung. Wenn man auf Instagram schaut, welche Körper unter dem Hashtag [#bodypositivity] dargestellt sind, nähern die sich alle der Norm an: Es sind mehr und mehr weiße und dünne Körper. Was wiederum Marken kommerziell nutzen: Mode- und Kosmetikindustrie instrumentalisieren Body Positivity.«[491]

Obwohl die Body-Positivity-Bewegung also grundsätzlich sehr viel Potenzial bietet, besteht ein aktuelles Problem darin, dass sie teilweise von großen Unternehmen vereinnahmt und somit kommerzialisiert und gentrifiziert wurde. Diesen Trend kritisiert auch die Autorin und Podcasterin Bethany Rutter. Sie ist ebenfalls der Auffassung, dass die Body-Positivity-Bewegung ihre ursprüngliche radikale Bedeutung verloren habe und bezeichnet vor allem die angeblich körperpositiven Darstellungen großer Unternehmen als regelrecht »fettfeindliche« Angelegenheit.[492] Bethany Rutter unterscheidet dabei zwischen echter Body Positivity und dem von Unternehmen verkauften Trend, den sie als »Socially Acceptable Body Positivity« bezeichnet. Als Beispiele hierfür nennt sie die Kampagne *Love Your Curves* des Modelabels *Zara*, das die Kleidungsstücke der Serie an Models ohne Kurven vorführte[493] und den Dessousproduzent *Victoria's Secret*, der Bodys unter dem Motto *A Body for every body* ebenfalls von niedriggewichtigen Models vorführen ließ.[494]

Rutter beklagt vor allem den Mangel an Diversität bei der zeitgenössischen Body-Positivity-Bewegung, die ihr zufolge marginalisierte Menschen wie BIPoC, trans Personen oder Personen mit sichtbarer Behinderung unterdrückt:

---

491 Was ist Fat Acceptance? Eine Fett-Aktivistin im Interview (fluter.de), Zugriff am 27.07.2024.

492 How ›body positivity‹ lost its true and radical meaning | Dazed (dazeddigital.com), Zugriff am 30.05.2024.

493 Zara Throws a Bizarre Curveball in ›Love Your Curves‹ Ad With No Curves (adweek.com), Zugriff am 30.05.2024.

494 Victoria's Secret renames ›Perfect Body‹ campaign following ›body-shaming‹ backlash | The Independent | The Independent, Zugriff am 30.05.2024.

»Instead what we're left with is slim-but-curvy white women being treated like the Messiah for acknowledging they have one microscopic belly roll.«[495]

(Stattdessen haben wir es mit schlanken, aber kurvigen *weißen* Frauen zu tun, die wie der Messias behandelt werden, weil sie zugeben, dass sie eine mikroskopisch kleine Bauchrolle haben.)

Die von den Unternehmen vereinnahmte Bewegung feiert insbesondere Menschen, die nur eine (kleine) Normabweichung vorweisen: mehrgewichtige cis Personen, die die idealen Proportionen aufweisen (Sanduhrfigur) und sich darüber hinaus durch Jugend, reine Haut, ein symmetrisches Gesicht und schöne Haare auszeichnen.

Body Positivity kann einseitige Vorstellungen von Schönheit aufbrechen und die Idee davon, was alles für Körper und an Körpern schön ist, auf viele Lebensrealitäten erweitern. Allerdings sollte das Konzept der Body Positivity unbedingt um die Konzepte Body Neutrality und Body Diversity erweitert werden. Die Autorin Anuschka Rees fordert in diesem Kontext dazu auf, ganz grundsätzlich den Stellenwert von Schönheit in unserer Gesellschaft zu hinterfragen. Den Fokus zu stark auf das Aussehen zu richten, sei ihr zufolge keine gute »Langzeitstrategie«,[496] denn das Aussehen ändert sich im Verlauf eines Lebens, nicht nur durch das Altern, sondern auch durch Schwangerschaften, persönliche Krisen, Krankheiten, Unfälle. Rees erkennt somit das Potenzial und die Auswirkungen von Body Positivity an; kritisiert dabei jedoch den grundsätzlich hohen Stellenwert von Schönheit in unserer Gesellschaft, den das Konzept der Body-Positivity-Bewegung nicht infrage stellt:

»Wir haben der Body-Positivity-Bewegung viel zu verdanken: Sie hat das Bewusstsein geweckt, wie unrealistisch und diskriminierend unsere Schönheitsideale sind. In der Werbung sehen wir inzwischen auch Frauen mit Falten oder Schwangerschaftsstreifen. Und natürlich ist es immer noch wichtig, für mehr Diversität in den Medien zu kämpfen. Aber das reicht nicht. Denn Body Positivity geht nicht an die Wurzel des Problems: Sie kritisiert zwar die enge

495 How ›body positivity‹ lost its true and radical meaning | Dazed (dazeddigital.com), Zugriff am 27.07.2024.

496 Body Positivity: »Ich bin kein Fan von Unterwäscheselfies« | ZEIT ONLINE, Zugriff am 17.08.2024.

> Definition, welche Körper als schön gelten. Die Überzeugung, dass man sich schön fühlen muss, um glücklich zu sein im Leben, wird aber nicht infrage gestellt. Und genau da setzt Body Neutrality an.«[497]

Es gilt also, die Errungenschaften der Body Positivity anzuerkennen, da diese Bewegung lookistische Ideale kritisiert, das Konzept von Schönheit größer und weiter denkt und für mehr Diversität in Form von Repräsentation gesorgt hat. Doch obwohl die Body-Positivity-Bewegung vor allem mehrgewichtigen Körpern mehr Sichtbarkeit in der Öffentlichkeit verschafft hat, kritisiert sie nicht den Stellenwert des Aussehens in unserer Gesellschaft, so Rees:

> »Bei Body Neutrality geht es darum, die Bedeutung, die wir unserem Aussehen beimessen, zu reduzieren. Schönheit hat in unserer Gesellschaft einen viel zu hohen Stellenwert. Anders als bei Body Positivity ist das Ziel also nicht, den eigenen Körper zu lieben oder seine Pickel schön zu finden. Das Ziel von Body Neutrality ist, das Selbstwertgefühl sehr viel weniger an die äußere Erscheinung zu koppeln.«[498]

Body Neutrality bedeutet, den Fokus nicht darauf zu richten, wie der Körper aussieht und das Resultat dann an das eigene Selbstwertgefühl zu koppeln, sondern vielmehr darauf, was der Körper kann. Dieses Können ist jedoch nicht auf Leistung bezogen, sondern soll wertschätzend und genussvoll sein und kann beispielsweise die Fähigkeiten zu schmecken, zu riechen oder zu fühlen beinhalten. Body Diversity wiederum bedeutet, die reale Vielfalt an Körpern nicht nur wertfrei anzuerkennen, sondern auch ganz selbstverständlich zu repräsentieren.

Beide Konzepte sind in der Sozialisation von Kindern von besonderer Relevanz. Um Kinder diskriminierungsfrei zu erziehen, sollte ihnen vorgelebt werden, dass es viele verschieden aussehende Körper gibt und dass der Fokus dabei nicht auf dem Aussehen liegt. Dies betrifft zum einen natürlich ganz viele verschiedene Kindermedien, aber auch den Umgang mit dem Aussehen im Alltag. Almut Schnerring und Sascha

---

497 Body Positivity: »Das Ziel ist nicht, seine Pickel schön zu finden« | ZEIT ONLINE, Zugriff am 26.07.2024.

498 Ebd.

Verlan weisen darauf hin, dass die Beschäftigung mit dem Aussehen für viele Mädchen und Frauen quasi ein Hobby darstellt:

> »Cool sein für Mädchen bedeutet, mithilfe von Mode, Make-up und Körpersprache weniger kindlich zu wirken und erwachsene Sexualität nachzuahmen. So werden kleine Mädchen verfraulicht, während gleichzeitig erwachsene Frauen verkindlichen. [...] Zeitschriften wie Castingserien verbreiten die Beschäftigung damit [mit dem Aussehen] als normales Hobby für Mädchen egal welchen Alters. Die Folge ist eine insgesamt verschobene Vorstellung davon, wie ein kindlicher Körper aussieht und ein Frauenkörper aussehen darf. Ein Körperbild, das vor allem im Zusammenhang mit Ernährung, mit Über- und Untergewicht negative Auswirkung auf das Selbstwertgefühl unserer Kinder hat.«[499]

Vor allem in der Erziehung von sehr jungen Mädchen wird der Fokus ständig auf das Aussehen gelenkt, beispielsweise durch Komplimente. Mädchen lernen so, dass ihr äußeres Erscheinen im Zusammenhang mit positiver Zuwendung steht. Komplimente beziehen sich meistens auf das Äußere und nur selten auf nicht-aussehensbezogene Faktoren und Merkmale. Von Mädchen wird erwartet, dass sie sich hübsch anziehen und frisieren, sie erhalten Komplimente bezüglich ihres Aussehens vor allem in Begrüßungssituationen, ihre Haare oder Kleider werden von Erwachsenen kommentiert. Auch in Kindermedien dreht es sich insbesondere für Mädchen permanent um das Aussehen, so Almut Schnerring und Sascha Verlan:

> »Buchtitel wie *Rosas schlimmste Jahre – Wie überlebe ich meinen dicken Hintern?* und Disney-Tanzveranstaltungen suggerieren Mädchen, dass gut auszusehen oberste Priorität hat. Die Botschaft für kleine Mädchen: Ziel im Leben ist es, schön, also dünn zu sein, einem Jungen zu gefallen; reich zu sein beziehungsweise einem reichen Jungen zu gefallen.«[500]

Daher ist es von großer Bedeutung, wie wir uns im Umgang mit Kindern in Bezug auf das äußere Erscheinungsbild von Körpern verhalten; ob wir den eigenen oder fremde Körper kritisieren oder bewerten, ob wir im

---

499 Schnerring, Almut/Verlan, Sascha: Die Rosa-Hellblau-Falle 60 %

500 Ebd., 61 %

Alltag viel Zeit damit verbringen, das eigene Aussehen zu verbessern, ob und wie wir über das Aussehen unserer Körper sprechen und vor allem, welche Medien wir unseren Kindern zur Verfügung stellen.

Eine Studie der Universität Sussex konnte aufzeigen, dass Mädchen im Alter von fünf bis acht nach dem Spiel mit Barbie-Puppen deutlich unzufriedener mit ihrem eigenen Aussehen waren.[501] Diese Studie korreliert mit der anfangs erwähnten Studie zum Social-Media-Verzicht: Die ausführliche Beschäftigung mit lookistischen Idealvorstellungen macht offenbar unglücklich, und zwar sowohl Kinder als auch Erwachsene.

Eine Studie der Oregon State University und der University of California konnte wiederum nachweisen, dass Mädchen, die mit Barbies spielten, sich selbst weniger berufliche Möglichkeiten zuordneten und Jungs mehr.[502] Das Alleinstellungsmerkmal der Barbie-Puppe ist ihr Äußeres. Diese Puppen erfüllen lookistische Erwartungen; insbesondere die Erwartungen des cis männlichen Blicks. Darüber hinaus charakterisieren sie sich jedoch nicht über besondere Fähigkeiten oder Eigenschaften. Barbies signalisieren Kindern also vor allem, wie Frauen auszusehen haben, weisen aber nicht darauf hin, was Frauen alles tun können.

Barbie war zwar die erste Figur, die Mädchen ein unrealistisches idealisiertes Körperbild vorgab, aber sie ist längst nicht mehr die einzige. Es gibt inzwischen eine unendliche Reihe an Figuren für alle Altersgruppen von *Prinzessin Lillifee* über die Disney-Prinzessinnen, *Lego Friends*, *TopModel*, *Sailor Moon*, *Monster High*, die *Drei !!!*. Diese Vorbilder sind inzwischen omnipräsent und finden sich auf T-Shirts, Rucksäcken und Frühstücksboxen, auf Schulmaterialien wie Mäppchen und Stiften, auf Süßigkeiten, Geschenktüten und auf der Bettwäsche. Es ist schwierig, ihnen im Alltag zu entgehen. Wenn Mädchen die Beschäftigung mit Barbies, Einhörnern und Lillifee irgendwann von sich aus fordern (meistens irgendwann nach dem Eintritt in den Kindergarten), dann ist das kein intrinsischer Wunsch aufgrund ihrer weiblichen Biologie, sondern das Ergebnis ihrer Sozialisation.

---

501 »Does Barbie make girls want to be thin? The effect of experimental exposure to images of dolls on the body image of 5- to 8-year-old girls«: Correction to Dittmar, Halliwell, and Ive (2006). (apa.org), Zugriff am 12.05.2024.

502 (PDF) »Boys Can Be Anything«: Effect of Barbie Play on Girls' Career Cognitions (researchgate.net), Zugriff am 10.05.2024.

Das Aussehen von medialen Figuren in Kinderbüchern oder -serien sollte insbesondere dann nicht von Bedeutung sein, wenn es gar nicht um das Aussehen geht. Gerade in Medien und Geschichten, in denen Mädchen als stark auftreten, als Kämpferinnen, als Wissenschaftlerinnen, als Abenteuerinnen, ist es kontraproduktiv, wenn diese Mädchen langhaarig, stupsnasig und mit Wespentaille dargestellt werden. Auf diese Weise rückt Aussehen immer wieder in den Vordergrund und vermittelt unterschwellig, dass Mädchen bei allem, was sie tun, vor allem gut auszusehen haben.

Das Aussehen von Menschen sollte in der Sozialisation von Kindern am besten nicht thematisiert, sondern ganz selbstverständlich akzeptiert werden. Kindern sollte nicht antrainiert werden, über ihr Aussehen nachzudenken und ihr eigenes Aussehen mit dem anderer Personen zu vergleichen. Ansonsten besteht die Gefahr, dass Kinder das eigene Aussehen zur Grundlage für das Selbstwertgefühl werden lassen und auch andere Menschen nach deren Aussehen bewerten und einschätzen und im schlimmsten Fall das Aussehen von Körpern immer stärker in das Zentrum ihres Weltbildes rücken.

Julia Tanck weist außerdem darauf hin, dass es ganz grundsätzlich problematisch ist, Menschen auf ihr Aussehen anzusprechen, da Menschen von außen nicht anzusehen ist, ob eine Essstörung vorliegt, und Kommentare so zu Triggern werden können:

> »Es ist daher wichtig, sämtliche ungefragte Kommentare zu Figur, Gewicht oder Essverhalten unserer Mitmenschen zu unterlassen. Wir wissen nie, was selbst gut gemeinte Kommentare beim Gegenüber auslösen können.«[503]

Obwohl die Konzepte unterschiedliche Schwerpunkte haben, lassen sich Body Positivity, Fat Acceptance und Body Neutrality gut miteinander verbinden. So weist die Fat-Acceptance-Aktivistin Judith Schreier darauf hin, dass das Konzept der Body Positivity vor allem dann sehr hilfreich sein kann, um es als Einstieg in die Thematik zu nutzen.[504] Über die Erkenntnis, dass alle Körper schön sind und Repräsentation verdient

503 Tanck, Julia: Unfiltert. Social Media und unser Körperbild, S. 76.

504 Was ist Fat Acceptance? Eine Fett-Aktivistin im Interview (fluter.de), Zugriff am 27.07.2024.

haben und sich alle Menschen in ihren Körpern wohl fühlen sollen, lassen sich die strukturelle Diskriminierung mehrgewichtiger Menschen und der grundsätzliche Stellenwert von Schönheit kritisieren. Alle diese Konzepte schließen übrigens den Spaß an Mode und Make-up nicht aus, sondern beziehen sich nur auf den Stellenwert dieser Dinge.

Denn Schönheitsarbeit kostet nicht nur Geld, sondern auch Zeit, Schmerz, Verzicht und Ressourcen. Sie lenkt den Fokus immer wieder auf angebliche körperliche Defizite und ist nie beendet. Es ist daher auf der individuellen Ebene auf jeden Fall möglich und nötig, sich ein gewisses Maß an Freiheit zu erkämpfen, sich dem äußeren Druck ein Stück weit zu entziehen, sich nicht zu sehr von lookistischen Vorstellungen beeinflussen zu lassen – und insbesondere im Umgang mit Kindern auf die eigene Einstellung zu achten und so wenig Lookismus wie möglich zu reproduzieren. Ganz wichtig ist es dabei, sich bewusst zu sein, wie die lookistischen Ideale entstanden sind, und dass sie keine naturgegebenen Tatsachen darstellen, sondern auf Sehgewohnheiten beruhen. Und Sehgewohnheiten lassen sich ändern.

Lookismus im Kinderbuch

Um die Sehgewohnheiten in Bezug auf Körper von Anfang an und grundlegend zu verändern, bietet sich gerade die Kinderliteratur sehr gut an. Kinder könnten durch ihre Bücher vermittelt bekommen, dass Körper sehr unterschiedlich aussehen, dass alle Arten von Körpern normal sind, dass das Aussehen von Körpern keinen entscheidenden Faktor in Geschichten darstellt und dass Held:innen in jeder Art von Körper wohnen. Auf diese Weise würde es Kindern ermöglicht werden, selbst ein gutes und gesundes Körperbewusstsein zu erlangen und auch die Körper anderer Menschen nicht zu beurteilen und zu verurteilen. Wenn Kinder zumindest die ersten Jahre ihres Lebens Zeit hätten, ein gutes Körpergefühl zu entwickeln, wäre dies in unserer lookistischen Gesellschaft eine gute Basis für die Prävention von Essstörungen und Körperunzufriedenheit und ebenfalls eine gute Diskriminierungsprävention. Es wäre problemlos möglich, beim Illustrieren von Kinderbüchern ganz einfach die Realität abzubilden und Figuren nicht einheitlich normgewichtig, *weiß* und nicht-behindert darzustellen, wie es bisher in der überwiegenden Mehrheit von Kinderbüchern der Fall ist. Sehr viele Kinderbücher zu allen möglichen Themen vom Wimmelbuch über das Sachbuch bis hin zur Abenteuergeschichte repräsentieren aktuell überhaupt keine körperliche Vielfalt. Ganz im Gegenteil existiert eine Art Standardmaß für Figuren in Kinderbücher: Alle Figuren haben etwa dieselbe normgewichtige Körperform, alle Erwachsenen dieselbe Körpergröße. Figuren in Kinderbüchern sind somit sehr genormt und spiegeln nicht die gesellschaftliche Realität.

Neben diesem Standardmaß ist in den letzten Jahren der Trend zu verzeichnen, dass sich Lookismus in Kindermedien eher zugespitzt hat: Es sind immer mehr niedriggewichtige Figuren zu sehen, bei neuen Serien und Büchern sowieso, aber auch bei alten, die neu aufgelegt werden. So ist z.B. die Biene Maya nicht nur schlanker geworden, sondern hat nun auch niedliche blaue Kulleraugen und zartrosa Wangen erhalten, und Bob der Baumeister ist muskulöser geworden, obwohl es außer Lookismus keinen Grund für diese Änderungen gibt. Julia Tanck zufolge haben diese einseitigen Repräsentationen von Normschönheit Auswirkungen auf Kinder:

> »Schon Kinder fühlen sich in ihren Körpern unwohl, obwohl sie ja noch gar nicht Social Media ausgesetzt sind oder an den Handys sind. Bereits in Kinderbüchern findet das statt. Eine US-Studie zeigt, dass schlanke und dicke Charaktere in Kinderserien mit unterschiedlichen Eigenschaften dargestellt werden. Schlanke Figuren sind freundlich und hilfsbereit, dicke sind unfreundlich und gemein dargestellt. So werden Kinder schon im Kindesalter geprägt, dass dicke Menschen weniger liebenswert sind als schlanke Personen. Das geht so früh los.«[505]

Gerade Kinderbücher und weitere Kindermedien propagieren demnach einen Zusammenhang zwischen dem normschönen Aussehen und dem Charakter (Halo-Effekt). Insbesondere bei weiblichen Figuren wird das gute Aussehen (wiederholt) erwähnt wird oder es wird gar zum Alleinstellungsmerkmal der Figur. Beispiele hierfür sind Gaby aus der Serie *TKKG* oder Melanie aus der Serie *Die wilden Hühner* von Cornelia

505 KöRperbild- Und EssstöRungen: Frau Dr. Tanck, warum ist es falsch, Essen in gut und schlecht aufzuteilen? (mz.de), Zugriff am 04.06.2024.

Funke, die stets »die schöne Melanie«[506] genannt wird. Um das Aussehen von Melanie zu betonen und zu kontrastieren, wird ihr die »dicke« Trude zur Seite gestellt, die gerne so aussehen würde wie Melanie, mit ihrer Figur hadert, ständig auf Diät ist, sich mit Süßigkeiten tröstet und dann unglücklich ist. Trudes Körperzufriedenheit steigt erst dann, als sie auf einen Jungen trifft, dem ihre Formen gefallen. Trude ist somit erst dann halbwegs ausgesöhnt mit ihrem Aussehen, als dieses durch einen cis männlichen Blick anerkannt wird.

Während das Aussehen der Figuren in der Serie *Die wilden Hühner* eine eher untergeordnete Rolle spielt, kreist die Serie *Drei !!!* inhaltlich ständig um das Aussehen der drei Hauptprotagonistinnen. Auf diese Weise werden Mädchen nicht nur als selbstverständlich normschön repräsentiert, sondern auch die Vorstellung vermittelt, dass Dinge, die mit dem Aussehen zu tun haben (Abnehmen, Make-up, Sport, Mode) eine adäquate Beschäftigung für Mädchen seien und in ihrem Interesse liegen sollten. Auch die weiblichen Hauptfiguren in (Disney-)Märchen kennzeichnen sich in erster Linie über ihr Aussehen und vermitteln somit, dass Mädchen Idealen zu entsprechen haben. Ein wesentlicher Faktor im Umgang mit solchen Idealvorstellungen ist die Häufigkeit: Je häufiger Kinder den einheitlichen Idealvorstellungen ausgesetzt sind, umso eher entwickeln sie eine persönliche Körperunzufriedenheit.[507] Laut der Servicestelle Kinder- und Jugendschutz wurde bereits bei Kindern und Jugendlichen eine hohe Unzufriedenheit mit ihrem Körper nachgewiesen. So fühlen sich 41,5 % der Mädchen und 30,4 % der Jungen »zu dick«, wobei mit steigendem Alter auch der Anteil der Mädchen, die unzufrieden mit sich sind, ansteige.[508]

Umgekehrt führt die Repräsentation vielfältige Vorbilder dazu, dass Personen/Kinder sich gespiegelt und anerkannt fühlen und eine hohe Körperzufriedenheit haben.[509]

---

506 Funke, Cornelia: Die wilden Hühner. Hamburg: Dressler, 2008. Melanie wird in allen Bändern der Reihe immer wieder so genannt.

507 Tanck, Julia: Unfiltert. Social Media und unser Körperbild, S. 212.

508 Body Positivity – Liebe deinen Körper | Servicestelle Kinder- und Jugendschutz (servicestelle-jugendschutz.de), Zugriff am 22.05.2024.

509 Tanck, Julia: Unfiltert. Social Media und unser Körperbild, S. 212.

Doch Kindermedien repräsentieren nicht nur permanent einseitige auf Rassismus und Sexismus beruhende Vorstellungen von Körpern; sie werten zudem nicht konforme Körper systematisch ab. Insbesondere in der Kinder- und Jugendliteratur ist das Mehrgewicht von Figuren die letzte Bastion der Diskriminierung. »Da haben die Menschen das Gefühl, sie dürfen sich noch drüber lustig machen«, so Maren Conrad, Professorin für Kinder- und Jugendliteratur, im Gespräch mit der *NZZ*, »Dicksein ist eine Chiffre geworden für hässlich und dumm«. Außerdem würden mehrgewichtige Figuren stets minderkomplex dargestellt.[510] In Kinderbüchern finden sich dabei verschiedene Arten der systematischen Abwertung von Mehrgewicht und anderen Formen der Normabweichung. So wird Mehrgewicht oft gemäß der Leib-Seele-Kongruenz mit negativen Charaktereigenschaften verbunden: die mehrgewichtigen Figuren sind dann also entweder nicht so clever wie ihre normgewichtigen Freund:innen oder traurig wie Trude oder sogar böse wie die Meerhexe Ursula in Disneys *Arielle, die Meerjungfrau*. Nicht nur Mehrgewicht dient systematisch als Symbol der Abwertung, sondern auch Behinderung: Wenn in Kinderbüchern eine sichtbare Behinderung vorkommt, dann meistens bei den Bösen – in *Peter Pan* etwa Captain Hook mit seiner fehlenden Hand.[511] Hierbei handelt es sich um Ableismus. Außerdem ist zu beobachten, dass marginalisierte Gruppen auch in Kindermedien mittels Lookismus diskriminiert werden, indem sie durch die Überbetonung von Merkmalen geothert werden.

Oft ist zudem zu beobachten, dass lookistisch aufgewertete und lookistisch abgewertete Figuren in Kindermedien einander entgegengesetzt und gegeneinander ausgespielt werden. »Gerade in Märchen sind die Guten oft schön, schlank und weiß, die Bösen hässlich, dick, alt und dunkel«, so die Sensitivity-Gutachterin Minitta Kandlbauer.

510 Fies und fett: Dicke Kinder kommen in Jugendbüchern nicht gut weg (nzz.ch), Zugriff am 31.05.2024.

511 Ohne Klischees und Diskriminierung: Wie sensibel müssen Kinderbücher sein? – Zukunft – derStandard.de › Wissen und Gesellschaft, Zugriff am 24.04.2024.

Bereits die Steckbriefe zu Beginn von jedem Band (die teilweise variieren) beschäftigen sich mit dem Aussehen der Figuren. Tim wird als »braungebrannter Athlet«[512] bezeichnet; seine Sportlichkeit und sein Mut werden hervorgehoben und ebenso die Tatsache, dass er »seinem Alter geistig und körperlich weit voraus« sei. Tim ist der »geborene Abenteurer«[513] und Anführer. Gaby wiederum ist »das schönste Mädchen der Welt«[514] und »so hübsch, dass Tim manchmal nicht hingucken kann«[515] und hat, da sie sich als »einziges Mädchen gegen drei Jungs behaupten«[516] muss, »alle Trümpfe auf ihrer Seite: goldblondes Haar, blaue Augen mit dunklen Wimpern, Anmut«.[517] Darüber hinaus charakterisiert sich Gaby vor allem dadurch, dass sie Tiere liebt, also fürsorglich ist.

Während Karl sich seinem Steckbrief zufolge durch Magerkeit, Unsportlichkeit und eine dicke Brille auszeichnet, Dinge, die er jedoch durch Klugheit kompensieren kann, steht im Zentrum von Willis Steckbrief sein Mehrgewicht: »Klößchen wird so genannt, weil er so aussieht«. Folgerichtig steht er auf einem kleinen Podest mit der Aufschrift »Sauerlichs beste Schokolade«. An Willi hätte »man nichts auszusetzen [...], wenn er bloß nicht so vernascht wäre«.[518] Willi »nascht« und wird immer »runder, dicker und unsportlicher«.[519] Während bei allen anderen Figuren auch die Intelligenz u.a. in Form guter Schulnoten erwähnt wird, ist dies bei Willi als einzigem nicht der Fall; im Gegenteil schreibt er immer wieder schlechte Noten und seine Leistungen sind daher »unter Durchschnitt – wegen Faulheit«.[520]

---

512 Steckbrief zu Beginn jedes Bandes der Serie.

513 Ebd.

514 Ebd.

515 Ebd.

516 Ebd.

517 Ebd.

518 Ebd.

519 Ebd.

520 Wolf, Stefan: Frische Spur nach 70 Jahren. Hannover: Pelikan, 1999, S. 14.

»Sport hielt er für Mord, verständlicherweise. Auch in den wissenschaftlichen Fächern sah es bedenklich aus. An Grips mangelte es ihm nicht, aber er war nun mal das geborene Faultier. Zu allem Unglück hatte Klößchen eine Leidenschaft, der er sich hemmungslos hingab: Schokolade. Er aß Schokolade. Er vertilgte sie in beängstigenden Mengen. Kein Wunder, dass er dabei dicker und dicker wurde. Aber das war ihm schnurzegal.«[521]

Willi wohnt mit Tim zusammen im Internat, weil er sich zuhause »immer nur gelangweilt«[522] hat. Während bei allen anderen Figuren auch die persönlichen Interessen und Kompetenzen beschrieben werden, ist auch das bei Willi nicht der Fall. Er scheint außer Ausruhen und Essen keine Interessen zu haben. Willi ist auch der einzige, der sein Fahrrad nicht pflegt, weil ihm das zu anstrengend ist, er murrt regelmäßig, wenn er aufstehen soll, wenn er bei etwas helfen soll oder wenn die Gruppe eine längere Strecke fahren soll. Die Figur Willi vereint somit Mehrgewicht (Denk-)Faulheit, Unsportlichkeit und Bequemlichkeit mit Gier und Hemmungslosigkeit beim Essen. »Witze« über Willis Aussehen (»Was ist denn an meinen Anblick so entsetzlich?« rief Klößchen. »Eigentlich nur das Missverhältnis zwischen Höhe und Breite«, grinste Tim)[523] gehören ebenso zum Stil der Serie wie Tims Unverständnis und an Grausamkeit grenzende Rücksichtlosigkeit gegenüber Willis Essverhalten und seiner körperlichen Konstitution:

»Klößchen stöhnte. Der überfüllte Magen drückte ihm die Luft ab. Aber Tim machte Tempo, unbarmherzig. [...]›Verdammt!‹ rief Klößchen gegen den Fahrwind an. ›Jetzt habe ich meine Schokolade vergessen. Wegen deinem Drängen! Daß du mich immer so scheuchen mußt.‹ ›Was du gefressen hast, reicht bis übermorgen. Leg lieber einen Zahn zu.‹«[524]

Tim ist nicht nur unfähig, seinen Freund zu akzeptieren und vor allem zu respektieren und ihm auf Augenhöhe zu begegnen, er verhält sich außerdem beleidigend, dominant und übergriffig gegenüber Willi:

521 Wolf, Stefan: Alarm in Zirkus Sarani. Hannover: Pelikan, 1980, S. 12f.

522 Steckbrief zu Beginn jedes Bandes der Serie.

523 Wolf, Stefan: Frische Spur nach 70 Jahren, S. 172f.

524 Wolf, Stefan: Die Schatzsucher-Mafia schlägt zu, S. 51f.

»Tim sprang auf. Klößchen blieb bei seinem Freßvorrat. [...] Tim legte auf, rannte in den Speisesaal und zerrte Klößchen, der heftig protestierte, vom Frühstückstisch weg.«[525]

»Es ist gleich mittag, und wir haben verdammt viel vor. Also beweg deine träge Masse. Wenn du noch lange wartest, kannst du statt zu frühstücken nur noch am Daumen lutschen.«[526]

Während vor allem Tim Willi im Prinzip pausenlos mobbt, erfüllen die Bemerkungen des Erzählers die Funktion, Willi als bequeme, langsame und (lern-)faule Figur darzustellen, die im Prinzip vor allem auf das Essen fokussiert ist. Ständig isst Willi oder denkt über das Essen nach oder knistert im Dunkeln mit Schokoladenpapier oder verliert oder vergisst die Schokolade, die er gewohnheitsmäßig bei sich trägt, oder verbalisiert seine Wünsche nach Essen/Schokolade. Er bestellt und vertilgt stets die größten Portionen, was niemals unkommentiert bleibt:

»Klößchen bestellte Kakao und das HEISSHUNGER-BAGUETTE, den umfangreichsten Imbiß auf der Karte. Die anderen begnügten sich mit kleineren Portionen und tranken Espresso.«[527]

»Klößchen grapschte sich das dritte Stück Käsekuchen.«[528]

»Klößchen, dem vier Stück Apfelkuchen offenbar nicht genug waren, futterte Schokolade.«[529]

Während vor allem Tim und der Erzähler Willis Mehrgewicht problematisieren und kritisieren, erhält Willi von Gaby Kritik für seine Äußerungen, Vorschläge und Anmerkungen. Immer wieder wird Willi von Gaby unterbrochen oder zurechtgewiesen:

»›Blödsinn!‹ zischte Gaby ihn an.«[530]

---

525 Ebd., S. 148 f.

526 Wolf, Stefan: Opfer fliegen 1. Klasse. Hannover: Pelikan, 1996, S. 79.

527 Wolf, Stefan: Die Schatzsucher-Mafia schlägt zu, S. 93.

528 Wolf, Stefan: Verrat im Höllental. Hannover: Pelikan, 1984, S. 41.

529 Wolf, Stefan: Spuk aus dem Jenseits. Hannover: Pelikan, 1991, S. 47.

530 Wolf, Stefan: Verrat im Höllental, 1984, S. 14.

»Klößchen strahlte, stolz über seinen Einfall. Gaby verdrehte ihre Blauaugen.«[531]

»Oh Willi!« meinte Gaby und verdrehte die Augen nach oben.[532]

Der Erzähler erklärt diese sich ständig wiederholenden Situationen damit, dass Gaby keine Geduld für dumme Späße habe und Willi daher immer wieder auffordert, den Mund zu halten oder seine Redebeiträge relativiert und abwertet. Gaby ist somit die inhaltliche Kontrollinstanz, an der Willi regelmäßig scheitert, während Tim die Messlatte für Männlichkeit, Sportlichkeit und Disziplin darstellt, an die Willi niemals heranreichen kann. Tim und Gaby führen somit regelmäßig Willis Defizite vor, was dazu führt, dass sich Willi hauptsächlich über diese Defizite charakterisiert.

In der Welt von *TKKG* existiert somit eine Kongruenz von Körper und Geist; das positive Innere (vor allem in Form von Disziplin) spiegelt sich im positiven Äußeren und die Figuren, die diese Vorstellungen verkörpern, werden einander zugeordnet.

Darüber hinaus wird auch immer wieder ein romantisches Interesse älterer Frauen an Tim angedeutet, das Gaby teilweise eifersüchtig stimmt. Dass Gaby ihrerseits interessierte Blicke auf sich zieht, kommt ebenfalls immer wieder vor.

Ganz grundsätzlich wird das Aussehen der Figuren in den Büchern immer sehr genau beschrieben, kommentiert und bewertet. Bei Männern steht dabei die Frage der Sportlichkeit im Vordergrund. Bei Frauen wird stets das Alter angegeben, die Figur wird beschrieben und Frauen werden eingeordnet in Traumfrauen, in Frauen, die (erfolglos) versuchen, jünger auszusehen, in Emanzen oder einfach in Frauen, die Tim gefallen und in solche, die ihm nicht gefallen:

»Sie war mittelgroß, trug ein kurzes, enges Kleid, hatte muskulöse Beine und bewegte sich rasch. Ein schwarzer Kurzhaarschnitt, eine erstaunlich niedrige Stirn, hellblaue kalte Augen, das Gesicht im ganzen nicht unhübsch, aber gierig und hart. Sie mochte Ende vierzig sein. Sie gefiel Tim überhaupt nicht.«[533]

---

531 Ebd.

532 Wolf, Stefan: Opfer fliegen 1. Klasse, S. 43.

533 Ebd., S. 147.

Bei Frauen, die grundsätzlich als hübsch durchgehen, werden kleine Makel aufgelistet; Frauen mit kurzen Haaren haben eine Emanzen-Frisur, Frauen, die sich zu sehr schminken und stylen gelten als affig. Frauen, die gute 10 bis 20 Jahre älter sind als Tim, sind oft schnippisch, frech oder kess, buhlen um Tims Aufmerksamkeit (dies ist auch dann der Fall, wenn sie bedeutend älter sind als er und ihm nicht gefallen), und werden von ihm schon mal getätschelt, tröstend in den Arm genommen oder beim Laufen gestützt. Tim bekommt somit sehr viel positive Aufmerksamkeit von (hübschen) Frauen. Den anderen männlichen Protagonisten der Serie passiert das nicht; insbesondere Karl und Willi nicht.

Mehrgewicht als Witz

Genau wie in der *TKKG*-Serie sind auch der Reihe *Die drei ???* die Steckbriefe der Hauptprotagonisten in jedem Buch vorangestellt. Bereits an dieser Stelle ist Justus' Körpergewicht ein Thema. In seinem Steckbrief steht unter dem Punkt »was ich nicht mag«: »wenn ich Pummelchen genannt werde«. Diese unmittelbare Beleidigung kommt vor allem von dem Erzfeind der Detektive, Skinny[534] Norris. Doch um Justus zu diffamieren, ist Skinny Norris (der gar nicht in jedem Band auftritt) nicht zwingend notwendig. Justus' Freunde, Bob und Peter, und der Erzähler können dies genauso gut. So betont der Erzähler immer wieder, dass Justus auf dem Rad bergauf der Langsamste und bergab der Schnellste sei, dass er gar nicht wisse, wo plötzlich der berühmte Kirschkuchen hingekommen ist, der gerade eben noch auf dem Teller lag, dass Justus keucht, stöhnt, schnauft und schwitzt, da er ja schon ein wenig »übergewichtig« und definitiv »dicker« als seine Freunde sei. Der Weltraum sei aufgrund der Schwerelosigkeit ein guter Aufenthaltsort für Justus, einen Monat auf Essen zu verzichten sei eine tolle Idee für ihn. In den abwegigsten Momenten denkt Justus ans Essen. Gerade hier wird Justus' Verfressenheit

534 Skinny ist die Kurzform des Vornamens Skinner und bezieht sich nicht auf die Körperform der Figur. Skinny Norris wird zwar als eher dünn beschrieben und abgebildet, aber nicht aufgrund seiner Körperform abgewertet. Während Justus' Körper systematisch abgewertet wird und Peters sehr sportliches Erscheinungsbild immer wieder positiv hervorgehoben wird, bleiben die Körper von Bob und Skinny unbewertet.

zum running gag: Immer dann, wenn's so richtig spannend und gefährlich wird, bekommt Justus Hunger und bringt damit die beiden anderen zum Aufstöhnen. Außerdem wird immer wieder hervorgehoben, dass Justus viel mehr isst als alle anderen:

> »Nach dem Essen lehnte sich Justus satt und zufrieden in seinem Korbstuhl zurück. ›Ich glaube, das ist Rekord: zwölf Fischstäbchen und drei Stück Kirschkuchen.‹ Auch Bob war pappsatt. ›Genau wie bei Peter und mir. Nur dass wir beide zusammen so viel gegessen haben.‹«[535]

In mancher Hinsicht ist Justus somit vergleichbar mit Willi: Bei beiden Figuren werden immer wieder das Essverhalten und insbesondere die großen Mengen betont, das Aussehen der Körper kommentiert, die Unsportlichkeit erwähnt. Während Willi durch sein Mehrgewicht und sein Essverhalten vom supersportlichen Tim abgegrenzt wird, kontrastieret vor allem Justus' Unsportlichkeit mit Peters besonderem sportlichen Talent. In Justus' Fall sei das aber nicht so schlimm, denn seine kleinen grauen Zellen seien dafür umso fitter. Mehrgewichtigkeit wird als auszugleichendes Defizit verstanden. Willi kompensiert sein Mehrgewicht mit Gutmütigkeit; Justus mit seinem Intellekt. Außerdem streitet Justus stets ab, mehrgewichtig zu sein; auch dies wird zum sich wiederholenden Witz.

Ähnlich verhält es sich mit der Figur Obelix aus der Comic-Reihe *Asterix*. Obelix denkt stets ans Essen und zeichnet sich durch die Fähigkeit aus, riesige Mahlzeiten in Sekundenschnelle restlos aufessen zu können. Auch seine große körperliche Stärke, die neben seiner Mehrgewichtigkeit sein Alleinstellungsmerkmal darstellt, ist auf die Gefräßigkeit der Figur zurückzuführen: Obelix ist als Kind in den Zaubertrank gefallen und hat ihn, wie es eben seine Art ist, restlos ausgetrunken. Aus diesem Grund besitzt Obelix als einziger dauerhaft die vom Zaubertrank verliehene Kraft. In zahlreichen Situationen wird Obelix' Körperform thematisiert, worauf dieser stets mit den Worten »Ich bin doch nicht dick«[536] reagiert. Die-

535 Blanck, Ulf: Gefährlicher Nebel. Stuttgart: Kosmos, 2019, S. 20.

536 U.a. Asterix bei den Olympischen Spielen, S. 9; Der große Graben, S. 29; Asterix und Latraviata S. 22; Gallien in Gefahr S. 11; Asterix und Obelix feiern Geburtstag, S. 10.

ser running gag wird in den Bänden so oft wiederholt, dass dazu sogar eine eigene Onlineseite im Deutschen Asterix Archiv existiert.[537]

Zwischen Willi Sauerlich, Justus Jonas und Obelix gibt es so einige Parallelen: Jeder Figur ist ein Nahrungsmittel zugeordnet, das fast schon zum Erkennungszeichen der Figur wird: Willi die Schokolade, Justus der Kirschkuchen und Obelix das Wildschwein. Alle Figuren sind total versessen auf ihre speziellen Speisen, verspüren ständige Gelüste danach, erwähnen sie dauernd und verzehren sie am besten bereits zum Frühstück. Der Fokus wird immer wieder auf die Körperlichkeit der Figuren gelenkt; nicht nur auf den Appetit, die übermäßige Freude am Essen und den Akt des Verzehrs, sondern auch auf die großen Körper der Figuren, die auffallen und aus der Reihe fallen. Während Willi und Justus sich dabei durch Unsportlichkeit auszeichnen, dient Obelix' Körper beispielsweise als Barriere, an der niemand vorbeikommt, oder von der andere Figuren wie von einem Trampolin abprallen. Diese körperbetonte Komik bei mehrgewichtigen Figuren besitzt schon fast Slapstick-Charakter und erinnert somit an den Komiker Oliver Hardy, dessen großer schwerer Körper eine zentrale Rolle in den frühen amerikanischen Slapstickfilmen *Stan & Ollie* (deutsch *Dick & Doof*) spielt. Der mehrgewichtige Körper wird auf diese Weise zu dem vom Literaturtheoretiker Michail Bachtin beschriebenen grotesken Leib, der aus der Norm fällt, Grenzen überschreitet und dadurch zum Lachen auffordert. Bachtin bezeichnet in seiner Untersuchung den Bauch und den Mund als wichtigste Körperteile der Groteske und Essen und Trinken als wesentliche Ereignisse des grotesken Körpers.[538] Figuren wie Willi, Justus und Obelix knüpfen an diese Tradition an und regen Kinder dazu an, mehrgewichtige, essende Figuren mit großen Bäuchen lustig zu finden und über sie zu lachen. Unbeholfene, tollpatschige und minderkomplex dargestellte mehrgewichtige Figuren erfüllen jedoch nicht nur eine komische Funktion, sondern bedienen zudem das Look-Downwards-Prinzip, indem rezipierende Kinder sich diesen Figuren gegenüber überlegen fühlen können.

---

537 Ich bin nicht dick! – Asterix Archiv – Lexikon – (comedix.de), Zugriff am 30.05.2024.

538 Bachtin, Michail: Literatur und Karneval. Zur Romantheorie und Lachkultur. Frankfurt: Fischer Verlag, 1990, S. 16.

Mehrgewicht und Bösartigkeit

Neben mehrgewichtigen Figuren, die die Funktion der Komik erfüllen, gibt es in Kinderbüchern und -filmen auch mehrgewichtige Figuren, die mittels ihrer großen schweren Körper als böse markiert werden. Beispiele hierfür sind die Dursleys in *Harry Potter*, insbesondere Dudley, Ursula in Disneys *Arielle, die Meerjungfrau*, Augustus Gloop in *Charlie und die Schokoladenfabrik* von Roald Dahl oder Michi in *Die wilden Kerle* von Joachim Masannek.

> »Dudley sah Onkel Vernon auffällig ähnlich. Er hatte ein breites, rosa Gesicht, nicht viel Hals, kleine wässrige blaue Augen und dichtes blondes Haar, das glatt auf seinem runden, fetten Kopf lag. […] Harry sagte oft, Dudley sehe aus wie ein Schwein mit Perücke.«[539]

Dudley ist also mehrgewichtig. Diese Eigenschaft der Figur wird nicht nur in abwertender Form beschrieben; andere Figuren wie Harry oder Hagrid finden auch abwertende Bezeichnungen für Dudleys Körper. Während Harry Dudley als »Schwein« bezeichnet, nennt Hagrid ihn einen »Klops« und einen »großen Pudding«, der nicht weiter »gemästet werden« sollte.[540] Außerdem wird Dudley wird eine geringe kognitive Leistungsfähigkeit zugeordnet:

> »Piers, Dennis, Malcom und Gordon waren allesamt groß und dumm, doch weil Dudley der Dümmste von allen war, war er ihr Anführer«;[541] »Andere Regale [in Dudleys Zimmer] standen voller Bücher. Das waren die einzigen Dinge in dem Zimmer, die aussahen, als wären sie nie angerührt worden«;[542] »In der Ecke stand Dudleys erster Fernseher. Als seine Lieblingssendung abgesetzt wurde, hatte er den Fuß durch den Bildschirm gerammt«.[543]

Dudley liest demnach nicht und schaut stattdessen viel Fernsehen (an anderer Stelle hat er fünf Lieblingssendungen), er langweilt sich schnell,

---

539 Rowling, Joanne K.: Harry Potter und der Stein der Weisen. Hamburg: Carlsen Verlag, 1998, S. 27.

540 Ebd., S. 57.

541 Ebd., S. 38.

542 Ebd., S. 45.

543 Ebd., S. 45.

ist verwöhnt, selbstsüchtig und anspruchsvoll, neigt zu Wutausbrüchen und ist stets gemein zu Harry. Des Weiteren wird Dudley als unsportlich beschrieben:

> »Warum Dudley eigentlich ein Rennrad haben wollte, war Harry ein Rätsel, denn Dudley war sehr dick und verabscheute Sport – außer natürlich, wenn es darum ging, anderen eine reinzuhauen. Dudleys Lieblingsopfer war Harry, doch den bekam er nicht so oft zu fassen. Man sah es Harry zwar nicht an, aber er konnte sehr schnell rennen.«[544]

Dudleys Aussehen wird gemäß des Halo-Effekts mit einer geringen Leistungsfähigkeit und einer Reihe negativer Charakterzüge verbunden – »jede erdenkliche negative Charaktereigenschaft trifft auf ihn und seinen ebenso dicken Vater zu.«[545] Literarisch erfüllt Dudley dabei vor allem die Funktion, eine negative Kontrastfigur zu Harry Potter darzustellen und dessen unerträgliche Lebenssituation bei den Dursleys anschaulich zu machen. Harry und Dudley sind komplementär zueinander konzipiert: Dudley ist böse, kognitiv unbegabt, mehrgewichtig und unsportlich und Harry ist als positiver Titelheld nicht nur gut und sympathisch, sondern auch normgewichtig (»dürr«)[546] und sportlich.

Zwischen Dudley und der Figur des »dicken Michi« aus der Jugendbuchserie *Die wilden Kerle* bestehen auffällige Parallelen. Michi ist ebenfalls mehrgewichtig und wie Dudley der ewige Gegenspieler und er wird ebenfalls mit einem Tier verglichen.

> »Der stand plötzlich vor uns, in seinem Darth-Vader-T-Shirt, mit dem er mühsam versuchte, seine Speckschwarten am Weglaufen zu hindern. Sein Atem rasselte wie der eines uralten Pottwals, und seine Augen schossen wie glühende Laser aus den Fettfalten seines Gesichts.«

Aufgrund solcher abwertender Darstellungen und Vergleiche sowie der sich systematisch wiederholenden Zuordnungen von mehrgewichtig zu böse und schön/normgewichtig zu gut (Halo-Effekt), ist es positiv zu

544 Ebd., S. 25 f.

545 Fies und fett: Dicke Kinder kommen in Jugendbüchern nicht gut weg (nzz.ch), Zugriff am 31.05.2024.

546 Rowling, Joanne K.: Harry Potter und der Stein der Weisen, S. 26.

werten, dass der britische Puffin Verlag 2023 diskriminierende Begriffe in Büchern von Roald Dahl ersetzte. Diese Maßnahme zog eine Debatte zu Änderungen an Kinderbüchern nach sich, die auch in den deutschen Medien ausgetragen wurde. Der Autor Salman Rushdie bezeichnete die Streichung des Wortes »fett« in diesem Kontext als »absurde Zensur«. Es gilt jedoch zu erkennen, dass die Abwertung einer mehrgewichtigen Figur, wie Augustus Gloop in diesem Fall, kein Einzelfall ist, sondern dass mehrgewichtige Figuren systematisch durch die Darstellung als lustig, traurig oder böse abgewertet werden; und zwar bei einer gleichzeitigen Nichtrepräsentation positiver mehrgewichtiger Figuren. Aus dieser Perspektive sind die Änderungen eine notwendige Maßnahme.

Aktuelle Studien belegen, dass bereits Kinder ihren Selbstwert an ihrem Äußeren messen[547] und schon im Alter von fünf bis sieben ein Gefühl der Körperunzufriedenheit entwickeln können.[548] Dies zu verhindern, indem man sie weder immer wieder mit unerreichbaren Idealen konfrontiert, noch ihnen einen abwertenden Blick auf Körper beibringt, trägt sowohl dazu bei, dass Kinder keine lookistische Diskriminierung reproduzieren, als auch dazu, dass sie sich in ihren eigenen Körpern wohl fühlen können.

547 Children's domain-specific self-evaluations and global self-worth: A preregistered cross-cultural meta-analysis – Yixin Tang, Eddie Brummelman, Sheida Novin, Mark Assink, Sander Thomaes, 2023 (sagepub.com), Zugriff am 24.05.2024.

548 Tanck, Julia: Unfiltered. Social Media und unser Körperbild, S. 6.

Ausblick

»Gerade im Kindesalter ist das Gehirn darauf ausgelegt, möglichst viele Normen und Verhaltensweisen aus der Umgebung aufzunehmen«, so Stefanie Höhl, Entwicklungspsychologin an der Universität Wien. Das betreffe auch Normen, Werte und Zuschreibungen, die in Kinderbüchern vermittelt werden: »Kinderbücher sind ein Teil der Sozialisation, der Kinder ausgesetzt sind«.[549] Sie haben also einen Einfluss darauf, wie Kinder die Welt wahrnehmen. Daher wäre es nicht nur logisch, sondern unbedingt notwendig, in Kinderbüchern keine Diskriminierung zu reproduzieren und Kindern durch ihre Bücher vor allem Werte wie Toleranz, Freund:innenschaft, Loyalität, Wertschätzung auf Augenhöhe mitzugeben und ihnen eine Vielfalt von Möglichkeiten und Lebensrealitäten aufzuzeigen, um sie zu Menschen zu erziehen, die sich fair verhalten, die alle Menschen wertschätzen und ernstnehmen, die sich niemandem überlegen fühlen, die Zivilcourage besitzen und sich aktiv gegen Unrecht einsetzen. Außerdem spiegeln diskriminierungsfreie und diversitätssensible Kinderbücher alle Kinder positiv und sorgen dadurch für Empowerment und tragen dazu bei, dass Kinder ein gutes Selbst- und Körperbewusstsein entwickeln.

Kinder komplett von diskriminierenden Inhalten fernzuhalten, ist jedoch schwierig und wird mit zunehmendem Alter immer schwieriger. Rassismus, Antisemitismus, Sexismus und Lookismus sind in unserer Gesellschaft omnipräsent und Kinder stoßen, wenn nicht zuhause, dann im Kindergarten, in der Grundschule oder in der sichtbaren Öffentlichkeit z.B. in Form von Schulmaterialien, Kinderbüchern, Werbung oder den einseitigen konservativen Einstellungen von anderen Kindern oder Bezugspersonen auf diskriminierende Darstellungen und Ansichten. Umso wichtiger ist es daher, Diskriminierungen von Anfang an etwas ent-

549 Ohne Klischees und Diskriminierung: Wie sensibel müssen Kinderbücher sein? – Zukunft – derStandard.de › Wissen und Gesellschaft, Zugriff am 04.06.2024.

gegenzusetzen und kleinen Kindern positive Vorstellungen zu vermitteln. So bekommen Kinder die Gelegenheit, ein stabiles Weltbild aufzubauen und diskriminierungskritische Sehgewohnheiten zu entwickeln, bevor sie zunehmend durch mediale Einflüsse, z.B. bei Social Media oder diskriminierenden Schulbüchern beeinflusst werden. Wenn Kinder es gewohnt sind, dass ihre Bücher alle Menschen repräsentieren, dann wird es ihnen auffallen, wenn dies nicht der Fall ist. Wenn Kinder schon früh weibliche und Schwarze Menschen als Held:innen, Forscher:innen und Wissenschaftler:innen erleben, dann werden sie bemerken, dass ihre Schulbücher nur *weiße* männliche Wissenschaftler kennen. Wenn Kinder Begriffe wie Rassismus, Antisemitismus, Sexismus und Lookismus lernen und in ihren Wortschatz aufnehmen, dann werden sie Wörter haben, mit denen sie Missstände genau benennen können. Somit sind Kinder gewappnet, wenn sie zunehmend mit diskriminierenden Inhalten konfrontiert werden, da sich dies auf die Dauer einfach nicht vermeiden lässt. Wichtig ist es dabei allerdings, dass Kinder die verschiedenen Arten von Diskriminierung in ihrem Alltag aufgezeigt, benannt und erklärt bekommen. Wenn Kinder sich also mit diskriminierenden Inhalten auseinandersetzen müssen, beispielsweise in Form von Hausaufgaben (wenn Weltkarten Afrika Natur und Tiere zuordnen, Schulbücher nur *weiße* Kinder oder Lehrkräfte abbilden, nur männliche Mathematiker und Philosophen erwähnen oder rassistische Begriffe verwenden, das Christentum hypen und alle anderen Religionen aussparen, BIPoC in armen oder exotischen Kontexten verorten oder als anders labeln), dann ist es wichtig, dass erwachsene Bezugspersonen diese Diskriminierungen nicht unkommentiert stehen lassen, sondern ansprechen und genau erklären. Auf diese Weise entwickeln Kinder Medienkompetenz und werden mit der Zeit in der Lage sein, Diskriminierungen selbst zu erkennen, Darstellungen zu hinterfragen und sich von diskriminierenden Inhalten nicht subtil beeinflussen zu lassen oder diskriminierende Muster selbst zu reproduzieren. Ein weiterer wichtiger Punkt ist es, Kindern ihre Privilegien zu spiegeln, damit diese zu Menschen heranwachsen, die sich ihrer Privilegien bewusst sind.

Ich kann Menschen, die Kinder beim Aufwachsen begleiten, nur dazu raten, selbst immer medienkritisch zu sein und sich fortwährend fortzubilden. Je mehr ich über Diskriminierung weiß, umso besser und schneller kann ich Diskriminierung und Privilegierung erkennen und dadurch vermeiden, dass ich selbst diskriminiere oder meine eigenen Privilegien ausnutze. Einfache Fragen helfen oft weiter, um zu erkennen, ob Kinderbücher oder andere Kindermedien diskriminierend sind:

- Wie ist es um die Körpervielfalt bestellt? Sind alle Figuren normschön oder werden viele verschiedene Arten von Körpern repräsentiert?
- Was ist die Kernaussage der Geschichte? Darf ein Mädchen z.B. beim Fußball nur ausnahmsweise mitmachen, weil es besonders gut ist? Ist Fußball also eigentlich nur etwas für Jungs?
- Wessen Perspektiven werden dargestellt?
- Was wird als Happy End verkauft? Kann die Familie von geflüchteten Menschen nur in Deutschland bleiben, weil die *weiße* Mehrheitsgesellschaft ihr hilft und ist sie dafür dankbar? Oder erlebt die Familie neben Unterstützung auch von vielen Seiten Ausgrenzung und Ablehnung?
- Wer hat die Geschichte produziert? Aus welcher Perspektive schreibt der:die Autor:in?
- Wer ist aktiv, wer ist passiv? Wer hat welchen Redeanteil?
- Welche Normen werden vermittelt? Wer tut was? Wer kocht, wer lohnarbeitet, wer spielt mit Puppen, wer mit dem Ball, wer macht Musik und tanzt? Wer steht hinter dem Gemüsestand und wer davor? Sind nur normgewichtige Figuren beim Sport abgebildet und nur *weiße* Figuren als Polizist:innen und Ärzt:innen?
- Welche Dinge werden in der Geschichte als selbstverständlich vermittelt? Welche werden als besonders hervorgehoben? Kommt das Schwarze Kind in der Klasse eigentlich aus Afrika? Darf das Mädchen auch mitklettern?
- Älteren Kindern, die bestimmte Medien einfordern (weil alle in der Klasse die Serie auch schauen), das entsprechende Medium nicht verbieten, sondern problematisieren. Eltern können z.B. eine Serie, die sexistische und lookistische Vorstellungen reproduziert, mit dem großen Kind zusammen ansehen und auf die Problematiken aufmerksam machen und diese erklären. Es kann natürlich vorkommen, dass das Kind nicht sofort offen dafür ist, sondern erst einmal die Serie genie-

ßen will. Aber wenn diese Strategie konsequent angewandt wird, dann bleibt etwas hängen und Kinder entwickeln Medienkompetenz und erkennen Problematiken und Zusammenhänge und eigene Privilegien bald von selbst.

Das Ziel besteht also nicht darin, Kindermedien wie *Jim Knopf* oder Barbie zu verbieten, sondern letzten Endes darin, diese Medien gar nicht mehr rezipieren zu wollen, weil die Diskriminierung weh tut, weil das Bewusstsein für das riesige gewaltvolle System, das ebendiese Kindermedien hervorgebracht hat, nur allzu präsent ist. Das Ziel besteht darin, über die sich immer wiederholenden einseitigen Darstellung in Kindermedien wütend zu werden, und diese Wut produktiv umzusetzen.

Denn wir alle haben Handlungsoptionen. Wir müssen uns mit unseren eigenen Privilegien und der Diskriminierung, die wir selbst reproduzieren, auseinandersetzen. Nur so können wir es vermeiden, unsere Kinder (durch ihre Kinderbücher) zu Diskriminierung zu erziehen, indem wir uns fortbilden, diskriminierende Medien meiden, Verlage und Buchhandlungen unterstützen, die sich für Vielfalt einsetzen, und Kinder aufklären. Aber wir können noch mehr tun.

- Wir können immer auf diskriminierende Darstellungen aufmerksam machen. Wir können z.B. die Verantwortlichen darauf hinweisen, wenn wir Diskriminierung in den Leihbüchern der Stadtbibliothek erkennen. Viele Bibliotheken beschäftigen sich bereits mit dem Thema Rassismus im Kinderbuch und finden vielfältige Lösungen vom Aussortieren, über die Kennzeichnung mittels QR-Codes bis hin zu Vorträgen und Workshops zum Thema.
- Auch Diskriminierung in Unterrichtsmaterialien und Schulbüchern können wir rückmelden; bei den Lehrkräften, im Rahmen von Elternabenden, bei den Elternvertreter:innen, bei der Schulkonferenz, oder direkt bei den publizierenden Verlagen.
- Deutschland ist ein Land, dessen Schulsystem sehr stark auf die Beteiligung von Eltern setzt. Das ist diskriminierend, weil dieses Konzept bereits impliziert, dass ein Elternteil die Zeit und Kapazitäten dafür hat, und dies sind aufgrund der gesellschaftlichen patriarchalen Strukturen (Ehegattensplitting, gender pay gap etc.) FLINTA, die in die

unbezahlte Carearbeit gedrängt werden. Aber die Beteiligung eröffnet auch den Raum für Mitsprache und Einflussnahme. Sie eröffnet nicht nur die Möglichkeit, auf Missstände aufmerksam zu machen, sondern auch, Vorschläge zu machen und Neues zu gestalten. Ein Beispiel wäre, Schulen dazu aufzufordern, bei der Planung ihrer Termine einen interkulturellen Kalender zu nutzen, so dass Feste, die die Schulgemeinschaft stärken sollen, nicht auf die religiösen Feiertage von Mitgliedern dieser Schulgemeinde fallen. Schulen und Kindergärten können dazu angeregt werden, den pädagogischen Tag für Fortbildungen zum Thema Diskriminierung zu nutzen, eben da Diskriminierungen wie Rassismus, Antisemitismus, Sexismus und Lookismus (noch) keine verbindlichen Ausbildungsinhalte für Lehrkräfte und Erziehende sind. Sie können ferner dazu angeregt werden, sich eine diskriminierungskritische Bibliothek zuzulegen. Wichtig ist jedoch zu beachten, dass diese Mitsprachemöglichkeit in der Schule nicht für alle besteht. Alleinerziehende können sich meist nicht gleichermaßen engagieren, Menschen, bei denen eine Sprachbarriere besteht, Menschen, deren Arbeitszeit das Engagement nicht zulässt etc. Diese Menschen und ihre Bedürfnisse gilt es mitzudenken.

- Bei allem, was wir tun, müssen wir immer selbstkritisch bleiben und unsere eigene Position und Stellung in der Welt hinterfragen und mitdenken.

Quellenverzeichnis

Primärliteratur

Blanck, Ulf: Gefährlicher Nebel. Stuttgart: Kosmos, 2019.

Goscinny, René/Uderzo, Albert: Asterix: Der Seher. Berlin: Egmont Comic Collection, 1972.

Nahrgang, Frauke: Die Kickerbande. Ein starker Spieler für das Team. Würzburg: Arena Verlag, 2020.

Rowling, Joanne K.: Harry Potter und der Stein der Weisen. Hamburg: Carlsen Verlag, 1998.

Schamp, Tom: Das schönste und größte Bildwörterbuch der Fahrzeuge. Hildesheim: Gerstenberg, 2023.

Wolf, Stefan: Opfer fliegen 1. Klasse. Hannover: Pelikan, 1996.

Wolf, Stefan: Die Schatzsucher-Mafia schlägt zu. Hannover: Pelikan, 1992.

Wolf, Stefan: Frische Spur nach 70 Jahren. Hannover: Pelikan, 1999.

Wolf, Stefan: Spuk aus dem Jenseits. Hannover: Pelikan, 1991.

Wolf, Stefan: Verrat im Höllental. Hannover: Pelikan, 1984.

Wolf, Stefan: Alarm in Zirkus Sarani. Hannover: Pelikan, 1980.

Dir drei ???

Sekundärliteratur

Bachtin, Michail: Literatur und Karneval. Zur Romantheorie und Lachkultur. Frankfurt: Fischer Verlag, 1990.

bell hooks: Feminismus für alle. Münster: Unrast Verlag, 2021.

Bola, JJ: Sei kein Mann. Warum Männlichkeit ein Albtraum für Jungs ist. München: Hanser Verlag, 2022.

Britz, Andreas: Antisemitismus in der Geschichte. Frankfurt: Wochenschau Verlag, 2022.

Butler, Judith: Das Unbehagen der Geschlechter. Frankfurt: Suhrkamp, 1991.

Czollek, Max: Desintegriert euch! München: btb Verlag, 2018.

Darla Diamond/Petra Pflaster/Lea Schmid (Hgg.): Lookismus. Normierte Körper. Diskriminierende Mechanismen. (Self)Empowerment. Münster: Unrast Verlag, 2022.

Blu Doppe/Daniel Holtermann (Hgg.): Vom Scheitern, Zweifeln und Ändern, Münster: Unrast Verlag, 2021.

Eggers (Auma), Maisha/Kilomba, Grada (Hgg.): Mythen, Masken und Subjekte. Kritische Weisseinsforschung in Deutschland. 4. Aufl. Münster: Unrast 2017.

Gay, Roxane: Hunger. Die Geschichte meines Körpers. München: btb Verlag, 2019.

Goffey, Judith/Laumann, Vivien: Gojnormativität. Warum wir anders über Antisemitismus sprechen müssen. Berlin: Verbrecher Verlag, 2021.

Hashemi, Said Etris: Der Tag, an dem ich sterben sollte. Wie der Terror in Hanau mein Leben für immer verändert hat. Hamburg: Hoffmann und Campe, 2024.

Lisa Jaspers/Naomi Ryland/Silvie Horch (Hgg.): Unlearn Patriarchy. Berlin: Ullstein, 2023.

Kelly, Natasha A.: Rassismus. Strukturelle Probleme brauchen strukturelle Lösungen! Hamburg: Atrium Verlag 2021.

Kempen, Aiko: Auf dem rechten Weg? Rassisten und Neonazis in der deutschen Polizei. München: Europa Verlag, 2021.

Klemm, Christina: Gegen Frauenhass. Berlin: Hanser, 2023.

Lechner, Elisabeth: Riot, don't diet. Aufstand der widerspenstigen Körper. Wien: Kremayr & Scheriau, 2021.

Meron Mendel/Saba-Nur Cheema/Sina Arnold: Frenemies. Antisemitismus, Rassismus und ihre Kritiker*innen. Berlin: Verbrecher Verlag, 2023.

Meyer, Lydia: Die Zukunft ist nicht binär. Hamburg: Rowohlt Verlag, 2023.

Michelberger, Melodie: Body Politics. Hamburg: Rowohlt Verlag, 2021.

Ogette, Tupoka: exitRacism. Rassismuskritisch denken lernen. Münster: Unrast Verlag 2017.

Ogette, Tupoka: Und jetzt du. Zusammen gegen Rassismus. München: Penguin Random House, 2023.

Polak, Oliver: Gegen Judenhass. Berlin: Suhrkamp Verlag, 2018.

Reichl, Teresa: Muss ich das gelesen haben?Was in unseren Bücherregalen und auf Literaturlisten steht – und wie wir das jetzt ändern. Innsbruck/Wien: Haymon Verlag, 2023

Roig, Emilia: Why we matter. Das Ende der Unterdrückung. Berlin: Aufbau Verlag 2021.

Emilia Roig/Alexandra Zykunov/Sivlie Horch (Hgg.): Unlearn Patriarchy 2. Berlin: Ullstein, 2024.

Rose, L., Schorb, F. (Hgg.): Fat Studies in Deutschland. Hohes Körpergewicht zwischen Diskriminierung und Anerkennung. Weinheim: Beltz Juventa, 2017.

Schäfer, Peter: Kurze Geschichte des Antisemitismus. München: Piper Verlag, 2022.

Schick, Sibel: Weißen Feminismus canceln. Frankfurt: S. Fischer Verlag, 2023.

Schnerring, Almut/Verlan, Sascha: Die Rosa-Hellblau-Falle. Für eine Kindheit ohne Rollenklischees. München: Verlag Antje Kunstmann, 2014.

Stokowski, Margarete: Die letzten Tage des Patriarchats. Hamburg: Rowohlt Verlag, 2018.

Stokowski, Margarethe: Untenrum frei. Hamburg: Rowohlt Verlag, 2021.

Sow, Noah: Deutschland Schwarz Weiß. München: Goldmann Verlag 2009.

Tanck, Julia: Unfiltered. Social Media und unser Körperbild. Wie wir zu Körperakzeptanz und einer gesunden Selbstwahrnehmung finden. München: Penguin Random House, 2024.